가계부채 1800조 시대, 당신은 '죄인'이 아니다

대출공화국
대 한 민 국

서인석·정내라 지음   제윤경 감수

고금리 시대
서민금융
필독서

국정
실무자에게서
듣는 대출시장의
모든 것

도서
출판 행복에너지

대출공화국 대한민국

초판 1쇄 발행 2023년 2월 1일

지 은 이   서인석·정내라
발 행 인   권선복
편   집   권보송
디 자 인   서보미
전 자 책   권보송
발 행 처   도서출판 행복에너지
출판등록   제315-2011-000035호
주   소   (157-010) 서울특별시 강서구 화곡로 232
전   화   010-3993-6277, 02-2698-0404
팩   스   0303-0799-1560
홈페이지   www.happybook.or.kr
이 메 일   ksbdata@daum.net

값 25,000원

ISBN 979-11-92486-44-4 (13320)

도서출판 행복에너지는 독자 여러분의 아이디어와 원고 투고를 기다립니다. 책으로 만들기를 원하는 콘텐츠가 있으신 분은 이메일이나 홈페이지를 통해 간단한 기획서와 기획 의도, 연락처 등을 보내주십시오. 행복에너지의 문은 언제나 활짝 열려 있습니다.

가계부채 1800조 시대, 당신은 '죄인'이 아니다

대출공화국
대 한 민 국

서인석·정내라 지음   제윤경 감수

고금리 시대
서민금융
필독서

국정
실무자에게서
듣는 대출시장의
모든 것

도서
출판 행복에너지

빚에 둘러싸여 살아가는 대한민국

제윤경(전 국회의원)

위기를 과연 예측할 수 있을까? 경제 환경이 불과 1년 사이 확 바뀌는 것을 실감하고 있다. 2021년만 해도 제로 금리 시대를 살면서 빚 갚는 걱정을 하지 않았다. 세상에서 제일 저렴한 것이 '빚'이라는 믿음으로 돈을 빌려 집과 주식과 코인에 투자하는 열풍이 불었다. 영혼을 끌어 모으듯 동원 가능한 모든 빚을 모아 집과 주식과 코인에 투자하는 것에 대해 씁쓸하지만 대세로 받아들이는 분위기였다. 이러다 큰일이 일어날 수 있다는 우려의 목소리가 없었던 것은 아니다. 2022년 초 고승범 전 금융위원장은 회색코뿔소로 비유되던 잠재 위험이 하나둘씩 현실화되고 있다면서 금융시장 불안을 경고했다. 2008년 미국발 서브프라임 사태로 150여 년의 역사를 자랑하는 투자은행이 파산하고 대형 금융사와 증권사가 연이어 줄도산할 당시에도 이미 사전에 이러한 비극을 예견하는 목소리가 있었다. 다만 그러한 예언은 사태가 심각해진 이후에야 조명 받는다. 애초에 위기를 몰고 온 것이 낙관론이기 때문에 광적인 낙관론이 지배하는 시장에서 우려의 목소리는 잔칫상에 끼얹는 찬물로 여겨질 뿐이었다.

그래서 위기가 현실화된 이후 정신을 차리고 보면 언제나 시장은 급반전한 것으로 보인다. 훈풍만 불 것 같던 자산 시장에 느닷없이 인플레이션 몬스터가 출연해 미국을 비롯한 유럽 주요국은 물론이고, 우리나라에도 물가상승과 금리인상이라는 벼락 돌풍을 몰고 왔다. 역사상 가장 빠른 속도로 미국의 기준금리가 자이언트 스텝으로 상승하고 있다. 2008년부터 본격화된 미국의 리먼사태는 2004년부터 시작된 2년간의 금리상승이 기폭제가 됐다. 2년 동안 기준금리가 4%포인트 상승하면서 모기지 대출의 연체율이 16%를 넘어서기 시작했고 모기지 대출회사의 파산을 시작으로 금융회사의 연쇄 파산이 금융위기를 몰고 왔다.

2022년 8월 현재 미국의 금리는 9개월간 3%포인트 상승하고 있고, 상승세는 앞으로도 이어질 전망이다. 이에 따라 우리나라도 미국과의 금리 역전 현상을 피하기 위해 기준금리를 올릴 수밖에 없다. 이미 한국은행은 2021년 0.5%의 초저금리 시대를 끝내고 11개월 만에 기준금리를 2.0%포인트 상승시켰다. 특히 7월 금리인상으로 0.5%포인트의 빅스텝이 현실화됐다. 연말까지 이런 흐름이 반복되면 기준금리는 최악의 경우 3%를 넘어설 수도 있다.

시중은행의 주택담보 대출은 연초 3% 수준이었으나 2022년 8월에는 6%까지 치솟았다. 연말까지 기준금리가 지속적으로 상승한다면 7% 이상으로 뛰어오를 가능성도 배제할 수 없다. 순식간에 금리의 역습을 받는 위태로운 상황이 연출됐다.

최근 한국은행에 따르면, 2021년 4분기 가계대출의 잠정수치와 당시의 변동금리 비중 74.2%를 근거로 추산한 결과, 가계의 연간

이자 부담액은 대출금리가 0.25%포인트 오를 때 약 3조3000억 원가량 증가한다. 이를 1인당 연이자 부담으로 계산해보면 16만4000원가량 된다. 2021년 8월부터 2022년 5월까지 5차례 기준금리가 0.25%포인트씩 인상돼 왔고 7월에는 0.5%포인트라는 빅스텝 상승이 이뤄지면서 가계 이자부담은 일 년이 채 안 된 시간 동안 110만원 증가한 셈이다. 여기에 연말까지 1% 이상 더 오른다면 1인당 이자부담은 65만 원 넘게 추가된다. 불과 1년 7개월 만에 국민 한 사람마다 추가로 부담해야 할 이자가 175만 원 이상 증가했다. 과연 이 증가세를 현재의 가계가 감당할 수 있을지, 취약한 차주(借主)는 얼마나 가파르게 증가할 것이며, 이들의 부실을 과연 금융회사들은 감당할 수 있을지, GDP대비 가계부채 비율 104.3%로 조사대상 36개국 중 글로벌 1위 가계부채 위험 국가 대한민국, 가계신용잔액 2000조 원을 향해 폭증하는 위험천만한 오늘의 대한민국 현실을 냉정하게 되돌아볼 때다.

| 가계신용잔액 2000조 원을 목전에 둔 대한민국

직장인 김대출 씨는 2021년 말 소위 '영끌'을 통해 집을 장만했다. 전용면적 84㎡ 중형아파트를 12억8582만 원에 매입했다. 대출은 LTV 상한인 4억3716만 원 전부를 끌어 썼다. 대출을 일으킬 당시 이자율은 3.9% 비거치 원리금 상환방식으로, 매월 상환액은 209만 원이었다. 맞벌이 부부로 월 소득이 600만 원에 달하기 때문에 다소 부담은 되지만 이전보다 빠듯하게 살면 13억 원에 달하는 내 집을 가질 수 있었다. 그런데 갑자기 대출이자가 치솟기 시작했다. 2021년 대비 1.6%가량 오른 대출이자로 월 상환액이 248만 원까지 급등했다. 미국발 금리인상 뉴스가 남의 일로 여겨지지 않는다. 연말에는 7%까지 이자율이 상승할 것이란 전망도 괜한 우려가 아닌 상황이다. 7%까지 오르면 상환액은 291만 원, 소득의 절반이다. 자동차 할부금과 아이 둘 사교육비만 200만 원이 넘는데, 남은 돈으로 생활한다는 것은 거의 불가능에 가깝다.

우리나라의 기준금리는 2021년 7월까지만 해도 0.5%였으나 8월 이후 1년간 7차례에 걸쳐 2%포인트 인상됐다. 기준금리가 2.5%까지 올라온 건 2014년 7월 이후 8년 만이다. 그러고도 한국은행은 연말까지 기준금리 3%까지의 인상 가능성을 열어뒀다.

앞선 사례는 부동산 정보 플랫폼 직방이 2020년 1월~2022년 4월 서울 전체 아파트 매매거래 12만2465건(계약일 집계기준)을 표본집단으로 시뮬레이션 한 결과를 재구성한 가상 시나리오다. 가상이기는 하지만 표본집단의 아파트 매매가격, 금리 조건, LTV 상한기준선 등 현실조건을 촘촘히 반영한 시뮬레이션으로, 이와 비슷한 사례의 채무자들이 상당할 것이다.

외환위기 이후 몇 차례 조정을 거치긴 했으나 대한민국 부동산 시장은 소득의 몇 배에 달하는 상승으로 서민과 중산층에게 허탈함과 공포심을 안겨줬다. 오죽하면 "번 돈을 전부 쓰지 않고 모아 집을 사려면 거북이만큼의 수명이 필요하다"는 서글픈 개그가 등장했을까. 특히나 집값 상승이 비정상적이기 때문에 정부에서 집값을 잡을 것이라 믿으며 무리한 내 집 마련을 미뤄뒀던 사람들, 혹은 이제 막 사회에 진출해 돈을 벌기 시작한 사회초년생에게 지난 몇 년간의 집값 폭등은 공포감을 지나 분노심을 갖게 만들었다. 이러한 사회적 분노가 영끌로 이어져 무리한 내 집 마련의 팬데믹마저 형성됐다. 마침 초저금리 시대였고 금융권은 대출 증가로 사상 최대의 수익을 창출하면서 대출 영업에 혈안이 됐다.

영끌은 단순히 내 집 마련이라는 소박한 꿈을 위한 것이 아니었다. 실거주 목적이 아닌 고수익 실현을 위해 전세를 끼고 집에 투자하는 갭투자가 부동산 시장의 가격 상승에 불을 붙였다.

부동산 시장은 기본적으로 수요와 공급의 흐름에 따라 가격이 변동된다. 수요가 공급을 초과하면 가격이 오르는 것이고, 반대로 집을 사려는 사람보다 주택 공급이 더 많아지면 집값이 안정되거나 하락할 것이다. 그러나 부동산 시장의 수요와 공급, 그에 따른 가격결정은 일반적인 소비재와 같이 단순하게 흘러가지 않는다. 주택 수요가 필요에 의해서만 결정되는 것이 아니기 때문이다. 부동산에 대한 수요는 대체 수단이 없고 절대적이기 때문에 내 집을 갖지 못하면 타인의 부동산을 임대해서라도 수요를 충족해야 한다. 이런 이유로 무주택자에게는 집이 필요에 의한 수요, 즉 실수요이겠으나 다주택자에게는 임대 수익을 얻거나 매매 차익을 남기는 투자수요이기도 하다.

실수요에 의해서만 부동산 시장이 작동한다면 대한민국에서는 더이상 집값이 오르지 않고 오히려 하락하는 것이 정상이다. 그러나 그동안의 부동산 시장의 비이성적인 가격 상승은 투자수요를 끊임

없이 확대해 왔다. 심지어 실수요자들조차 내 집 한 채 가격이 상승한 만큼 차익을 실현할 수 없음에도 불구하고 상승폭만큼 돈을 벌었다는 믿음을 가졌다. 이러한 믿음은 보통 사람들에게 무리해서라도 집을 사야 한다는 신념을 갖게 만들고, 그 무리한 주택 구입은 금융시장에서 가계 부채 폭등을 불러왔다. 요컨대 수요가 수요를 만들고 그 수요에 의해 폭등하는 집값이 투자수요를 만들고 투자수요는 다시 영끌을 만들어 내는 것이다.

갭투자는 더 나아가 부동산 임대 시장, 전세시장의 가격 상승까지 야기한다. 갭투자 자체가 영끌의 대표적인 투자 유형일 수 있다. 자기 자본이 충분치 않은 사람이 전세가 비율이 높은 부동산을 매입해 적은 자기자본으로 부동산 투자 수익을 노리는 것이다. 가령 3억 원짜리 집을 전세 계약 2억7000만 원을 끼고 구매하면 자기 자본은 3000만 원만 필요하다. 그 집의 시세가 1년에 5000만 원가량 상승했다면 자기 자본 3000만 원으로 연 5000만 원의 수익이 발생하는 것이다(여기에서 갭투자의 실제 수익률은 세금도 고려해야 하고, 가격 상승 이후 매각했을 때 정확히 계산될 수 있다). 언뜻 기가 막히게 '힙한' 투자 테크닉처럼 여겨진다.

이처럼 갭투자자들은 소자본으로 타인의 자본, 즉 전세금을 지렛대 삼아 단기간에 높은 투자 수익을 챙길 수 있다고 여기는 것이다. 그러나 이 갭투자는 자신이 실제 거주하는 주택을 별도로 소유하고 있는 경우, 즉 1주택을 소유하고도 일정 이상의 자본을 동원할 수 있는 사람만 접근할 수 있는 방식이다. 따라서 갭투자는 다주택 소유자, 혹은 투기가 가능한 자산가들이 해오던 투자 방식이다. 갭투자는 일반적인 부동산 투자에 비해 리스크가 크다. 가격이 상승 추세일 경우에만 안정적인 투자 수익을 기대할 수 있고 전세 수요 흐름이 원활해야 한다. 만에 하나 전세입자의 계약이 만료된 시점에서 기존 세입자가 더 이상 전세 계약을 원치 않는데 새로운 세입자를 구하지 못한다면 낭패를 겪을 수 있기 때문이다. 이를 일컬어 '역전세'라고 한다. 역전세가 발생하면 깡통 전세가 되고 전세금을 돌려줄 만한 자기 자본이 충분치 않을 때 세입자에게 피해를 입히는 건 물론이고 소유주는 말 그대로 파산 상태에 이른다. 따라서 일종의 유동성 위기가 큰 투자 방식이다.

그런데 최근 영끌 열풍은, 이처럼 위험한 갭투자에 대해서도 과감한 투자를 서슴지 않게 만들었다. 유동성 위기에 대비할 수 있는 자산가들의 과감한 투자는 이해할 수 있지만, 2030 청년들의 영끌 갭투자는 말 그대로 '도박'이다. 그러나 시장이 비이성적으로 작동할 때 리스크에 대한 이성적인 우려는 설 곳이 없다. 맞벌이로 500만 원을 버는 가정이 부동산에 영끌한 투자로 매월 이자만 300만 원을 지출하고 생활비를 아끼려 컵라면과 삼각 김밥으로 일주일에 몇 끼니를 해결해야 하는 상황에서도 행복하단다. 부동산 가격이 하락하거나 거래가 침체되거나 전세 흐름이 원활하지 않을 수 있다는, 투자에 따른 여러 변수들은 절대 일어날 수 없는 일로 간주되고 혹은 그런 일이 일어날 수도 있다는 가정 자체가 정신 나간 것으로 치부된다. 부동산 투자에서 리스크란 애초에 존재한 적이 없는, 상상의 범주 안에 전혀 존재하지 않는 가정이 된다. 금리는 영원히 제로 금리 수준에 머물 것이라 믿어 의심치 않고, 이자를 부담하기 위한 소득은 전혀 변동이 없을 것이며 이러한 상황에서 높은 레버리지로 영 끌한 투자는 기회를 포착한 지혜로 추앙된다.

그렇게 가계부채는 부동산 시장을 둘러싼 흥분과 절망, 탐욕과 박탈감, 기대와 분노 등이 분출되면서 이유 있는 폭등을 거듭한다. 여기에 정부 당국의 금융정책 또한 한몫을 거든다. 최근 윤석열 정부는 취임과 동시에 가계 부채 관련 금융규제 완화 방안을 내놓았다. 전통적으로 금융관료들은 금융시장의 자율을 강조해 왔다. 금융의 혁신과 창의를 촉진하기 위해 금융규제 완화가 절실하다는 신념을 갖고 있는 것이다. 그들은 「이자제한법」상 최고금리를 낮추는 것에도 지속적으로 반대 입장을 유지해왔다. 문재인 정부 시절 카드 가맹점 수수료 인하 정책에 대해서도 오랫동안 반대 의사를 표하면서 당시의 여당과 여러 차례 충돌하기도 했다. 대출 규제에 대해서도 규제 정책이 금융시장을 위축시키거나 실수요자에게 대출의 문턱을 만들 수 있다는 우려를 제기하며 규제 완화를 더 선호한다. 결국 대출 규제를 풀어서 빚에 따른 위험을 시장에 맡기자는 신념이 날개를 달았다. 생애 최초 주택 구입 자금의 대출한도가 4억 원에서 6억 원으로 확대되고, 소득대비 상환원리금 규제(DTI), 집값 대비 부채비율(LTV) 등의 금융규제가 완화된다. 여기에 더해 투기 과열지구 및 조정대상 지역 등 규제지역의 조정 작업을 추진하면서 규제 해제를 검토하고 있다.

애초에 투기 과열지구 지정은 집값 안정화를 위한 규제임과 동시에 가계부채 급등을 관리하기 위한 금융규제 정책이다. 이 규제를 무턱대고 완화하는 것은 서울 수도권 지역의 갭투자를 부추기고 소득이나 자산가치 대비 부채비율이 높아지면서 금융 고위험군을 양산할 수 있다.

현재 금융권에서 집계되는 가계부채 규모가 1800조 원을 넘어섰다. 2022년 8월 신한은행에서 발표한 「2022 보통사람들의 금융생활 보고서」에 따르면, 2021년 가구당 평균 부채 잔액은 1억164만 원으로 전년(8,753만 원) 대비 1,411만 원(16.1%) 증가했다. 가구당 평균 소득은 월 평균 493만 원으로, 이 또한 전년에 비해 늘어난 수치다. 500만원이 채 안 되는 돈으로 1억 원이 넘는 돈의 원리금을 매월 부담해야 한다는 이야기다. 싱글이라면 문제가 없겠지만 자녀가 있는 가정이라면 교육비 지출과 함께 원리금 상환이 만만치 않은 상태로 봐야 한다.

실제로 2022년 8월 6일 국제금융협회(IIF)가 발표한 세계 부채보고서에 따르면, 올해 1분기 세계 36개국의 GDP 대비 가계 부채 비율은 한국이 104.3%로 가장 높았다. 우리는 가계부채 규모가 GDP를 웃도는 유일한 나라인 것이다. 동시에 이는 높은 이자 부담에 따른 고통이 어느 곳보다 커질 수 있다는 뜻이다. 갑작스럽고 가파른 금리인상이 예고되는 현 시점에서 정부가 또다시 가계에 빚을 더 내라고 시그널을 보내는 것은, 무책임하거나 현 시점의 문제를 제대로 인식하지 못했다는 것을 자인하는 것일 수 있다.

| '영끌'에서 '영끝'으로 내몰리는 청년 채무자들

2021년 한국은행의 금융안정상황 보고에 따르면, 청년층의 가계 부채 비중이 코로나19 이후 크게 확대돼 2020년 말에는 전체 가계 부채의 27%로, 500조 원 가까이 상승했다. 전세자금 대출, 주택담보 대출, 신용대출 등 모든 종류의 청년층 대출이 크게 확대되고 있다. 전세자금 대출의 경우 청년층의 주요 주거 형태가 전월세라는 점, 정부가 청년층 주거 지원 차원에서 전세자금 지원 프로그램을 적극적으로 운영하고 있기 때문이라는 점에서 대출 증가가 일면 이해가 된다. 신용대출 또한 은행과 인터넷 전문은행을 중심으로 비대면 대출 상품의 공격적인 마케팅이 이뤄지면서, 상대적으로 모바일 소비에 강한 청년층을 중심으로 비대면 대출수요가 크게 증가했을 것으로 유추해 볼 수 있다.

여기서 주목해야 할 점은 바로 청년층의 주택 담보 대출 증가다. 주택가격의 상승세가 지속되는 가운데 수도권의 아파트 가격이 천정부지로 치솟았다. 청년층의 자산 보유 수준으로는 주택구입에 나서는 것이 쉽지 않은 상황이다. 그럼에도 불구하고 청년층의 주택 매입 거래가 큰 폭으로 증가해 2021년 상반기 수도권 아파트 매매 거래 중 36.6%를 차지했다. 수도권의 중형아파트 평균가격은 최근 10억 원을 돌파했다. 평균 거래 가격은 7억 원 전후다. 담보 대출을 통해 주택 거래에 나선다고 하더라도 청년층의 소득 대비 부채 상환 비율 규제를 감안할 때 동원 가능한 대출 한도에는 제한이 있을 수밖에 없다. 특히 이전 문재인 정부 시절에는 LTV규제가 70%가 최대치였기 때문에 7억 원짜리 집을 사려면 4억9000만 원까지가 최대 대출 한도다. 여기에 DTI규제까지 감안하면 연소득이 5000만 원 수준이어도 3억 원 이상 대출받을 수 없다. 결국 수도권의 평균 아파트를 매입하기 위해서는 자기 자본이 4억 원 이상 있어야 한다는 이야기다. 그런데도 2021년 상반기 수도권 아파트를 매매한 사람 10명 중 4명이 청년층이었다는 것은, 영끌에 의한 무리한 투자일 수밖에 없었음을 보여준다. 담보대출뿐 아니라 전세를 끼고 투자하는 갭투자, 제1금융권 담보대출 외에도 신용대출과 제2금융권 대출 등을 동원한 말 그대로 영혼을 끌어 모으는 듯한 위험천만한 투자였을 가능성이 크다.

청년들의 신용대출 증가율이 2020년 이후 여타 대출보다 가파르게 상승했다는 사실도 담보대출과 신용대출까지 모두 끌어 모아 부동산에 무모한 투자가 이뤄졌을 것임을 짐작케 한다. 제2금융권에서의 대출 증가율도 심각한 수준이다. 2019년 12월부터 2020년 3월 말까지 20대의 제2금융권 주택담보 대출은 5조1000억 원에서 8조1000억 원으로 58.8% 폭증했고, 30대 역시 제2금융권 대출 증가율이 33.2%(50조 원에서 66조6000억 원)로 심각한 수준이다.

동원가능한 모든 빚을 끌어 모아 소위 영끌을 감행했던 분야는 부동산에 한정되지 않았다. 영끌의 목적지는 일부 주택구입자금의 부족 자본뿐 아니라 주식투자와 코인투자로 향했다. 금융투자업계에 따르면, 2021년 6대 증권사(미래, KB, NH, 한투, 키움, 유안타)의 신규 계좌 723만 개 중 54%가 2030 세대의 것이라고 한다. 자본시장 연구원에서도 코로나19 이후 2030세대가 신규 주식 투자자의 53.4%를 차지하고 있다고 밝혔다. 가상화폐 시장에서도 2021년 기준 4대 거래소(업비트, 빗썸, 코인원, 코빗)의 이용자 60%가량을 2030세대가 차지했다.

부동산과 주식, 코인에 대한 청년의 영끌과 빚투를 동반한 패닉바잉(공황구매)은 2021년까지 자산시장의 가격 상승을 이끌었다. 2013년 노벨경제학상 수상자인 로버트 실러는 자신의 저서『야성적 충동』에서 자산 가격의 거품이 형성되는 경로를 설명한 바 있다. 그는 경제가 호황을 띠면서 자연스럽게 발생하는 자산 가격 상승이 이후 언론 등의 논란, 즉 추가 상승여력이 있다거나 하방 압력이 있다는 등의 '이야기'들과 만나 시장 참여자들의 관심을 이끌어 내고, 그 관심이 자산 시장의 투자 수요를 늘린다고 한다. 시작은 경제 선순환에 의한 정상적인 자산가격 상승이지만, 그 상승이 투자 수요를 창출하고 그로 인해 자산 가격은 더 오른다는 것이다. 이후 자산 가격은 더 올랐기 때문에 오르는, 불패신화에 갇혀 투기 수요를 끌어 모으는 비이성적 과열상태로 나아간다고 설명한다. 요컨대 실수요 확장이 가격을 올리고 가격이 올랐기 때문에 투자 수요가 따라 붙고 그로 인한 가격 상승은 불패 신화와 함께 투기 수요, 즉 지금과 같은 영끌 현상을 만들어 패닉바잉 상태에 이른다는 것이다.

투자수요에서 투기수요로 시장이 팽창하는 시기에는 온갖 성공신화들이 보통 사람들의 마음을 뒤흔든다. 나 빼고 다 부자가 되는 것 같고 나만 뒤처지는 것 같은 박탈감과 열패감이 평소 이성적인 사람들의 머릿속을 흔들어 놓는다. 친구들이 하나둘 코인을 시작할 때, 주식 계좌들을 개설하고 마이너스 통장을 들고 투자를 시작했을 때, "저런 위험한 행동을 왜 하냐?"며 혀를 찼다. 그런데 순식간에 코인

가격이 하루가 다르게 치솟고 주가가 신기록을 경신할 때마다 환호하는 친구들 틈에서 나만 손해 보는 것 같고 나만 바보가 된 듯한 기분에 빠져 본 경험들이 있을 것이다.

특별히 손해를 보았거나 무언가 잃어버린 것이 아닌데도 성실히 일해서 돈 버는 것만으로 자신만 돈을 까먹고 있는 듯한 불안감이 엄습하는 것이다. 뒤늦게라도 투자 대열에 합류해야만 할 것 같아 결국 코인 거래소에 가입하고 주식 계좌를 개설한다. 처음은 소액으로, 매월 조금씩 분산투자 하겠다고 마음먹는다. 이러한 소액 투자의 열기가 시장에 상승장을 연출한다. 소액으로 시작했는데 자신도 수익 실현의 대열에 합류한다. 주식시장의 경우 하루 가격 등락폭이 30%로 제한돼 있다. 그러나 코인 시장은 이러한 제동장치가 전혀 없기 때문에 하루 투자만으로도 대박과 쪽박을 경험할 수 있다. 소액으로 시작한 코인 투자가 하루만에 10% 이상 수익을 냈다고 가정해 보자. 100만 원의 10% 즉 10만 원을 벌었다고 생각한다. 아직 실현하지도 않은 10만 원의 투자 수익을 당장 통장에 돈이 들어온 듯 기뻐하는 것이다. 그런데 사람의 마음은 매우 복잡하다. 잠시 기쁘고 흥분되지만 곧이어 다른 감정에 빠진다. 똑같은 코인 혹은 주식 종목에 투자한 친구가 있다. 그 친구는 1000만 원을 투자한 것이다. 같은 수익률인데 친구는 100만 원을 벌었다. 자신도 100만 원이 아니라 1000만 원을 투자했더라면, 혹은 여기 저기 동원 가능한 대출 한도를 떠올려보고 1억 원을 투자했더라면, 같은 10%이지만 투자 수익은 투자 금액에 따라 10만 원 일 수도 있고 100만 원, 1000만 원일 수 있다. 다시 말해 투자 밑천의 크기에 따라 손에 쥐는 이익의 차이는 더 벌어진다. 10만 원을 벌었다는 흥분은 금새 지나가고 자신은 손해 본 기분에 빠진다. 이러한 박탈감은 수익률의 크기가 커질수록 더 심화된다. 100% 수익률을 기록했다면 투자 금액에 따라 100만 원, 1000만 원, 1억 원으로 실제 실현 수익이 더 크게 벌어지기 때문이다.

사람이 합리적이라면 당장 내가 투자해서 얻은 투자 수익이 진짜 이익이라는 생각으로 충분히 만족할 수 있다. 그러나 사람은 생각보다 합리적이지 않다. 이미 소액투자를 결심할 때도 합리적인 생각과 그에 걸맞는 심리상태로 시작한 것이 아니다. 두려움, 기대감, 흥분 등의 감정이 합리적인 판단보다 투자에 더 큰 영향을 미친다. 머리보다 감정이 투자에 더 큰 영향을 미치면서 소액 투자는 돈을 벌고도 손해 보는 느낌을 주고 그로 인해 투자액은 점점 자산의 전부, 더 나아가 빚투와 영끌까지 직진하는 것이다.

2022년 들어 경기가 급선회하면서 금리와 물가가 치솟고 경제성장률이 마이너스를 기록하는 등 경기 침체마저 예상되고 있다. 최근 BIS(국제결제은행)는 「2022 연례보고서」에서 각국 중앙은행이 기준금리를 급격하게 인상하지 않으면 안 된다고 경고하고 나섰다. 2021년까지 풍부한 유동성, 자산시장의 과열, 야성적 충동에 의한 투기 거래 급증으로 자산시장은 부동산에서 주식, 코인 시장까지 연일 상승장을 연출하며 흥분의 도가니였다. 그러다 2021년 연말부터 터져나온 인플레이션, 금리인상 등의 우려와 함께 일 년이 채 안 된 사이, 시장은 급격하게 흔들리고 있다. 여기서 가장 먼저 매(?)를 맞는 계층이 바로 빚투, 영끌족이다.

한국은행의 「금융안정보고서」도 청년층 부채에 대한 위험을 경고하고 있다. 보고서에 따르면, 임계수준을 초과하는 차주의 비중이 전체 차주의 6.3%이나 2030 청년 세대의 초과 차주 비중은 11.3% 수준에 이른다고 한다. 당연한 결과일 것이다. 특히 2022년 5월 99.9%의 자산 가치가 폭락해 시가총액 50조 원이 순식간에 증발해 버린 루나, 테라USD 쇼크는 코인시장 대폭락의 신호탄이 됐다. 코인시장은 청년층의 빚투와 영끌의 대표 투자 시장이다. 이 쇼크 이후 영끌족의 처참하고 비참한 이야기가 각종 게시판에서 조금씩 흘러나오고 있다. 4000여만 원을 루나 코인에 투자했는데 5시간 만에 88% 손실을 본 뒤 실시간 방송 중에 오열했다는 유투버 이야기, 용돈과 알바비 모두를 모아 투자했는데 99% 손실을 보았다는 이야기, 어느 코인 매매 방송의 30대 유명 진행자는 한때 70억 원까지 벌었으나 상당수의 손실을 보고 손절했다는 이야기도 있다. 파이어족을 꿈꾸며 주식, 펀드, 코인 투자에 적극적으로 나섰던 MZ세대가 조기 은퇴는커녕 영끌로 인해 청년 신용 불량자의 꼬리표를 달아야 할 위험천만한 상황이다.

2022년 초 고승범 전 금융위원장은 "잠재 위험들이 하나둘씩 현실화하고 있어 그야말로 '멀리 있던 회색 코뿔소'가 우리에게 가까이 다가오기 시작하는 상황이다"라고 우려한 바 있다. 그의 표현대로 지난해부터 예측됐던 급격한 인플레이션과 금리인상 가능성이 회색 코뿔소처럼 우리 눈앞에서 선명해지고 있다. 예측할 수 없었던 위험은 분명 아니다. 다만 알면서도 피하지 못하고 크게 다칠 수밖에 없는 상황에 대해 미셸 부커가 만들어낸 비유적 표현인 회색 코뿔소처럼,

금리인상 예측에 따른 주식시장, 부동산 시장, 코인 등의 투자 시장의 급락과 빚의 몰락이 우리를 코뿔소 앞에서 옴짝달싹 못하는 처지로 만들고 있는 것은 아닐까?

| 코로나 19에서 금리인상까지 벼랑 끝 자영업자들

대한민국 자영업자의 고통과 어려움은 어제 오늘 이야기가 아니다. 설상가상으로 코로나19 팬데믹은 자영업자의 고통과 폐업 위기에 기름을 부은 셈이나 다름없다. 한국은행의 2022년 6월 「금융안정보고서」에 따르면, 자영업자의 빚이 코로나 이전과 비교해 40%나 급증했다. 이제 자영업자의 전체 부채 규모가 1000조 원에 바짝 다가간 960조 원에 달한다. 현재 진행 중인 금리인상과 물가상승은 이미 지난해부터 예견된 회색 코뿔소였다면, 코로나19 팬데믹은 전혀 예측할 수 없었던 재앙으로 '블랙스완'이다. 전례 없는 바이러스의 공격에 전 세계가 거리두기와 멈춰서기를 반복해야 했다. 경제 전체가 바이러스의 후폭풍에 시달려야 했지만 그중에서도 자영업자의 매출 감소와 존폐 위협은 급격한 금리 상승을 만나 부실의 뇌관으로 자리잡기 시작했다.

한국은행의 금융안정보고서에 따르면, 코로나 이후 급격하게 빚이 늘어난 이유에 대해 소득 하위 30%의 자영업자들은 기존 채무를 갚거나 생활비가 부족해서라고 답했다. 코로나 기간 동안 소득이 급격하게 하락했으니 기존 빚 갚는 데에도 문제가 발생했을 것이고, 당연히 생활비도 부족해 새로운 빚으로 그 문제를 해결했다는 것이다. 누구나 예측가능한 상황이다. 소득 하위 30%에 해당되는 자영업자는 현재 신용부실이 시작됐다는 뜻이기도 하다. 그나마 코로나 사태인 만큼 정부에서 자영업자의 금융문제를 정책적으로 지원해 왔다. 원금 상환이나 이자 상환을 유예해주고 정부 보증 대출을 확대해 자영업자의 코로나 위기를 지원했다. 이 같은 지원책들로 인해 코로나19 팬데믹 상황에서 자영업자의 폐업율은 2020년 11.8%로, 2019년 12.7%보다 오히려 감소하기도 했다. 여기에 자영업자에게 제공됐던 금융완화 조치가 2022년 9월 종료를 앞두고 있었다. 이 경우 자영업자의 DSR은 39.1%에서 41.3%로 증가한다. 소득의 절반 가까이를 빚을 갚는 데 지출해야 한다. 한국은행에 따르면, 현재 자영업자 중 적자 가구는 78만 가구로 추산되는데 이 또한 금융완화 조치가 종료될 경우 83만 가구로 늘어난다. 이들이 보유하고 있는 금융부채는 177조 원으로 전체 자영업 가구가 보유한 부채의 36.2%나 된다.

향후 자영업자들은 정부의 금융완화 조치 종료와 함께 금리인상의 폭탄마저 끌어안을 위기에 처했다. 게다가 금리인상과 물가상승으로 소비심리마저 얼어붙고 있다. 시중 물가는 2022년 7월 말 기준 전체 품목 중 5% 이상 상승한 게 50%나 된다. 소비자들이 본격적으로 지갑을 닫기 시작할 만한 우울한 현실이다. 이는 자영업자의 매출 악화로 연결될 수밖에 없다. 다행히 자영업자에 대한 금융지원과 관련, 2022년 9월 정부가 최대 3년간 만기연장 및 최대 1년간 상환유예 조치를 밝힘에 따라, 금융지원이 종료되는 일은 일어나지 않았다. 하지만 금리인상과 물가상승으로 인한 경기 후퇴로 자영업자는 향후 혹독한 시간을 보내야 할 것이다. 말 그대로 금융지원 종료와 금리인상, 물가 상승으로 인한 경기 후퇴까지 자영업자에게는 삼중고가 겹쳐, 2022년 하반기와 2023년 상반기 혹독한 시간이 예상된다. 말 그대로 벼랑 끝으로 내몰렸다고 해도 과언이 아니다. 1000조 원에 달하는 자영업 부채가 악성화 길에 들어설 수밖에 없고, 이는 전체 가계부채의 뇌관으로 작용할 것이다.

| 무엇을 어떻게 해야 할까

급박한 금리인상과 물가 상승 압박에 따른 경기 후퇴부터 과도한 가계 부채로 인한 부동산 시장의 충격전망에 이르기까지 경제상황 전반이 비관적이다. 이럴 때 도대체 무엇을 준비하고 어떻게 대처해야 할까?

이 책은 최소한 '빚'의 문제에서 기존과는 다른 접근을 시도하며 소비자에게 실질적인 가계부채의 원인 진단과 문제 해결을 제시하고 있다. 저자 중 정내라는 나와 함께 제20대 국회에서 금융의 약탈적 행위들을 분석하고 해법을 모색했던 선임 비서관으로, 앞으로 벌어질 가계부채의 위기 상황에서 우리가 반드시 알아야 할 금융시장의 본질을 제대로 설명하고 있다.

제20대 국회의원으로서, 난 국회 정무위원회에서만 4년간 활동했다. 저소득 저신용자들에게 빚을 부추기는 금융회사의 약탈적이고 잔인한 현실을 폭로하기 위해 주빌리은행을 만든 후 그 활동의 성과물을 법 개정으로 만들어내기 위해 국회에 입성했다.

4년간의 정무위원회 활동을 통해 최소한 부실 채권에 대한 정부 당국과 금융회사들의 인식을 바꾸는 데 기여했다. 부실채권이 단지 금융 시장에서 가치가 폭락한 상품으로만 이해돼서는 안 되고, 사람들의 삶을 왜곡시킨다는 것을 이해시키려고 했다. 부실채권 처리과정에서 얼마나 많은 사람들이 상당기간 동안 지독한 추심에 숨죽이며 살아야 하는지 알리고자 했다. 대한민국 금융시장은 글로벌 경제 10위권에 오른 선진국이라 말하기 부끄러울 정도로 야만적이고 후진적이다. 민주주의에서 무엇보다 강조하는 인권을 완벽하게 차단한 채 금융시장이 인권의 사각지대에서 작동하고 있음을 지적해 왔다.

물론 이러한 인권 감수성 측면으로만 문제를 제기한 것은 아니다. 주요 선진국들은 약탈적 대출과 과잉대출을 차주의 상환 능력을 뛰어넘는 대출로 정의하고, 이를 규제하고 있다. 규제 이유는 신용 소비자를 보호하기 위한 것도 있지만 더 나아가 금융시장을 건전하게 관리하기 위한 거시적 목표를 포함하고 있다. 미국의 약탈적 대출 금지와 관련된 입법은 2008년 금융위기 이후 본격적으로 논의가 진행된 후 2010년에 도드-프랭크 월가 개혁 및 소비자보호법(Dodd-Frank Wall Street Reform and Consumer Protection Act)으로 탄생했다. 이 법의 제정 사유는 금융위기 재발을 방지하기 위한 것이다. 이는 금융위기의 가장 중요한 문제로 과도한 대출 행위를 지목하고 있다. 키우던 강아지 명의로 대출이 가능할 만큼 대출 규제가 느슨했고 그렇게 과잉대출이 이뤄질 수 있었던 것은, 과잉대출에 대한 금융회사의 모럴

해저드가 극에 달했기 때문이다. 채무자의 도덕적 해이가 금융위기를 낳은 것이 아니라 금융회사의 도덕적 해이로 과잉대출이 이뤄졌고 그것이 금융위기까지 불러왔다.

도드-프랭크 법이 금융위기 재발을 막기 위해 금융소비자 보호를 핵심 내용으로 제정됐다는 점에서, 현재 대한민국의 과도한 가계 부채 상태를 어떻게 평가하고 어떻게 개선해 나가야 하는지 방향은 분명하다. 하지만 금리와 물가가 동시에 치솟고 경기 후퇴 전망이 확실시 되고 있는 대한민국에서는 아직까지 이에 대한 논의가 거의 이뤄지지 않고 있다. 정부는 막연히 취약차주를 보호하겠다는 공염불만 반복하고 있고, 언론은 정부의 취약차주 보호 방안을 다시 한번 도덕적 해이로 몰아붙이고 있다. 새 정부 출범 후 정치적 공방이 거센 가운데 경제 변수들이 하루하루 비관적으로 급변하고 있는데도, 정치권에서는 이에 대한 구체적인 문제 해석과 관련된 해법 논의 자체가 전무한 실정이다.

회색 코뿔소가 커다란 소리와 진동으로 다가오고 있음에도 그에 대한 대책을 고민하느라 분주해야 할 정부와 정치권이 다른 일로 바쁘다. 금리인상으로 부동산 가격 하락세가 시작된 만큼, 정부는 부동산 시장과 금융시장의 연쇄 위기에 대비하지 않으면 안 된다.

이 책 한 권으로 해법이 도출되고 위기를 준비할 수는 없겠지만 최소한 빚 문제로 고민하는 사람들에게는 위로와 용기가 되고, 나아가 진짜 문제의 원인은 채무자가 아닌 금융시스템과 금융회사들에 있음을 자각하는 계기가 되길 바라본다.

'신용'이 곧 '계급'인 사회

| '계급사회'를 대신하는 '신용사회'

지금 우리가 발 딛고 사는 세상은 '계급'이 철폐된 평등사회다. 개화기를 지나면서 과거의 신분제 사회가 폐지돼 누구나 다 똑같은 '평등'을 누리고 있다. 하지만 '신용'이라는 잣대를 들이대면 얘기는 달라진다. '계급'이나 '사회적 신분'을 기준으로 5000만 국민을 줄 세우는 건 불가능하지만, 신용을 기준으로 하면 얼마든지 가능하기 때문이다.

신용제도에 따르면, 개인은 모두 1에서 10단계로 구분된다.[1] 누구는 최고신용인 1등급이지만 누구는 불법사금융이 아니면 돈을 빌릴 수 없는 10등급이다. 신용은 중고등학교 내신성적보다 더 엄격하다. 내신은 대학 입시 때 당락을 좌우하는 것으로 그치지만, 개인의

---

[1] 1등급부터 10등급으로 구분됐던 신용등급제는 2019년부터 신용점수제로 전환됐다. 그러나 기존의 신용등급 역시 기본적으로 점수 기반으로 책정된 것이기에 책정방법과 관리방법은 동일하다. 현재의 신용점수제에 기반해서도 사람들을 일렬로 줄 세울 수 있고 이를 10등급으로 구분하는 것도 가능하다. 참고로 나무위키에 따르면, 나이스의 경우 1등급은 900~1000점 사이, KCB의 경우 942~1000점 사이를 말한다. 10등급의 경우, 나이스는 0~444점, KCB는 0~334점이다.

신용은 일생동안 경제적 꼬리표로 따라다닌다. 만약 젊은 시절 신용을 잘 관리하지 못해 '신용불량자'로 전락하면, 평생을 고통 속에 살아야 할지도 모른다. 자신의 이름으로 신용카드 하나 만들 수 없는 건 물론 대출도 어려울 뿐 아니라 남들보다 더 비싼 이자를 내야 한다. 자칫 멋모르고 카드빚을 지거나 불법사금융업체를 이용했다가는 평생 멍에를 지는 것과 같다.

명품을 파는 매장이라고 하더라도 고객에게 명품을 살 수 있는 '자격'이 있는지를 묻지 않는다. 내가 당장 가난하거나 돈이 없다고 해도 명품을 파는 백화점이나 면세점이 내게 아예 물건을 팔지 않거나 혹은 물건을 살 수 없는 부적격 고객으로 구분하지 않는다. 누구나 자유롭게 매장에 출입할 수 있고 결제를 통해 명품을 구입할 수 있다. 그런데 금융기관은 다르다. 아예 기관별로 대놓고 개개인에게 이용할 수 있는 '자격' 여부를 묻는다. 이게 다가 아니다. 신용을 기준으로 거리낌 없이 고객을 차별한다. 그래서 대출이라는 문 앞에 서면 절대 너와 내가 똑같을 수 없다. 마치 조선시대에 노비가 과거 시험에 응시할 수 없고 사대부인 양반집 자녀와도 결혼할 수 없는 것처럼, 지금 금융기관 이용에는 눈에 보이지 않는 차별이 존재한다.

만약 내가 신용 7등급인 저신용자라면 은행에서 대출 받는 건 불가능한 일이다. 은행은 저신용자를 대출 고객으로 취급하지 않기 때문이다. 4~6등급의 중신용자는 주로 여신전문금융기관을 이용해 대출할 수 있다. 저신용자가 갈 수 있는 곳은 저축은행과 대부업체뿐이다. 그나마 저축은행은 중저신용자를 고객으로 한다. 9~10등급과 같은 진짜 저신용자가 이용할 수 있는 곳은 결국 대부업체 혹은 불법인 사채밖에 없다. 과거야 신분제사회였으니 그럴 수 있다고 해도 노예제도가 폐지되고 또 누구나 평등한 현대사회에서, 신용에 따라 개인이 이용할 수 있는 금융기관이 정해져 있다는 건 그 자체로 놀라운 일이다.

여기서 '자격' 혹은 '차별과 규제'는 '신용'의 또 다른 말에 지나지 않는다. 5000만 우리 국민 중 대출이자가 저렴한 은행에서 돈을 빌릴 수 있는 사람은 겨우 절반에 지나지 않는다. 나머지 절반은 신용이 낮은 데 따라 금리가 비싼 제2금융권을 이용해야 한다. 심지어 여기서도 배제돼 불법사금융, 즉 연간 수백에서 수천 퍼센트에 이르는 살인적인 고금리를 감당해야 하는 사채만 이용할 수 있는 사람도 있다.

그래서 우리 국민은 은행 이용이 가능한 사람과 그렇지 않은 사람으로 이분화된 '경제적 계급사회'에 살고 있다.[2] 물론 우스갯소리일 테지만, 한 방송 프로그램에서는 안정적인 고소득 직장인을 "4대 보험 되고, 은행에서 신용대출 가능한 사람"이라고 규정했다. 은행은 이처럼 국민의 신분(?)을 분류하고 판정을 내릴 수 있는 데 따라 대출시장에서 자연 갑(甲)의 지위에 올라섰다. 개인의 대출 수요가 증가함에 따라 이 같은 현상은 더 가속화 되는 것과 함께 견고해지고 있다.

---

2 신용등급과 관련해 위키피디아는 이렇게 설명하고 있다. "(신용등급이란) 쉽게 말하자면 사회생활에서 내 얼굴이자 명함과도 같다고 보면 된다. 사회생활의 가장 기본은 서로 간의 신용이며 이를 수치화한 것이 신용등급이다. 흔히 신용등급은 꼭 금융권에서의 대출이나 투자에서만 작용하는 것이 아니라 일상에서도 크게 작용하는 것이다"

| '신용등급'이라는 '계급장'

신용 등급은 부익부 빈익빈의 축소판이다. 1등급은 보통 경제적으로 여유가 있고 투자 수요가 많은 사람이다. 이들은 누구보다 저렴한 가격을 지불하고 돈을 융통할 수 있다. 반면 저신용자는 일상을 영위하기 위한 필수적 자본, 즉 생활비가 부족한 사람들일 가능성이 크지만 고신용자보다 훨씬 더 비싼 이자를 내야 한다. 지금과 같은 대출과 이자 구조는, 부자는 더 부자가 되게 하고 가난한 사람은 더 가난하게 만드는, 요컨대 양극화를 더 강화시키는 기제(機制)로 작용한다.

비용이 적게 드는 상품(금리가 싼 대출)을 이용하고픈 건 누구나 다 똑같은 심정이다. 특히 대출은 그 성격상 돈이 부족한 데 따라 타인에게 빌려야 한다는 점에서, 금융소비자는 금리가 낮은 걸 선호하기 마련이다. 그런데 금융시장은 이 같은 심리와 정반대로 움직이는 '특징'을 갖고 있다. 금융시장에서는 특정 금액을 빌리기 위해 지불해야 할 비용이 높을수록, 즉 이자가 더 비싼 상품일수록 주 고객층은 돈이 없는 저신용자이다. 저신용자는 고신용자보다 수입이 적다 보니 자연 돈이 부족해 남에게 빌리지 않을 수 없는데, 문제는 똑같은 금융상품임에도 불구하고 고신용자에 비해 더 많은 비용을 지불해야 한다.

특히 주목할 점은 저신용자이건 고신용자이건 '같은 크기의 금액이 갖고 있는 경제적 가치'에는 어떤 차이도 존재하지 않는다는 것이다. 가령 고신용자가 빌리는 100만 원과 저신용자가 빌리는 100만 원이 갖고 있는 시장가치는 똑같다. 고신용자가 빌린 100만 원이라고 해서 시장에서 110만 원 또는 120만 원의 효용가치를 발휘하지 않는다. 반대로 저신용자가 빌린 100만 원이라고 해서 90만 원이나 80만 원어치의 물품밖에 살 수 없는 것도 아니다. 따라서 빌린 주체가 누구이든 100만 원이라는 돈이 갖고 있는 경제적 가치는 똑같다.

그런데 금융시장에서는 이처럼 똑같은 상품을 빌리는데도 고신용자와 저신용자는 서로 다른 비용을 지불해야 하는 문제가 발생한다. 혹자는 이를 두고 '불공정'의 문제를 제기하기도 하는데, 이는 결국 양자 간에 존재하는 '신용'의 차이에서 비롯된다. '돈'이라는 괴물(?)이 신용이라는 이름 아래 5000만 국민을 줄 세우는 건 물론이고, 바로 이 때문에 사람마다 대출이자도 모두 다르다. 자본주의 사회인 오늘날 개인의 신용이 중요한 의미를 갖는 동시에 그것이 현대판 '경제적 신분'인 이유도 바로 여기에 있다.

과거의 신분사회가 계급의, 계급에 의한, 계급을 위한 사회였다고 한다면, 지금은 신용의, 신용에 의한, 신용을 위한 경제사회다. 그래서 우리는 신용등급이라는 눈에 보이지 않는 '계급장'을 너나 할 것 없이 모두 이마에 붙인 채 살고 있다. 누구든 그 계급장에 상응해서만 돈에 접속할 수 있는 권리를 갖는다. 또 계급장에 따라 서로 다른 이자를 적용받는다. 저소득 계층에겐 서글픈 현실이 아닐 수 없다.

| 연체하는 순간 '빚의 악순환'에 빠져

　이상과 같은 문제의식 아래, 이 책은 총 4부로 구성돼 있다. Ⅰ부는 이 책의 서론 격으로, 가계부채 1800조 시대를 조망하고 있다. 여기서는 우리나라 대출시장의 특성을 비롯해 채권추심의 문제점, 그리고 채무탕감과 그에 뒤따르는 '도덕적 해이', '죄인 프레임'의 문제를 논하고 있다.

　Ⅱ부는 총 3장으로 이루어졌다. 제1장은 금융권 중 가장 저금리인 은행에서 대출했어도 3개월 연체에 따른 '기한이익 상실', 그리고 그로 인해 담보물인 집이 경매로 넘어가는 과정에 대해 상세히 설명하고 있다. 일반인은 "설마 3개월 연체만으로 집이 경매에 넘어갈까?"라고 생각할지 모르겠다. 하지만 이는 지금도 되풀이되는 현실이다. 이와 관련, 대출상환을 3개월 연체하면 어떤 일이 벌어지는지 잘 알지 못한 채 일반인들이 대출부터 받는 문제를 지적할 수 있다. 비록 저리의 은행 대출이라고 해도 한번 연체가 시작되면 소득이 갑자기 몇 배로 뛰지 않는 한 빚을 상환하고 이전의 정상적인 생활로 돌아가는 건 불가능에 가깝다. 소득 증가율보다 빚 증가율이 훨씬 높은 구조적 문제 때문이다.

　제2장은 제도권 금융사 중 대출이자가 가장 비싼 대부업체의 현실에 대해 얘기하고 있다. 대부업체의 주 고객층이 저소득계층인 이유부터 비싼 이자를 내고 대출하는 이유가 생활비 부족 때문이라는 것, 그리고 대부업체 금리가 왜 비싼지에 대한 것까지를 자세히 설명하고 있다.

제3장에서는 졸업 후 취업해 사회인으로 성장하기도 전에 학자금 대출로 빚에 허덕이는 청년들이 겪고 있는 어려움에 대해 살펴봤다. 이는 무엇보다 채권자에게 편향된 학자금 상환제도에 기인하고 있다. 요컨대 외국의 경우 학자금 대출을 사회복지 측면에서 '투자'로 인식하는데 반해 우리는 국민 세금에 기반한 만큼 원금과 이자 모두를 반드시 회수해야 하는 '부채'로 보는 데 따라, 결국 학자금 대출에 대한 접근방식부터 문제해결까지 다양한 차이를 낳고 있다.

Ⅲ부는 채권시장의 작동원리 및 그 행위자들을 설명하고 있다. 우선 제1장은 대출에 따른 채권이 사고 팔리는 유통시장의 구조와 관련한 것이다. 특히 일반인에게 생소하거나 잘 알지 못하는 '채권의 소멸시효제도'에 대해 분석했다. 나아가 소멸시효제도에도 불구하고 채권이 어떻게 죽지 않고 '좀비화'돼 계속 떠돌며 채무자를 괴롭히는지에 대해 구체적 메스를 가했다.

제2장은 채권시장의 중요한 행위자 중 하나인 '신용정보회사'를 주요 분석 대상으로 삼고 있다. 신용정보회사가 무슨 일을 하는 회사이고 또 채권을 추심하기 위해 어떤 탈법과 꼼수를 자행하는지, 그런데도 이를 외면하는 금융당국의 행태를 날카롭게 비판하고 있다.

제3장은 민간뿐 아니라 금융공기업 또한 채권추심을 하는 현실에 대한 얘기다. 흔히 채권추심을 말하면 민간 금융기관이나 이를 대행하는 신용정보회사를 떠올린다. 그러나 공공기관 중에도 이 같은 일을 하는 회사가 있다. 주택금융공사나 신용보증기금, 예금보험공사 같은 9개 금융공기업이 그것이다. 이들 또한 민간 금융사와 마찬가지로 부실채권을 갖고 있으며, 어떤 의미에서는 민간 못지않은 추

심과정의 약탈성을 보여준다. 금융공기업이 가장 크게 신경 쓰는 건 "국민 세금을 낭비했다"는 비판이다. 세금에 기반한 대출을 반드시 회수해야 한다는 원칙 때문에 부실채권이 장기간 연체돼도 상각(償却)하지 않은 채 그냥 쌓아둔다. 자연 소멸시효 연장 비율은 민간보다 더 높고, 그래서 갖고 있는 부실채권 규모도 적지 않다.

Ⅳ부는 최근 몇 년간 이상과 같은 문제들을 풀기 위한 정책적이고 입법적인 움직임을 총 정리했다. 제1장에서는 소멸시효 완성채권을 소각한 일부터 근본적인 해결을 위한 책임대출과 상시 채무조정제도에 대해 언급하고 있다. 제2장은 채무자 보호를 위해 8년 만에 통과된 「금융소비자 보호에 관한 법률」과 함께 채무자도 금융소비자로 인정된 과정, 그리고 채무조정제도에 대해 소개하고 있다. 물론 다양한 정책 및 입법적 노력이 이루어졌지만 이것으로 모든 문제가 다 해결된 건 아니다. 따라서 제2장은 앞으로 해결해야 할 과제가 무엇인지도 적시하고 있다.

마지막으로 채무자들에게 도움이 될 수 있는 다양한 채무조정방법 및 관련한 기관의 작동원리에 대한 소개를 부록으로 첨부했다. 불법추심에 시달리고 있거나 혹은 그로 인해 삶 전체가 무너진 경험을 한 사람이라면 당장 부록부터 살펴보기 바란다. 여기에는 불법사금융 신고 방법부터 현재 자신이 처한 상태에서 벗어날 수 있도록 도움을 주는 기관 및 제도에 대한 설명이 포함돼 있다.

| 현명한 대출을 하자

우리가 평생 단 한 차례도 대출을 받지 않고 사는 건 거의 불가능한 일이다. 당장 주택 구입은 차치하고 전셋집이라도 마련하려면, 대출을 끼지 않을 수 없는 게 현실이다. 물론 부모가 대신 집을 사주거나 일정액을 지원받는 사람도 있지만, 이건 어디까지나 일부에 지나지 않는다.

바로 이런 점에서 이왕 받을 대출이라면 잘 알고 받자는 게 이 책이 갖고 있는 일차적인 문제의식이다. 여기서 '잘 알고 받자'는 건, 만약 대출상환이 늦어지면 어떤 일이 벌어질 수 있는지 또 그게 내 삶에 어떤 영향을 미칠 수 있는지에 대한 것 정도는 최소한 사전에 공부하자는 뜻이다. 그래서 아무 생각 없이 신용카드를 만들고 이것저것 구입 후 자금 경색으로 연체를 하거나 혹은 당장 급하다고 겁없이 대부업체나 사채로 달려가는 것과 같은 일은 하지 말자는 게 이 책이 독자에게 주는 가장 중요한 메시지다. 옛말에 "빚보증 서는 자식은 낳지도 말라"는 말이 있는데, 이를 지금 시대 버전으로 바꾸면 "함부로 대출받는 자식은 낳지도 말라" 정도가 될 수 있다.

사실 대출을 받는 그 순간부터 자기 삶은 없고 남을 위해 일하는 것이 된다. 그래서 치밀한 계획 아래 대출을 일으켜야 한다. 최소한의 금액으로, 그리고 최대한 대출 기간을 짧게 잡아야 한다. 동시에 중간에 생길 수 있는 변수까지 감안해야 한다. 사업을 할 때, 자신이 갖고 있는 돈을 전부 걸지 말라는 얘기가 있다. 흔히 사업 실패 후 재기할 수 있도록 가진 돈의 30%는 남겨두라고 한다. 대출도 마찬가지다. 자신이 받을 수 있는 한도에 상응하는 금액 전부를 받으면 안 된다. 그렇게 되면 작은 변수에도 삶 전체가 흔들릴 수 있다.

글쓴이 어머니는 생전에 '빚' 지는 것을 죄악시했다. 그래서 '레버리지'라는 개념을 설명해도 들으려고조차 하지 않았다. "빚지며 사는 건 곧 남의 살림 살아주는 것"이라는, 평생 어머니가 갖고 있던 확고한 신념 때문이다.

어려운 상황에서도 글쓴이의 저술을 물심양면으로 지원해 준 김병천 선배가 없었다면, 이 책은 출판되지 못했을 것이다. 특히 김 선배는, 글쓴이가 '신용'이 과거의 신분제를 대신하는 현대판 '계급'이라는 문제의식을 갖는 데 많은 영향을 주었다. 정내라는 오랜 기간 글쓴이가 원활히 책을 낼 수 있도록 교정을 봐준 고마운 후배다. 그런데 이번에 공동작업을 통해 함께 책을 출간할 수 있어 기쁜 마음이다. 이번 작업을 계기로 앞으로 다양한 분야에 걸친 유익한 책을 내 주길 바란다.

무엇보다 글쓴이가 저술에만 집중할 수 있도록 도와준 아내의 배려는, 이 책이 세상에 나올 수 있는 데 가장 큰 힘이 됐다. 아빠의 저술활동을 응원해준 아들 龍源이와 딸 采源이의 사랑은, 글쓴이가 와병(臥病) 중에도 힘을 내 저술 작업을 이어갈 수 있는 가장 큰 원동력이자 앞으로도 내가 살아 숨 쉴 수 있는 유일한 이유다. (서인석)

이 책은 글쓴이가 제19대 후반부터 제21대 초까지 8년여 간 국회에 근무한 가운데, 주로 제20대 국회(2016~2020년) 때 매진했던 정책적 작업을 기초로 하고 있다. 여러모로 많이 부족한 글쓴이가 첫 책을 낸다고 생각하니 감사한 분들이 정말 많이 떠오른다(연예인들이 왜 수상소감을 길게 말하는지 처음 공감했다). 그러나 이들에 대한 감사 인사는 출판된 책과 함께 만나서 직접 전하기로 하고, 여기서는 특별히 세 분에게만 감사를 전하려고 한다.

가장 먼저 저술 작업과 관련한 정책적 아이디어의 원천을 제공해준 제윤경 전 의원께 감사인사를 드린다. 이 책에서 거론되는 정책의 시작과 끝은 제 의원의 삶과 직결돼 있고 동시에 그의 의제(議題)라는 점을 고백한다. 제 의원은 오랜 시간 채무자 보호 운동에 매진했고 그들과 함께 생활해왔다. 특히 그 모든 시간을 단지 감정적 공감에만 그치지 않고 사회 구조적 문제로 확장해 고민하고 대안을 제시해왔다. 그동안 기득권과 자본력을 가진 자들, 그리고 그들의 논리를 답습하는 많은 사람들이 채무자 보호를 위한 목소리를 묵살했다. 때로는 반대했고 도덕적 해이라 손가락질도 했다. 그렇기 때문에 계속해서 약자들을 위해 꿋꿋이 목소리를 내는 일이 얼마나 힘든 일인지, 곁에서 지켜보며 뼈저리게 느꼈다. 그 노력에 경의를 표한다. 본문에 게시된 통계는 민형배 의원과 제윤경 전 의원이 금융위원회와 금융감독원에 요구한 자료를 재인용한 것이다.

두 번째로 감사할 사람은 바로 글쓴이의 남편이다. 늘 걱정과 불안으로 가득 차 있는, 일견 단단해보여도 내면은 매우 연약한 아내에게, 남편은 언제나 자신감과 긍정 마인드를 불어넣어주는 존재이다. 남편을 만나기 전까지, 글쓴이는 상처투성이로 겉만 씩씩한 외톨이였다. 하지만 그와 함께하면서부터 비로소 글쓴이는, 앞으로의 인생에서 상처마저 아름답게 빛나면서 내면은 더 씩씩하고 단단한 정내라로 살아갈 수 있는 힘을 얻었다.

마지막으로 이 책의 출판뿐 아니라 글쓴이의 인생에 지대한 영향을 미친 서인석 전 보좌관에게 모든 공을 돌리고 싶다. 서 보좌관은 글쓴이의 학창시절과 사회생활을 통틀어 가장 훌륭한 멘토이자 은사다. 자기 이름으로 된 책을 갖는 게 소원이었지만 문제의식을 구체적 성과물로 외화 할 능력이 부족했던 후배를 위해, 투병 중에도 공동작업을 통해 이처럼 책이라는 구체적 결과물이 나올 수 있도록 애써주었다. 서 보좌관과 함께 글쓴이로 이름 올릴 수 있게 된 것에 감사를 넘어 이루 말할 수 없는 죄송함을 느낀다. 책을 출판하는 지금 내게 남은 소원은 서 보좌관이 건강을 회복해 글쓴이와 함께 오래오래 인생에 대한 대화와 지적 교류를 나누는 것이다. 매일 서 보좌관과의 시간이 끝나지 않기를 기도하고 있다. 다시 한 번 깊은 감사를 드린다.

한편 이 책에서 부족한 부분이 있다면 이는 전적으로 글쓴이의 잘못이다. 앞으로 살아가는 동안 더 공부해 부족한 부분을 채우면서 미력하나마 세상이 조금 더 나아지는 데 보탬이 되고 싶다. 국회에서 근무하는 동안 옆에서 지켜본, 채무로 인해 고통 받던 많은 분들의 목소리가 기억난다. "열심히 살면 인생에서 절대 실패는 없을 것이다"라고 자신했던 나 스스로가 얼마나 오만했는지 돌아볼 수 있는 시간이었다. 지금 어디 계실지 모를 이분들이, 바로 이 책으로 조금이나마 숨통을 트면서 절대로 삶을 포기하는 일이 없기를 간절히 소망한다. (정내라)

'돈'은 내가 관심을 두지 않을 때는 절대 내 삶에 개입하지 않는다. 하지만 내 삶이 어려워져 관심을 갖기 시작하면, 어느 새 내 인생 전체를 좌우하는 가장 큰 '규정력'으로 작용한다. 이 책이 대출에 대한 독자의 인식 전환과 함께 채무자가 하루 빨리 이전의 정상적 삶으로 돌아가는 데 조금이나마 도움이 될 수 있다면, 글쓴이로서 더 바랄 것이 없다.

2022년 11월

글쓴이 서인석·정내라

I 가계부채 1800조 시대, 우리는 왜 빌릴 수밖에 없었나

II 대출, 그 덫에 빠지다

1장 제1금융권이라고 만만히 보지 마라

2장 자신을 '서민금융'이라 주장하는 대부업체

III 채권 유통시장,
그 플레이어와 작동원리

IV 당신은 '죄인'이 아니다

I

가계부채 1800조 시대,
우리는 왜
빌릴 수밖에 없었나

대출공화국
대한민국

| 금융의 핵심 영업 모델 '대출'

　금융이란 무엇일까? 금융을 얘기하면 사람들은 복잡한 숫자와 다양한 색깔로 가득 찬 주식 현황판을 떠올리기 십상이다. 네이버나 다음과 같은 인터넷 포털 사이트 검색창에 '금융'이라는 단어를 입력하면, "이자를 받고 자금을 융통하여 주는 것"이라고 나온다. 금융의 본질은 이처럼 돈을 빌려주는 것, 즉 '대출'이다. 그런데 사람들은 금융이라고 하면 주식이나 채권 같은 투자의 개념을 먼저 떠올린다. 대출을 말하면 그건 곧 '빚'이라고 여긴다. 하지만 모든 금융업의 근간은 대출이다. 대출업무를 취급하지 않는 금융사는 거의 없다. 따라서 빚을 내는 것 자체가 금융행위다. 우리가 '금융소비자'인 이유도 바로 여기 있다.

　한편 대출 하면 은행의 영역이라 생각하기 쉽지만, 요즘 은행들은 대출은 물론 투자나 보험에 이르기까지 다양한 업무를 취급한다. 반대로 투자나 보험 상품 판매 등을 주로 담당하는 증권 및 보험사도 우리 생각과 달리 대출을 중요 업무로 취급한다. 특히 은행권에 대한 정부의 대출규제가 강화될수록 증권 및 보험사의 대출업무는 더 큰 의미를 갖는다. 바로 이런 상황에서 은행은 대출을, 증권사는 투자를 담당하고, 보험사는 단순히 보험 상품만 파는 곳으로 생각하는 건 구시대적 잣대에 지나지 않는다. 오히려 지금은 은행과 증권사 그리고 보험사가 취급하는 업무에서 차별성을 찾을 수 없을 정도로, 업역(業域) 간 경계가 모호하다.

업역 구분이 모호해지고 있지만, 그럼에도 통상적으로 구분되는 용어들을 정리하고 넘어가 보자. '제1금융권'은 은행[1]을 의미한다. 은행은 고객에게 예금을 받아 자금이 필요한 사람에게 빌려준다. 제도권 금융사 중 가장 낮은 금리를 제공한다. 따라서 신용등급이 높은 사람들(1~3등급)이 주 고객이다. 대출은 신용대출과 담보대출로 나뉜다. 신용대출은 고객의 신용, 즉 대출현황 및 연체 이력 등만을 근거로 신용도를 평가해 대출하는 상품이다. 담보대출은 채무자가 대출을 갚지 못할 때를 대비해 금융회사가 채무자로부터 일정 담보물을 잡고 대출해주는 상품이다.

| 대출을 영위하는 금융기관들

대출 가운데 가장 흔한 것이 주택담보대출이다. 금융사는 주택을

---

[1] 산업은행과 같은 특수은행을 비롯해 일반은행, 지방은행을 가리킨다.

담보로 잡고 있다가 채무자가 돈을 상환하지 못하면, 담보물인 주택을 매각해 대출금을 회수한다. 따라서 담보물이 있는 대출인 경우, 담보물의 가치만큼은 확실하게 돈을 회수할 수 있어 대출금을 전부 떼일 가능성은 아주 낮다. 한편 담보물이 있다면, 신용등급이 낮아도 대출 받을 수 있는 가능성은 높아진다. 통상적으로 신용대출보다 담보대출 금리가 더 낮은 이유다.

제2금융권[2]은 은행을 제외한 금융기관을 말한다. 증권사와 보험회사를 비롯해 저축은행, 새마을금고, 신용협동조합, 리스회사, 벤처캐피털, 신용카드회사 등이 그것이다. 제2금융권은 다양한 대출상품을 취급한다. 일례로 증권사는 일반 신용대출뿐 아니라 고객의 주식을 담보로 대출을 시행한다. 증권사는 고객에게 예금을 수취하지 않고, 주식 투자 등을 위해 예치금을 받는다. 이는 고객의 투자금이기 때문에 안전한 곳에 별도로 보관된다. 증권사는 순전히 자기자본금으로만 대출을 해줄 수 있어 은행과 달리 대출 '한도'[3]가 존재한다. 이에 따라 증권사의 기업활동에서 대출이 차지하는 비중은 은행만큼 높지 않다. 증권사의 대출이자는 담보대출의 경우 그리고 저금리 시대에도 평균 금리가 5% 내외로 은행보다 비싼 편인데, 이는 자산가치가 불안정한 주식을 담보로 하고 있기 때문이다.

---

2 「은행법」의 적용을 받지 않으면서도 일반 상업은행과 유사한 기능을 담당하고 있어 비은행금융기관(non-bank depository institution)이라고도 한다. 1980년대 이후 보험회사와 증권회사 등을 중심으로 성장한 뒤 다양하게 분화됐다. 요구불예금(예금주가 지급을 원하면 언제든지 조건 없이 지급하는 예금)을 취급하지 않아 신용창출 기능이 제약되며, 중앙은행에 의한 금융정책 규제 대상이 되지 않는 특징을 갖고 있다.

3 「자본시장법」 상 종합금융투자사업자는 자기자본의 100%까지 신용공여(대출)를 할 수 있다.

보험사도 대출상품을 취급한다. 일반 신용대출은 물론 고객이 납부한 보험료를 담보로 한 '약관대출'도 해준다. 만약 채무자가 약관대출을 갚지 못한 상태에서 보험 계약을 해약하면 해약 환급금에서 대출금만큼을 제하고 나머지 환급금을 돌려받을 수 있다. 보험사는 보험료 적립금이라는 담보를 확보했기 때문에 대출금을 상환 받지 못할 위험이 크지 않다. 그런데도 증권사와 마찬가지로 통상 중금리를 적용한다.

저축은행과 카드사는 제2금융권 중에서도 15% 내외의 초고금리로 대출업무를 취급하고 있다. 과거 법정 최고 금리가 30%에 달하던 시절에는 저축은행과 카드사 모두 25% 전후의 살인적인 고금리를 부과했다. 최근에는 법정 최고금리가 지속적으로 낮아짐에 따라 카드사는 12~15%, 저축은행은 15~17%의 평균 이자를 부과하고 있다. 최고금리가 30%에 달하던 시절에 비하면 중금리 대출에 가까운 이자를 부과하고 있는 셈이다.

대출을 해주는 제도권(합법적인) 민간 금융사는 이 정도이다[4]. 그런데 여기서 끝이 아니다. 민간이 아닌 정부도 대출업무를 취급한다. 제도권 금융사들이 감당하지 못한 대출수요를, 각종 금융공기업이 보완하고 있다. 자금은 필요한데 신용도가 좋지 않고 고금리 대출을 부담할 여력도 없는 중소기업이나 개인이 금융공기업의 고객이다.

---

4 대부업체도 대출을 영위한다. 그러나 대부업체는 본질적으로 금융기관은 아니다. 제3금융권은 공식적으로는 존재하지 않는 단어이나 일반적으로 제도권 밖의 사금융권을 일컫는데, 대부업체나 사채업체 등이 이에 해당된다. 이 책에서는 대부업체도 대출을 영위한다는 점에서 금융기관에 준해서 다룰 예정이다.

이들을 위해 금융공기업은 저금리 대출이나 민간금융사 대출에 대한 보증이나 이자 등을 지원한다. 대표적인 곳이 서민금융진흥원이다. 서민금융진흥원은 대부업체의 대출심사마저 탈락해 '불법사금융'을 이용할 수밖에 없는 서민들을 위한 금융상품을 제공한다.

마지막으로 불법사금융이다. 불법사금융은 말 그대로 불법, 법상 등록하지 않은 주체인 개인이 운영하는 대출업체다. 흔히 '사채'라고 한다. 문제는 엄연히 불법인 이 영역을 우리나라에서는 대부업체 다음의 제도권 금융인 것처럼 취급하는 경향이 있다는 것이다. '금융'이라는 단어를 붙여 '불법사금융'이라 불리는 것부터가 아이러니다. 예를 들어 살인에 대해서 '과한 폭력' 혹은 '가중처벌폭력'이라는 식으로 폭력의 범주에 넣는 것과 비슷한 이치다. 단순 폭력과 살인은 엄연히 같은 범주에서 취급할 수 없는 완전히 다른 것이다. 마찬가지로 불법사금융 또한 금융 차원에서 논할 수 없는 것인데, '금융'이라는 단어 때문에 마치 허가받지 못한 미등록금융기관이라는 인상을 준다.

불법사금융은 그 규모조차 제대로 파악되지 않고 있다. 불법인 만큼 음성적으로 이루어지고 있으니 어찌 보면 규모가 파악되지 않는 건 당연한 일이다. 대부금융협회[5]가 한국갤럽과 함께 한 설문조사에 따르면, 불법사금융 규모는 2017년 기준 24.1조 원으로 추정된다.

---

5 불법의 영역이라 규모 파악이 어렵다고 했는데, 제도권 금융사인 대부금융협회가 굳이 자신들과 무관한 불법사 금융 규모를 파악한 이유는 무엇일까? 제도권 금융사 중 대출 이자가 가장 비싼 대부업체는 "서민이 불법사금융 을 찾기 전 이들을 품어줄 마지막 파수꾼 역할을 하는 게 자신들"이라고 주장한다. 다시 말해 비록 대부업체의 이자가 20%로 초고금리라고 해도, 연 수백에서 수천 퍼센트의 살인적인 이자를 받는 불법사금융을 줄이기 위 해서는 자신들의 존재가 꼭 필요하다는 것이다.

이는 2016년 10.5조 원보다 두 배 이상 늘어난 것이다. 보통 공식적으로 발표되는 수치는 실제 규모에 비해 빙산의 일각일 가능성이 많다. 즉, 불법사금융은 최소 24조 원, 실제로는 그 이상이라는 얘기다.

불법사금융은 살인적인 이자도 문제지만, 말 그대로 '불법'이란 점에서, 이용자가 법에 따른 채무자 보호를 받을 수 없다는 것이 가장 큰 문제다. 불법사금융에 대한 자세한 얘기는 후술하겠다.

| 대출공화국 대한민국, 가계부채 1800조 시대

대출을 실행하는 회사에 대해 알아봤다면, 이제 우리나라 대출 시장 전체 규모를 조망해보자. 2021년 말 기준 가계부채(한국은행 집계 기준 가계신용)는 1800조 원을 돌파했다. 2015년 가계부채가 1200조 원일 때부터 그 규모가 문제시 돼왔는데, 안타깝게도 가계부채는 멈추지 않고 거의 매년 100조 원씩 증가했다.

표 1. 가계신용

(단위: 조 원, %)

구 분	'15년	'16년	'17년	'18년	'19.4Q	'20.4Q	'21.2Q	'21.4Q	'22.1Q
잔 액	1,203.1	1,342.5	1,450.8	1,536.7	1,600.3	1,726.1	1808.2	1860.1	1859.4
증감률 (전년동기대비)	10.9	11.6	8.1	5.9	4.1	8.0	10.4	7.6	5.4
증감액 (전년동기대비)	117.8	139.4	108.3	85.9	63.6	127.3	170.9	132.2	94.8

(출처: 한국은행)

우리나라 가계부채는 이미 오래 전부터 위험수위에 도달했다. 가처분 소득 대비 가계부채 비중은 2014년 158%에서 2020년 200%까지 상승했다. 다시 말해 가구가 실생활에 바로 사용할 수 있는 가용 소득대비 빚이 2배나 된다는 얘기다. 가구뿐만 아니라 국가 전체로 보았을 때도, 가계부채는 심각한 수준이다. GDP 대비 가계부채 비율이 104.3%에 달한다. 이는 가계부채 총량이 국가 전체 부(富)의 총량을 넘어섰다는 의미다.

특히 부동산 가격 상승으로 가계부채 증가율은 2020년부터 급증했다. 2022년 1분기 기준으로, 한국은행 집계 기준 가계신용은 1,859조 원에 달했다. 이를 우리나라 인구수인 5,178만 명으로 나누면 신생아까지 포함해 우리나라 국민 모두 1인당 3,590만 원, 4인 가구를 기준으로 하면 가구당 1.4억 원의 빚을 갖고 있는 셈이 된다.

| 우리나라 대출시장의 특징

가계부채 1800조가 어떻게 구성돼 있는지를 알고 나면, 우리나라 대출 시장의 특성을 알 수 있다. 우리나라 은행산업은 이른바 '빅5'라고 하는 5개 시중은행(신한, KB국민, NH, 하나, 우리)에 의해 '강력한 과점 형태'로 이루어져 있다. 물론 지방은행이나 외국계 은행, 최근 들어 속속 설립되고 있는 인터넷 은행 등이 이들과 함께 경쟁하고 있다. 하지만 대다수 국민은 5대 은행 중 하나 이상의 은행에서 계좌를 개설해 이용 중일 것이다. 아마 5개 은행 중 단 하나의 계좌도 갖고 있지 않은 사람은 거의 없다고 봐도 무방할 것이다.

그런데 이처럼 우리 국민이라면 누구나 계좌 하나쯤 갖고 있는 5대 은행임에도 불구하고, 가계대출이 은행에서 소화되는 비율은 전체 대출의 절반에 지나지 않는다. 나머지 절반은 은행권 밖, 그러니까 제2금융권 몫이다. [표 2]에 따르면, 전체 가계대출에서 은행 소화율은 2008년 56%에서 금융위기가 발생한 2017년 48%로 낮아졌다가 2020년 6월 말 기준 51.4%로, 다시 50%대를 유지하고 있다. 이는 무엇보다 은행에서 대출을 받을 수 있는 고신용자가 국민의 절반에 지나지 않은 것과 밀접히 관련돼 있다.

표 2. 2008~2020년 6월 말 기준 업권별 가계부채 현황

(단위: 조 원)

구 분	2008년	2012년	2016년	2017년	2018년	2019년	2020년 6월 말
국내은행(A)	382.9	463.5	616.0	659.5	712.1	766.8	794.1
저축은행	7.1	9.4	18.8	21.4	23.7	26.1	27.8
보험	58.1	76.6	100.9	103.2	121.8	121.1	120.1
대부업체		6.673	10.003	11.010	10.7	9.2	-
여신금융	34.2	43.9	57.0	61.4	65.8	67.8	67.8
한국은행 가계신용(B)	683.6	905.9	1269.8	1370	1,444.5	1,504.6	1545.7
A/B	56.0%	51.2%	48.5%	48.1%	49.3%	51.0%	51.4%

(출처: 금융감독원)

과거 고도 성장기에 은행은 개인에게 예금을 받아 한창 성장하는 대기업을 상대로 한 대출로 이익을 창출했다. 그러나 저금리 시대에

더 이상 기업대출만으로는 낮아진 예대마진을 충당하기 어려운 환경이 되자 은행의 주 이익 대상은 개인 대출, 더 자세하게는 주택담보대출이 됐다. 주택을 자기 돈만으로 구입하기 어렵게 된 현실에서 주택이라는 안정적인 담보물을 잡아 '땅 집고 헤엄치기'식으로 돈을 벌 수 있는 손쉬운 주택담보대출 영업에 은행이 몰두하기 시작한 것이다. 특히 글로벌 금융위기 이후 은행은 가계대출을 대폭 늘렸다. 경제 위기로 어려움에 처한 국민이 복지가 두텁지 않은 한국적 상황에서, 개인 스스로 어려움을 해결하고자 대출을 활용했기 때문이다.

하지만 개인 신용 때문에 국민 중 절반만이 은행을 이용할 수 있기에, 우리 국민은 은행 이용이 가능한 사람과 가능하지 않은 사람으로 이분화 된 계급사회를 살고 있다. 동시에 은행은 국민의 신용 신분(?)을 분류하고 판정을 내릴 수 있는 데 따라 대출시장에서 자연 갑(甲)의 지위를 누리게 됐다. 개인의 대출 수요가 증가함으로써 이 같은 현상은 더 가속화 되는 것과 함께 견고해지고 있다.

한편 기업대출은 개인대출과는 다른 양상을 보이고 있다. [표 3]에 따르면, 2015년 당시만 하더라도 기업대출이 은행에서 소화되는 비율은 90%를 넘었다. 한마디로 기업 중 열의 아홉은 금리가 싼 시중은행을 통해 자금을 융통했다. 이는 은행 입장에서 볼 때, 기업의 대출 규모가 상대적으로 크고 연체에 대한 예측도 어느 정도 가능한 데 따라 관리가 쉽다는 측면이 있다. 물론 이런 비율은 시간이 지남에 따라 점차 낮아지는 추세를 보이고 있지만, 2020년 6월 말 기준으로 아직도 80% 이상의 수치를 보이고 있다. 5년 만에 은행에서 차지하는 기업대출이 10%나 감소한 것은 앞서 설명한 것처럼, 세계적인 저금리 추세로 인해 기업에 비해 상대적으로 고금리로 대출할 수 있는 개인대출에 집중한 데 따른 것이다.

표 3. 2015~2020년 6월 말 기준 업권별 기업부채 현황

(단위: 조 원)

구 분	2015년	2016년	2017년	2018년	2019년	2020년 6월말
국내은행(A)	755.7	776.2	817.0	857.7	906.5	987.8
저축은행	21.0	24.2	29.0	34.1	37.2	39.2
보험	65.3	78.3	91.1	101.5	113.4	120.6
대부업체	2.3	2.8	3.2	3.9	3.9	-
여신금융	28.8	32.6	37.2	43.1	51.1	54.2
한국은행 기업대출(B)	827.2	871.0	945.8	1,026.7	1,118.0	1,233.8
A/B	91.4%	89.1%	86.4%	83.5%	81.1%	80.1%

(출처: 금융감독원)

이처럼 대출시장에서 은행이 담당하는 비율이 개인과 기업 간에 커다란 차이가 존재하는 현상은, 해외에서는 접하기 힘든 우리만의 특성이다. 유럽의 경우, 가계대출의 90% 정도가 일반 시중은행에서 소화된다. 이는 가계대출의 절반만이 은행에서 소화될 뿐, 그 나머지는 금리가 비싼 제2금융권에서 이루어지는 우리와는 확연히 다른 현상이다. 그런데 이 말은 곧 우리 국민 중 절반 정도가 다른 나라에 비해 자금 융통에 더 높은 비용을 지불하고 있다는 것을 의미한다. 요컨대 자금 조달비용이 비싼 데 따라 결국 가계의 부(富)가 다른 나라에 비해 금융사로 이전되는 비율과 액수가 더 높고 많다는 것이다.

우리 국민이 더 높은 금융비용을 지불해야 하는 것은 앞서 언급한 은행산업의 독과점 구조에 기인하고 있다. 유럽에서 가계대출의 90% 정도가 은행에서 소화되는 것은 수많은 은행이 경쟁하는 데 따른 현상이다. 특히 유럽에는 우리와 달리 다양한 형태의 은행이 존재한다. 협동조합 형태의 소규모 은행이 좋은 예다. 독일의 경우 2015년 기준 은행 수는 1666개, 프랑스는 416개다. 유럽연합 전체로 보아도 은행 수는 7,110개에 달한다. 2015년 기준 독일 인구가 8000만 명인 것을 감안하면, 단순 계산으로도 은행 1개 당 이용 국민은 4만8019명이다. 프랑스의 경우 2015년 당시 인구 6500만 명으로 계산하면, 은행 1개 당 이용 국민은 15만6250명이다. 그런데 우리의 경우 2017년 인구 5145만 명을 기준으로 할 때, 은행 1개 당 이용 국민은 270만 명이나 된다. 이 수치는 2008년 이래 전혀 개선되지 않았다[6]. 외국계 은행을 제외한 19개 은행만을 기준으로 할 때, 1개 은행 당 보장받은 고객 수는 산술적으로 유럽에 비해 적게는 17배에서 많게는 56배에 달한다.

그런데 우리 국민 중 대부분이 5대 은행 계좌 중 최소한 하나 이상씩을 갖고 있는 것을 감안할 때, 5대 은행은 산술적으로 1천만 명 이상의 고객을 보장받고 있는 셈이다. 당연히 생존을 두고 경쟁을 벌일 일도, 소비자를 위해 금융 조달비용을 획기적으로 낮출 이유도 없다. 금융소비자를 위한 단순 이자놀이만으로도 높은 수익을 내는

---

6 2008년 당시 인구 4900만 명을 기준으로 할 때, 은행 1개당(외국은행 제외하고 18개 기준으로 계산) 이용 국민은 272만 명으로 2017년과 대동소이하다. 인구는 증가하는데도, 은행 수에는 거의 변화가 없기 때문이다.

상황에서 구조조정을 통한 혁신은 자연 5대 은행과는 무관한 일일 수밖에 없다.

결국 5대 은행에 의한 강력한 과점형태의 은행 구조는, 우리 국민이 높은 금융비용을 부담하면서도 대출을 받기 위해서는 갑이 내세운 잣대에 따라 이리저리 휘둘릴 수밖에 없는 을이 되는 결과를 낳았다.

| '도덕적 해이'와 '죄인 프레임'

해외에 비해 금융 이용비용이 가장 높은 대한민국, 그럼에도 채무자를 대하는 태도가 가장 고압적이고 엄격한 곳 또한 대한민국이다. 특히 금융소비자에게 높은 수준의 법적 도덕적 의무를 부과[7]한 데 반해 이들의 권리나 보호에 대해서는 귀 막은 곳 또한 대한민국이다. 이는 자연 여타 선진국에 비해 금융소비자에 대한 권리 강화에 뒤떨어지고 채무자 보호를 위한 제도마련을 소홀히 하는 결과를 낳았다. 특히 '도덕적 해이' 프레임은 채무자 보호제도를 가로막는 가장 강력한 효과를 발휘했다. 요컨대 "채무자를 보호하면 돈을 안 갚고 버틸 것 아니냐"라는 논리는, 지금껏 우리 사회에서 금융소비자의 권리가 뿌리 내릴 수 없도록 하는 중요한 역할을 해왔다.

---

7 이 같은 의무에는 한마디로 "돈을 빌렸으면 무조건 갚아야 하고, 그럴 조건이 아니면 애초부터 빌리면 안 된다"는 논리가 자리 잡고 있다.

24 아이뉴스24 PiCK 2019.02.18. 네이버뉴스

[초점] 90% 빚탕감에 '도덕적해이' 논란..."안전망 마련했다"
최종구 위원장은 "과감한 채무조정제도가 이행되는 이유는 전략적인 파산 등 **채무자의 도덕적 해이** 문제가 그렇게 크지 않다는 현실에 대한 자신감에서 비롯됐

SBS Biz 2019.10.10. 네이버뉴스

[아침토론] "빚 독촉은 그만" vs "채무자 도덕적 해이 우려"
채무자의 도덕적 해이를 유발할 수 있다는 우려에 대해 어떤 생각이십니까? Q. 일단 조정할 수 있는 권리를 준 거지, 당장 은행이 이자나 원금을 깎아줘라, 이렇게

채무자 보호를 얘기하면, 언론은 도덕적 해이를 거론하며 반대여론을 조성한다.

하지만 '도덕적 해이' 운운하거나 "채무자를 보호하면 돈을 안 갚고 버틸 것이다"와 같은 얘기를 하는 사람은, 극심한 채권추심의 고통을 겪어보지 않은 사람일 가능성이 높다. 다시 말해 단 한 번이라도 채권추심의 고통을 겪어본 사람이라면, 적어도 이런 말을 쉽게 할 수 없는 게 우리 현실이다.

시대가 바뀌면서 인권에 대한 인식도 변화하고 있다. 다만 채무자와 관련해서는 여전히 도덕적 해이 프레임을 씌운 채 자본주의 경제를 좀먹는 벌레인양 '죄악시' 하고 있다. 우리 사회가 흉악범에게조차 인권의 잣대를 적용하는 것과 비교하면, 놀라운 차이가 아닐 수 없다. 채무자 혹은 금융소비자 보호정책을 다룬 기사에는 거의 무조건적이자 자동반사적으로 '도덕적 해이'라는 단어가 등장한다. 기사를 읽는 시민의 반응 또한 마찬가지다. 당장 자신이 채무자가 아니라는 이유 하나만으로, 도덕적 해이라는 잣대를 들이대며 채무자 보호를 비난한다.

물론 빚은 응당 갚아야 한다. 채무자 보호 대책이 빚을 갚지 말자

는 얘기를 하는 건 아니다. 다만 '사람답게 갚는 법'을 제도화하자는 것이다. 최소한 빚을 제때 갚지 못했다고 해서 '죄인' 취급하지 말자는 것이다. 특히 무조건적인 대출을 남발하는 금융기관의 무책임한 행태도 똑같이 살펴봄으로써, 이것이 만들어내는 부조리나 어두운 단면도 함께 조망해 해결책을 찾자는 것이다. 요컨대 채무자의 '도덕적 해이'를 거론하려면, 대출자가 돈을 갚을 여력이 있는지도 제대로 따져보지 않은 채 무조건 대출해주고는, 채무자의 인권을 무시한 채 막무가내식 채권 추심을 통해 빚을 돌려받는 대출기관의 약탈적 행태 또한 동일하게 살펴보자는 것이다.

국민이라면 누구다 다 세금을 납부해야 하지만 그러지 못한 것처럼, 대출 받은 뒤 갚지 못하는 사람이 있는 건 전혀 이상한 일이 아니다. 그렇다고 세금을 납부하지 못할 정도로 경제적으로 어려운 사람을 욕하지 않는다. 오히려 세금을 면제해주는 게 현실이다. 더 나아가 기초생활수급자라는 이름 아래 각종 복지 혜택을 제공한다. 이 경우 도덕적 해이를 거론하며 이들에 대한 지원을 반대하는 사람은 거의 없다. 그런데 채무자 보호대책 얘기만 나오면 도덕적 해이 운운하며 무조건 반대하는 건 무엇 때문일까? 이들은 세금을 안 낸 것도 아니고, 그걸 면제해달라거나 복지 혜택을 달라고 주장하지도 않았다. 단지 복지제도가 잘 갖춰져 있지 않은 현실에서, 돈을 빌려서라도 살아보려고 하다가 오히려 경제적 어려움에 직면해 빚을 진 것에 불과하다. 따라서 도덕적 해이라는 이데올로기는 결국 대출해준 금융기관이 '부실대출'에 대한 자신들의 잘못을 감추면서 동시에 이를 통해 단 한 푼도 손해 보지 않고 대출금과 이자를 전액 회수해 최대한의 수익을 올리겠다는 것과 하등 다를 것이 없다.

우리는 살아가는 동안 주변 사람들에게 많은 것을 빌리기도 하고 또 빌려주기도 한다. 누구는 망치나 톱 같은 생활도구를 옆집에서 빌리기도 하고 누구는 텐트나 버너 같은 여가용품을 친구에게 빌려주기도 한다. 책이나 잡지 같은 것을 주변에서 빌리는 경우도 많다. 헌데 만약 뭔가를 빌려달라는 사람이 빌려 쓰고는 되돌려주지 않을 것 같다면 어떻게 해야 할까? 이때는 빌려주지 않는 게 최선이다. 빌려가서는 왜 되돌려주지 않느냐고 비난하기 이전에, 돌려주지 않을 것이 뻔한 사람에게 물건을 빌려준 사람의 잘못도 크기 때문이다.

바로 이런 점에서 채무자가 대출을 갚지 못하는 상황에 처하면 금융사도 함께 비난, 아니 위험을 나눠져야 한다. 돈을 빌려준 쪽도 책임이 있다는 의미의 '책임대출'이라는 단어는 바로 이런 맥락에서 등장한다.

대출은 '계약'의 또 다른 말에 지나지 않는다. 채무자와 금융사가 사적계약을 맺을 때 비로소 대출은 이루어진다. 우리는 살면서 다양한 사적계약을 맺는다. 회사 취직부터 결혼까지 모두 다 양자 간의 계약에 따른 것이다. 그런데 살다보면 이혼도 할 수 있고, 회사를 그만둘 수도 있다. 혹은 계약을 해지, 즉 직원을 자르는 것과 같은 일도 발생한다. 그렇다고 합의에 의한 이혼이나 이직을 위한 사표 때문에 누군가가 죄인이 되거나 심한 경우 그에 따른 죗값을 치르는 일은 없다.

그런데 같은 사적계약임에도 불구하고 대출은 완전히 다른 취급을 받는다. 도덕적 비난은 물론 때론 '남의 돈을 떼먹은 나쁜 죄인'

이 되기도 한다. 혹자는 "타인의 소중한 돈을 떼먹었으니 비난 받아 마땅하다"거나 "그에 따른 죗값을 치러야 한다"고 할지도 모르겠다. 그렇다면 앞서 언급한 것처럼 '빌려준 사람의 잘못'은 전혀 없는 것인가? 왜 대출과 관련해서는 오로지 갚지 못한 사람의 잘못만 거론하는 것일까? 특히 금융사가 대출에 따른 위험을 '이자'라는 수단으로 이미 채무자에게 대부분 전가하고 있는 현실을 감안하면, 그 불평등성은 더 큰 문제로 다가온다. 개인 신용이 낮을수록 금융기관은 더 높은 이자를 매겨, 대출에 따른 위험을 온전히 채무자에게 전가하고 있다.

대출이 부실화되면 대개 금융사는 아무 문제 없거나 경우에 따라 약간의 경제적 손실을 입는 데 그친다. 반면 많은 채무자는 삶이 파탄 나는 것과 같은 일을 경험한다. 우선 채권추심으로 마음의 평정을 잃는다. 이에 따라 삶은 점점 더 피폐해진다. 상환이 늦어질수록 금융기관에 내야 할 돈은 기하급수적으로 늘어난다. 3개월 연체만으로도 이자에 이자가 붙어 나중에는 배보다 배꼽이 더 커지는 상황을 맞을 수 있다. 그러다 마침내 담보물인 집이 경매에 넘겨져 마지막 삶의 터전마저 잃는다. 그러고도 아직 갚아야 할 빚이 남아 있는 경우도 많다.

빚을 갚지 못한 채무자가 일차적으로 자신의 책임을 부담하는 것은 응당 해야 할 일이다. 그렇다고 빚 한번 갚지 못했다고 인생 전체가 빚의 구렁텅이로 빠져들어 헤어 나올 수 없는 건 과연 옳은 일일까? 짧게는 수개월에서 길게는 수십 년 동안 채권추심을 당하며 제대로 경제활동도 할 수 없는 건 어떻게 봐야 할까? 비록 빌린 돈을 다 갚지 못했어도 인간으로서 최소한의 삶은 누려야 하지 않을까?

이 책에서는 다음과 같은 의문에 답하고자 한다. "대출을 갚지 못한 게 죄인가?" 그럼 "돈을 갚지 못한 사람은 모두 다 죄인인가?", 또 "죄는 금융소비자에게만 있나?"

| 금융사로의 책임 분산, 책임대출의 중요성

대출계약에서 채무자만 거의 전적으로 책임을 져야 하는 지금과 같은 구조는 매우 '불공정'하다. 채무자에게만 치우쳐있는 책임을 금융사도 똑같이 나누어 분담해야 한다. 바로 여기서 '책임대출'이라는 개념이 등장한다. 요컨대 채무관계에서 돈을 빌린 사람만 몽땅 책임을 져야 한다는 기존 인식에서, 이제는 돈을 빌려준 쪽에도 똑같이 책임이 있다는 것이다.

책임대출이라는 말은 일반인에게는 매우 생소한 개념이다. 정통 경제학이나 국어사전에 정의된 용어는 아니다. 네이버 같은 포털 사이트에서 책임대출을 입력하면 '유한책임대출'이라는 단어만 검색된다. 유한책임대출은 우리가 이 책에서 소개하고자 하는 '책임대출'과는 다른 용어이자 현재 금융업권에서 이미 사용되고 있는 실무용어다. 유한책임대출이란, "채무자의 거짓이나 그 밖의 부정한 방법 등에 의한 대출은 제외한 대출로서, 채무자 변제 책임을 담보물로 한정하는 대출"을 말한다. 쉽게 말해 채무자의 책임이 '유한(有限)'하다는 것인데, 예를 들어 주택담보대출의 경우 내가 주택을 담보로 돈을 빌린 후 다 상환하지 못하면, 담보로 잡은 집을 넘기기만 하면 채무자는 책임을 다한다는 뜻이다. 이 경우, 담보로 잡은 집의 가격이 상환해야 할 채무액보다 작더라도 채무자의 책임은 거기까지다. 유한한, 다시 말해 한정적인 책임을 진다는 의미에서 '유한책임대출'이라고 하는 것이다.

현재 많은 사람에게 해당되는 보편적인 주택담보대출은 '무한책임대출'인데, 유한책임대출의 정의를 통해 무한책임대출의 정의를 유추해볼 수 있다. 무한책임대출[8]은 담보물인 주택뿐만 아니라 금융소비자(차입자)의 모든 자산과 소득이 사실상 채무에 대한 담보가 되어 대출 상환리스크가 금융소비자에게 집중되는 것을 의미한다. 예컨대 채무자가 주택담보대출을 상환하지 못한 경우 주택을 넘겼음에도 만약 주택의 가치가 부채보다 적어 돈을 다 상환하지 못하면 남은 빚까지 모두 갚아야 한다.

유한 또는 무한책임대출은 '채무자의 책임'을 규정짓는 용어라는 점에서, 이 책에서 소개하는 책임대출과는 무관한 것이다. 여기서 소개하는 책임대출이란 대출과 관련해 '금융사도 책임'을 지는 것을 말한다. 바로 이런 점에서 유한책임대출이 우리가 말하고자 하는 책임대출의 범주 안에 속한다고 볼 수 있다. 유한책임대출은 채무자의 책임이 한정된다(담보물의 가치만큼만)는 점에서 자연히 담보물을 초

---

8 네이버 백과사전에서는 무한책임대출에 대해 추가적으로 이렇게 설명하고 있다. 금융기관의 책임 있는 대출심사 및 리스크 관리를 유도하기 어렵고, 금융리스크가 금융기관에 비해 상대적 약자인 금융소비자에게 집중되는 문제가 있다. 또한 실직·질병 등으로 인한 금융소비자 채무불이행 발생 시 금융소비자는 담보물인 주택뿐만 아니라 모든 자산과 소득을 잃게 되어 결국 금융소비자의 자활의지를 상실시키는 문제가 발생한다.

과한 나머지 빚에 대한 부분은 금융사가 책임을 질 수밖에 없기 때문이다. 그러나 우리가 서술하고자 하는 '책임대출'은 보다 넓은 의미를 갖고 있다. 채무자가 빚을 상환하는 과정에서만 금융사의 책임을 규정한 것이 아니라 금융사가 대출을 해주는 시점에서부터 일정한 책임을 지는 것이다. 다시 말해 금융사는 채무자를 엄격히 심사하여 상환능력에 맞는 대출만 승인해야 할 의무(책임)가 있는 것이다. 앞서 잠시 예를 든 것처럼, 물건을 빌려간 뒤 돌려주지 않을 것 같으면 애초 빌려주지 말아야 하며, 되돌려줄 것으로 확신이 서는 사람에 한해서만 물건을 빌려주는 것과 같은 이치다. 물론 개중에는 되돌려 줄 것으로 확신했는데 그렇지 않은 사람이 있을 것이고, 그렇다면 이는 되돌려주지 않은 사람만큼이나 잘못 빌려준 사람에게도 책임이 있다는 것이다.

| 해외에서는 이미 보편적인 개념인 책임대출

책임대출은 사실 해외에서 먼저 정립된 개념으로, 영어로는 Responsible Lending 이라고 한다. 정의는 다음과 같다.

What is responsible lending[9]*?*

....

9 https://asic.gov.au/regulatory-resources/credit/responsible-lending/

Responsible lending laws were introduced in 2009, after the Global Financial Crisis. The obligations mean lenders must undertake a series of checks before handing out credit or a loan to prevent people accessing money they can't afford to pay back.

2021. 4. 26.

책임대출은 글로벌 금융위기 이후인 2009년에 도입된 개념으로, 채권자는 대출을 실행하기에 앞서 채무자가 갚을 능력이 있는지 심사한 후 대출을 실행해야 할 의무가 있음을 의미한다. 앞서 말한 유한책임대출과 다른 부분이다. 유한책임대출은 대출 시에 의무를 부과하진 않고, 대출 후 채무자가 못 갚았을 때 채권자가 책임을 분담한다는 의미다. 해외에서 정립된 '책임대출'은 채권자가 대출을 실행할 때부터 엄격히 심사해야 한다는 보다 강력한 의무를 부과하는 개념이다. 이 정의에 따르면, 채권자가 제대로 된 상환능력을 심사하지 않는다면, 채무자는 어떤 책임도 지지 않는다.

일반인이 생각하는 것과 달리, 우리나라에도 책임대출이라는 개념은 이미 도입돼 있다. 현행 「대부업 등의 등록 및 금융이용자 보호에 관한 법률」(이하 「대부업법」) 은 책임대출의 내용을 명시하고 있다. 「대부업법」 제7조, '과잉대부의 금지' 조문이 바로 그것이다. 제7조 제1항에 따르면, "대부업자는 대부계약을 체결하려는 경우에는 미리 거래상대방으로부터 그 소득·재산 및 부채상황에 관한 것으로서 대통령령으로 정하는 증명서류를 제출받아 그 거래상대방의 소득·재산 및 부채상황을 파악하여야 한다"고 규정돼 있다. 이어지는 제2

항에서도 대부업자는 "거래상대방의 소득·재산·부채상황·신용 및 변제계획 등을 고려하여 객관적인 변제능력을 초과하는 대부계약을 체결하여서는 아니 된다"고 명시하고 있다. 대부업체에만 적용되는 것이긴 하지만 이처럼 우리나라 법에서도 책임대출 의무를 규정한 조항이 존재하고 있다.

그런데 문제는 이것이 사실상 사문화된 조항에 지나지 않는다는 데 있다. 처벌조항이 없어 선언적 의미만 갖고 있기 때문이다. 대부업체는 금융감독원을 통해 「대부업법」 위반 여부를 감독받고 있지만, 지금까지 제7조의 과잉대부 금지 조항을 위반해 제재 받은 곳은 전혀 없다.

| 책임대출의 입법 구현 시도

사문화된 「대부업법」을 넘어 채무자 보호를 위한 독립적인 법이 필요하다는 인식 아래 대출계약 관계에서 금융사에게 책임을 묻는 법이 제출될 예정이었다. 금융위원회가 2021년에 제출하겠다고 입법예고 한 「소비자신용에 관한 법률」(이하 「소비자신용법」)[10] 이 바로 그것이다. 주요내용은 "대부계약의 체결과정에서 최고금리 제한, 상환능력 심사 등 고객보호 조치" 등의 의무를 금융사에 부과하는 것이다.

....

10 금융위원회는 2020년 9월 「대부업법」 전부개정법률(안)을 입법예고했다. 입법예고안은 「대부업법」의 법률 명칭을 「소비자신용법」으로 변경하고, 기존 「대부업법」의 일부 조항 개편 및 규율 공백이 있는 부분을 신설하며, 「신용정보의 이용 및 보호에 관한 법률」(이하 「신용정보법」)이 규율하는 내용 일부를 이관했다. 핵심내용은 ①개인채무자와 채권금융기관 간 사적 채무조정 활성화 ②개인채무자의 과도한 연체·추심부담 완화 ③채권금융기관의 채무자 보호책임 강화 등이다.

「대부업법」에서는 책임대출에 대한 처벌조항이 없지만, 정부가 제출하겠다는 「소비자신용법」을 통해서는 비로소 처벌이 가능할 것으로 보인다. 무엇보다 「소비자신용법」은 대출계약에서 금융사와 소비자의 권리 관계를 규정한 법률이라는 의미를 갖는다.[11]

국회에서도 관련한 입법발의가 이루어졌다. 제20대 국회에서 제윤경 의원이 제정법인 「소비자 신용보호에 관한 법률안」을 최초로 발의했다. 21대 국회 들어서는 민형배 의원이 「소비자 신용보호에 관한 법률안」을 발의했다. 이 법률안에는 보다 구체적인 책임대출 의무가 규정돼 있다. 제4조 '신용사업자의 책임신용 의무' 조항에 따르면, "신용사업자는 신용계약을 체결하고자 하는 신용소비자의 신용창출 목적, 소득·재산·부채상황, 신용평가 및 변제계획 등을 고려하여 객관적인 변제능력을 평가할 수 있는 자체적인 기준을 마련하고 그 결과를 반영한 평가서를 작성하여야 한다"고 명시돼 있다. 단순히 변제능력을 초과한 대출을 금지하였고 이를 위반해도 증명할 방법이 없었던 「대부업법」의 한계를 극복하기 위해 금융사로 하여금 상환능력 심사를 명확히 한 후 이를 '문서화'할 것을 의무화하고 있는 것이다. 따라서 이 법에 따르면, 금융사는 상환능력 심사가 제대로 됐는지 문서적 증빙을 남겨야 한다.

이밖에도 같은 조 제2항에서 "신용사업자는 제1항에 따라 평가한

---

11 금융위원회가 제정을 추진하겠다고 한 「소비자신용법」은 2021년 6월 법제처로 넘어갔지만, 심사가 길어지면서 국회에 제출조차 되지 못했다. 이에 금융위원회는 2022년 2월 「소비자신용법」을 철회한 뒤 일부 자구를 수정해 「개인금융채권의 관리 및 개인채무자 보호에 관한 법률」(이하 개인채권법)이라는 새로운 법률로 법제처에 재심사를 요청했다. 이후 2022년 3월 금융위원회는 「개인채권법」을 입법예고했다.

신용소비자의 변제능력을 초과하는 신용계약을 체결하여서는 아니되며, 고의 또는 중과실로 신용소비자의 변제능력을 초과하는 신용계약을 체결한 경우 그 초과한 신용에 대해서는 변제를 청구하지 못한다"고 하여, 「대부업법」상 처벌이 불가능했던 상환능력을 초과한 대출에 대해 채무자가 변제할 의무가 없음을 명시하여 금융사의 책임을 분명히 했다.

현재까지 책임대출과 관련한 내용을 담은 법률안은 위와 같은 총 3건이다. 이 법률안의 모태는 미국, 호주, 뉴질랜드 등에서 이미 오래 전에 제정돼 시행되고 있는 「소비자신용보호법」이다. 이에 대한 자세한 설명은 후술하겠다. 최근 우리나라에도 소개되기 시작한 「소비자신용법」은 모두 책임대출을 법적으로 구현하기 위한 시도다. 이제는 더 이상 금융사에 대해 '기업의 사회적 책임' 수준에서의 의무만을 물어서는 안 된다. 법률에 의거해 '제대로 된 상환능력 심사와 그 심사에 따른 대출'을 금융사의 의무로 규정해야 한다. 금융사에 의무가 부과된다면, 금융사에 대한 채무자의 대항력을 높일 수 있어 채권·채무관계에서의 기울어진 운동장을 조금이나마 균형 있게 맞추는 최소한의 조치가 될 것이다.

| 대출, 제대로 알려져 있지 않은 그 위험성

성인이라면 대부분 이런저런 이유로 대출 받은 경험이 있을 것이다. 글쓴이 또한 과거 학자금 대출을 시작으로 결혼을 위한 주택담보대출 경험이 있다. 천정부지로 오르는 집값 때문에 대출 없이 주거를 해결하기 어려운 시대가 됐다.[12] 2022년 들어 인플레이션으로 미국이 급격하게 금리를 올리기 전까지만 해도 우리 또한 저금리로 빚에 대한 사람들의 심리적 문턱이 낮았다. 의식주나 꼭 필요한 생계자금뿐만 아니라 단순히 투자를 위해서도 대출 받는 게 일상화됐다. 그야말로 '부채천국'이라 할 만하다. 대출은 이렇게 여러 가지 요인으로 우리 일상에 침투했는데, 대출에 대한 국민의 이해도는 과거에 비해 달라진 게 거의 없다. 여전히 우리나라 사람들은 대출을 받은 뒤 '갚아야 한다'는 것 외에 다른 어떤 시나리오가 있는지 알지 못한다. 만약 못 갚으면 내 인생이 어떻게 되는지에 대해서도 정확히 알고 있는 사람은 많지 않다. 빌리는 것은 나쁜 것이 아니다. 그러나 '제대로 알지 못하고 빌리는 것'은 잘못된 것이자, 경우에 따라서는 자기 인생에 엄청난 위험을 초래할 수 있다.

당신은 지금껏 살아오는 동안 수많은 금융사 중 어디까지 만나보았나? 만약 은행만 접했다면, 정말 운이 좋은 사람이다. 은행뿐 아니라 저축은행의 대출을 경험했다면, 그래도 당신의 운은 나쁘지 않다. 만약 부실채권을 취급하는 기관을 마주했다면, 그때부터 당신

---

12 한평생 단 한 푼의 빚도 지지 않고 살 수 있는 사람은 많지 않다. 당장 부모로부터 아무 것도 물려받지 못한 사람이 사는 내내 금융권으로부터 대출을 받지 않는 건 불가능에 가까운 일이다. 설혹 많은 유산을 물려받았다고 해도 어느 순간 대출을 받아야 할 수도 있는 게 우리네 삶이다. 특히 대출을 끼지 않고 자기가 가진 돈만으로 주택을 구입하는 사람이 얼마나 될까? 월급을 단 한 푼도 쓰지 않고 몇 십 년을 모아야 지금 가격으로 살 수 있는 게 부동산이다. 그런데 그렇게 모으는 사이 집값은 또다시 오르기 마련이다. 그래서 대출을 내지 않고 집을 구입할 수 있는 사람은 거의 없다. "지금 우리가 살고 있는 집이 실은 내 것이 아니라 금융기관의 것이다"라는 표현이 틀린 말이 아닌 이유도 바로 여기에 있다.

의 일상은 무너질 것이다. 빚 때문에 시달리는 일은 인생을 살면서 누구에게든 일어날 수 있다. 우리는 사채업자나 대부업체를 통해 채권추심에 시달리는 채무자의 모습을 영화나 드라마 혹은 주변사람들을 통해 접할 수 있다. 이 때 반응은 보통 두 가지로 나타난다. '동정' 또는 '비난'이 그것이다. 그런데 동정이든 비난이든 공통적으로 빠지지 않는 반응은, 빚을 갚지 못한 것을 '비도덕적인 행위'로 본다는 것이다. 이로써 빚을 갚지 않은 채무자는 도덕적이지 않은 사람, 즉 '죄인'이 된다.

먼저 빚을 내면 그 이후 나에게 어떤 일이 일어나는지 명확히 아는 것이 중요하다. 빌렸으면 무조건 갚으라고만 할 게 아니라 이에 앞서 '신중하게 빌리라'고 요구해야 한다는 것이다. 이 책의 집필 이유도 바로 여기에 있다. 요컨대 당신이 대출 받은 후, 특히 대출을 제때 갚지 못했을 경우 일어날 상황을 상세히 알려주고, 이 과정을 채무자가 제대로 알고 있지 못한다는 사실을 이용해 금융사들이 어떻게 채무자를 빚의 악순환에서 헤어나지 못하게 하는지, 이 과정에서 채무자의 인권은 어떻게 침해되고, 금융사들은 어떤 방식으로 수익을 챙기는지, 정부는 이 모든 것을 알면서도 왜 제도개선을 고민하지 않는지 등이 이 책을 쓰는 이유다. 이미 대출을 받은 사람이나 혹은 향후 받을 예정인 사람이라면, 앞으로는 이 책에 있는 내용 정도는 알고 대출을 받았으면 좋겠다. 하지만 이 책을 모두 읽고 난 다음에는 무서워서 빚을 내지 못할지도 모르겠다. 그것이 이 책이 추구하는 최종 목표다.

II
대출,
그 덫에 빠지다

을구매했다. 서울 근교 5억 원짜리 아파트를 사기 위해 3억 원 정도 주택담보대출을 받았다. 대출기간은 20년(240개월)이며 금리는 2.9%, 근저당[13]은 120%로 3억6000만 원이다. 지금 하는 커피가게가 잘 될 줄 알고 조금 무리해서 집을 샀다. 아이들도 커가고 있어 좀 더 큰 집이 필요했다.

1년 동안 잘 갚았다. 그런데 어느 날 김씨가 하는 카페 바로 옆에 유명 체인점이 입점했다. 김씨의 커피숍 매출이 갑자기 절반 이하로 줄기 시작했다. 주택담보대출을 갚는 것이 점점 어려워졌다. 대출 후 1년까지는 이자만 납입해도 돼 현금서비스를 이용하며 연체 없이 어렵사리 이어나갈 수 있었다. 그러나 현금서비스 이용한도가 바닥나고, 1년 후 원금분할상환이 시작되면서 일부 연체가 시작됐다. 결국 연체한 지 3개월 만에 기한이익이 상실됐다.

이는 우리 주변에서 흔히 볼 수 있는 사례다. 만약 김씨의 커피숍 운영이 단기간에 정상화되지 않아 연체 상태가 지속된다고 가정한다면, 김씨는 과연 어떤 운명을 맞이할까? 먼저 가장 가능성이 높은 결론을 얘기하면, 김씨는 엄청난 빚으로 결국 지금 살고 있는 집마저 뺏길 수 있다. 아니 초저금리라는 은행에서 돈을 빌렸는데, 어떻게 이런 일이 일어날 수 있을까?

연체 이후 김씨의 상황을 예상하려면, 먼저 '기한이익 상실'이라

---

13 앞으로 생길 채권의 담보로 저당권을 미리 설정하는 행위이다. 저당권은 채무자가 채무를 이행하지 않을 경우를 대비해 미리 특정 부동산을 담보물로 저당 잡아 둔 채권자가 그 담보에 대하여 다른 채권자에 우선해서 변제받을 것을 목적으로 하는 권리다. 예를 들어 융자 희망자가 시가 1억 원의 주택을 은행에 담보로 제공하면 은행은 그 주택의 위치, 주택연한, 도시계획 등을 검토하여 감정가를 정하는데 대개는 담보물 시가의 70~80% 선이다.

는 제도에 대해 알아야 한다. '기한이익'의 사전적 정의는 "법률행위에 기한이 붙음으로써 당사자가 얻는 이익"이라고 한다. 쉽게 말하면, 특정한 기한(대출만기) 동안 어떤 계약의 당사자(채무자)가 얻는 이익, 다시 말해 나에게 없는 자금을 대출받아 사용함으로써 얻는 이익을 의미한다. 간혹 어떤 행위(변제)를 나중에 해도 됨으로써 얻는 이익을 말하기도 하는데, 「민법」 제153조제1항에 따르면, 기한이익은 채무자 측에 있다고 추정된다. 대출관계에서 채무자에게 있는 이익(기한의 이익)이란 채무자가 대출만기까지 자금을 사용할 수 있는 것, 그리고 변제기일까지 채무변제의 의무가 부과되지 않는 것을 의미한다.

바로 이런 점에서 기한이익이 '상실'된다는 건, 대출한 금액을 사용할 모종의 '이익이 없어지는 걸' 의미한다. 쉽게 말해 이는 곧 채무자가 은행에서 빌린 돈을 당장 갚아야 한다는 뜻이다. 하지만 기한이익이 상실됐다고 해서 당장 대출한 원금을 모두 다 갚을 수 있는 사람은 많지 않다. 이 경우 금융사는 한꺼번에 모든 돈을 상환 받을 수 없으니 원래 받기로 했던 대출 만기 일정보다 더 신속하게 대출을 회수하기 위한 '절차'에 돌입한다. 은행이 취할 수 있는 절차에는 여러 가지가 있다. 가령 대출받을 때 담보로 제시한 집을 경매에 부쳐 처분하고 집 매각대금으로 대출금을 일시에 회수할 수 있다. 기존 이자율보다 더 높은 연체이자율을 적용하는 방법도 있다. 따라서 '기한이익 상실'이 의미하는 것은 "채무자가 원래 정해진 스케줄보다 더 빨리 돈을 갚아야 하는 의무가 생기는 '임계점'"이라 할 수 있다. 그 임계점을 톡 건드린 순간 채무자는 금융사가 원할 때 즉각 상환에 응해야 하는 처지로 전락한다. 그런데 만약, 채무자가 상환에 즉각 응할 수 없다면 어떻게 될까? 더 이상 재기가 어려울 정도의 빚의 구렁텅이에 빠질 수 있다.

고작 2~3%대 금리를 물리는 저리의 은행 대출로도 빚의 구렁텅이에 빠질 수 있다니? 믿기 어렵겠지만 지금 이 순간도 우리 주변에서 발생하는 실제 사례다. 비록 저리의 은행 대출이라고 해도 한번 연체가 시작되면 소득이 갑자기 몇 배로 뛰지 않는 한 제대로 빚을 상환하고 이전의 정상적인 생활로 돌아가는 건 거의 불가능에 가깝다. 소득 증가율보다 빚 증가율이 훨씬 높은 구조적 문제 때문이다.

이를 도식화해보면 다음과 같다. 우선 채무자는 경제적 어려움에 직면한다. 이에 따라 (개인 탓이든 아니든 간에) 연체가 시작된다. 상환해야 할 금액은 점점 더 불어난다. 버는 돈은 늘지 않거나 오히려 줄어드는 데 반해 갚아야 할 금액은 점점 더 커진다. 더욱 더 경제적으로 어려운 상황에 빠진다. 추가로 대출을 받거나 급하면 제2금융권으로 달려간다. 이에 따라 매달 갚아야 할 빚은 눈덩이처럼 불어난다. 독촉장이 날아들고 삶은 점점 더 피폐해진다. 버틸 때까지 버티다가 결국에는 담보물로 제시한 집을 잃는다. 이게 바로 대출 연체에 따른 '악순환의 고리'다. 모든 채무자가 빚의 악순환에 빠지지 않으려면 명심해야 할 것이 딱 한 가지 있다. 그건 바로 어떤 이유로든 절대 연체하면 안 된다는 것이다. 3개월 이상 연체하면, 그때부터 은행은 서민을 위한 금융기관에서 오로지 채권을 회수하기 위해 내 집마저 뺏어 갈 수 있는 '포식자'로 돌변한다.

| 연체이자와 상환 순서의 함정

우리는 흔히 연체자를 '불성실' 상환자라고 칭한다. 그런데 연체자가 진짜로 '불성실'한 걸까? 앞선 김 씨의 사례에서 보듯, 모든 채무자가 단지 불성실하거나 부도덕해서 채무를 연체하는 건 아니다. 하지만 여기서 문제는 고의든 아니든 연체되는 순간부터 채무자는 재기가 거의 불가능한 빚의 악순환에 빠진다는 것이다. 이는 모든 채무자의 재기를 어렵게 만드는 '이자부과(賦課)제도'에 기인한다. 모든 채무자를 '불성실'하다고 낙인찍게 만들 정도로 장기 연체상태에 머무르게 만드는 현행 이자부과제도, 이로 인해 채무자는 상환에 대한 모든 의욕과 의지마저 꺾이고 만다. 그럼 고금리대출도 아닌 은행의 저리 주택담보대출로 인해 빚의 악순환에 빠지게 되는 '약탈적 구조'에 대해 좀 더 자세히 알아보자.

기본적으로 은행에서 대출받은 후의 상환 스케줄은 다음과 같이 진행된다. 1) 이자를 납부해야 할 날짜에 잔고부족 등의 이유로 이자가 자동이체 되지 않으면 그날(연체기산일)부터 연체가 시작된다. 2) 연체일 다음 날부터 지연배상금(흔히 말하는 연체이자를 의미한다)이라는 것이 발생한다. 3) 주택담보대출 이자지급의 경우 통상 3개월 이상 연체되면 기한이익이 상실된다. 4) 기한이익 상실 이후부터는 연체된 원금, 정상이자, 연체이자 등 모든 것에 지연배상금이 적용된다.

[그림 1]을 보면, C가 기한이익 상실 시점을 의미하며 왼쪽은 기한이익 상실 전, 오른쪽은 기한이익 상실 후가 된다. A~C구간(기한이익 상실 전)에서는 '연체한 이자'에 일정 비율(연체이자율)을 곱한 지연배상

그림 1. 주택담보대출의 이자납입을 지체한 경우

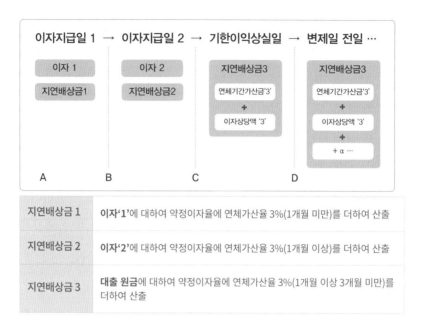

지연배상금 1	이자'**1**'에 대하여 약정이자율에 연체가산율 3%(1개월 미만)를 더하여 산출
지연배상금 2	이자'**2**'에 대하여 약정이자율에 연체가산율 3%(1개월 이상)를 더하여 산출
지연배상금 3	대출 **원금**에 대하여 약정이자율에 연체가산율 3%(1개월 이상 3개월 미만)를 더하여 산출

금이 적용된다. 그러나 기한이익이 상실(C~D구간)되면 곧바로 은행이 회수절차에 돌입하기 때문에 단순히 연체한 이자가 아닌 '대출액 전액'에 대해 일정 비율을 곱한 지연배상금이 적용된다. 따라서 C~D 구간의 지연배상금(연체기간가산금)이 급격하게 올라가면서 이때부터 채무자가 매달 갚아야 할 금액은 눈덩이처럼 불어난다. 만약 채무자의 경제상황이 갑자기 나아지지 않는다면, 대부분은 도저히 갚을 수 없는 '개미지옥'에 진입할 수밖에 없다.

한편 이처럼 연체에 따른 지연배상금으로 갚아야 할 돈이 기하급수적으로 늘어나는 것도 문제지만, 상환 순서 또한 재기를 어렵게 만드는 중요한 요인이다. 만약 [그림1]에서 A부터 D의 순서로 갚아

나간다면 채무자는 작은 금액부터 차근차근 갚아나갈 수 있을 것이다. 상환구조에 대해 잘 모르는 일반인은 연체에 따른 지연배상금을 A부터 D의 순서로 갚아나갈 것이라고 믿고 있을 것이다. 그러나 현재의 이자부과구조는 전혀 그렇지 않다. 가령 목돈이 생긴 채무자가 기한이익 상실 전 상태에서 얼마의 금액을 은행에 상환(①)하면 그 돈은 지연배상금 '2' → 지연배상금 '1' → 이자 '1' → 이자 '2' 순서로 충당된다. 하지만 기한이익 상실 후(②)에는 지연배상금 '3' → 지연배상금 '2' → 지연배상금 '1' → 이자 '1' → 이자 '2' 순서로 충당된다.

그런데 이 경우 문제는 지연배상금 '3'의 규모가 워낙 커서 웬만한 금액이 아니고는 지연배상금 '3'부터 이자 '2'까지를 한꺼번에 상환하는 게 불가능하다는 것이다. 이해를 돕기 위해 지연배상금 '3'을 400원이라고 하고 지연배상금 '2'와 지연배상금 '1' 그리고 이자 '1'과 이자 '2'를 모두 다 각각 100원씩이라고 가정해보자. 만약 채무자가 400원의 목돈이 생겨 이를 은행에 상환한다고 할 경우, ①은 400원으로 지연배상금 '2'부터 이자 '2'를 모두 갚을 수 있다. 그런데 ②의 경우에는 지연배상금 '3'만 갚을 수 있을 뿐, 지연배상금 '2' → 지연배상금 '1' → 이자 '1' → 이자 '2'는 고스란히 그대로 남아 결국 빚을 더 키우는 요소로 작용한다. 문제는 이렇게 되면 결국 기한이익을 상실한 ②와 같은 채무자는 이자1, 이자 2를 끝내 갚지 못한 상태에서 상환하는 돈은 계속해서 지연배상금 3으로 충당돼, 연체이자의 늪에서 절대 빠져나올 수 없다는 것이다. 만약 채무자가 갚는 돈이 이자 1과 2부터 충당되면, 이자1과 이자2가 상환돼 일단 연체 상태가 지워지고 정상 상환 상태로 복귀할 수 있다. 그런 후에 이

전에 부과된 지연배상금 3을 상환하면 된다. 그런데 지금과 같은 이자상환구조 아래서는, 채무자가 지연배상금 3을 완벽하게 갚지 않는 한 계속해서 대출 원금에 연체이자가 부과돼 결국 갚아도 갚아도 이자가 늘어나는 상태에 빠진다.

바로 이런 점이 비록 불가피한 사정으로 잠시 연체했더라도 누구든 하루빨리 재기할 수 있도록 상환구조가 재설계돼야 하는 이유다. 그럴 때만이 연체하지 않고 성실하게 갚아나갈 의지를 가진 채무자들이 재기할 의욕을 갖고 상환에 임할 것이기 때문이다. 동시에 그럴 때만이 '진짜 불성실한 채무자'를 가려낼 수 있다. 한번 연체한 사람을 마치 징벌하듯이 나락으로 빠뜨리는 지금과 같은 상환제도는, 불가항력적인 일로 인해 잠시 연체한 사람을 결국 두 손 두 발다 들게 만들어 성실하게 상환할 의욕마저 꺾어버린다. 성실·불성실 채무자를 구분하기 어렵게 만드는 요인이 되기도 한다.

채무상환구조가 이처럼 은행에게 유리하게 된 데는 은행 약관 때문이다. 「은행여신거래기본약관」에 따르면, "채무자가 기한이익을 상실한 채무를 변제할 경우 채무 전액을 없애기에 부족한 때는 비용, 이자, 원금 순으로 충당하고, 채무자에게 불리하지 않은 범위내에서 충당순서를 달리할 수 있다"고 규정하고 있다. 다시 말해 채무자가 기한이익을 상실한 후 부채를 갚아나갈 때는 기본적으로는 비용 → 이자 → 원금 순으로 하고, 예외적으로만 이 순서를 바꿀 수있다. 이 순서는 「민법」 조항에도 그대로 담겨있는데, 이는 채무자의 인권보다는 채권자의 재산권을 더 우선시하는 우리나라 법체계에 따른 것이다. 당연히 약관보다는 법이, 그것도 기본법에 해당하는 「민법」을 개정하기란 쉽지 않은 일이다.

비용 → 이자 → 원금 순서뿐 아니라 이자 안에서도 기존 이자와 연체이자(지연배상금) 가운데 어떤 것을 먼저 충당할 것인가에 대해서도 특정한 입법이나 약관상 합의는 없다. 그러다보니 은행은 결국 자신들에게 더 유리한 연체이자 → 이자 순으로 충당하고 있다.

| 주택담보대출 이후 당신의 모습은?

그럼 실제로 김 씨가 이 글 서두에 설명한 조건대로 대출받고 1년 후 연체를 시작했다고 가정하고 상환스케줄이 어떻게 되는지 구체적으로 살펴보자.

대출요건

원금: 3억 원, 대출실행일: 2020년 1월 25일, 거치기간[14] : 1년, 대출기간: 240개월(20년), 근저당권: 120%(3억6000만 원), 금리: 신규코픽스(0.9%) 6개월+2%=2.9%, 연체 1개월 연체금리: 3%(2018년부터 모든 금융권의 연체가산금리는 3%로 고정)

---

14 대출을 받은 후 원금을 갚지 않고 이자만 지불하는 기간. 원금은 거치기간이 끝나고 난 후 매달 조금씩 나누어서 갚을 수 있다. 예를 들어 3년 거치 5년 원금균등분할상환이라는 뜻은, 대출 후 3년까지는 상환을 하지 않고 2년 후부터 반년마다 대출원금을 균등분할하여 상환하는 것을 말한다.

김 씨는 1년 거치 원금분할상환으로 갚아나가고 있었다. 2020년 1월부터 2021년 1월까지 1년의 거치기간 동안 이자만 납부하다가 2021년 2월부터 원금분할상환(월 125만 원)이 시작됐다. 그간 잘 갚아 오던 김 씨는 2021년 4월 25일 2억9625만 원 가량의 원금[3억-(375만원=125만 원×3개월)=2억9625만 원]을 남겨 둔 상태에서, 연체하기 시작했다. 연체 한 달 후인 5월 25일부터 기존금리에 더해 추가로 3%의 연체이자가 부과됐다. 연체 석 달째인 2021년 7월 25일자로 기한이익이 상실됐다[15].

먼저 기한이익 상실 전 김씨의 상환금액이 얼마인지 계산해보자(이해가 어려운 독자는 계산 산식은 건너뛰어도 무방하다). 2021년 6월 25일 기준(기한이익 상실 1개월 전)으로 계산해보면, 김씨가 갚아야 할 이자는 원금 전체에 대한 정상금리 2.9%에 해당하는 216만5465원[5월25일에 못 갚은 이자 143만8876원+6월25일 이자 72만6589원(원금 2억9500만 원×2.9%×(31/365일)]

에 정상이자를 두 달간 내지 못한 것에 대한 연체이자인 1만763원[4월25일 내야 할 이자 73만2746원에 대한 두 달간의 연체이자 7225원(73만2746×5.9%×4월25일~6월25일까지의 이자)+5월25일 새롭게 내야 할 이자 3538원(70만6130×5.9%×4월25일~6월25일까지의 이자)]을 합해 총 217만6228원이다.

여기에 원금분할상환이기 때문에 원금 분할액인 375만원[월 125만원씩 3개월 치, 125만 원은 원금분할상환 대출 계약당시 결정]도 갚아야 하는데, 이 원

---

15. 2020.1.25.(1회차)~2021.12.25.(12회차): 이자만 납부(거치기간), 2021.1.25.(13회차)~2021.3.25.(15회차): 원금분할상환시작(125만원×3회 납부), 2021.4.25.(16회차): 연체시작(1회 연체), 2021.5.25.: 연체이자부과(2회 연체, 2.9%+3%), 2021.6.25.: 3회 연체, 2021.7.25.: 기한이익상실, 원금 전체에 연체이자율 부과 시작.

78

표 4. 주택담보대출 3억 원을 받은 A씨의 상환 스케줄

(단위: 원, %)

구 분	기한이익 상실 전			상실 후
	2021-04-25	2021-05-25	2021-06-25	2021-07-25
원 금	296,250,000	295,000,000	293,750,000	292,500,000
정상금리	2.9	2.9	2.9	2.9
연체가산금리	0.0	3.0	3.0	3.0
정상금리+연체가산금리	2.9	5.9	5.9	5.9
기한이익 상실 전 원금에 대한 정상이자	732,746	1,438,876	2,165,465	2,188,804
정상이자에 대한 연체이자 (지연배상금A)		3,553	10,763	10,996
원금분할 상환금액	1,250,000	2,500,000	3,750,000	5,000,000
원금분할상환액에 대한 연체이자(지연배상금B)		6,061	18,589	18,993
기한이익 상실 후 정상이자				685,472
기한이익 상실 후 연체이자 (지연배상금C)				709,109
대출 정상화를 위해 납입해야 하는 금액	1,982,746	3,948,490	5,944,817	8,613,374
대출 완제를 위해 필요한 금액	298,232,746	298,948,490	299,694,817	301,113,374
지연배상금(A+B+C) 합계		9,614	29,352	739,098

금분할상환금액에 대해 다시 1만8589원[4월25일 미납한 원금분할상환액 125만원×5.9%×(61일/365일)+5월25일 미납한 원금분할상환액 125만원×5.9%×(31일/365일)]의 연체이자가 발생한다. 이 모두를 더하면, 김 씨가 기한이익 상실 이전의 정상 상태로 돌아가기 위해 상환해야 할 금액은 총 594만4817원[216만5465원(원금에 대한 정상이자)+1만763원(미납한 정상이자에 대한 연체이자)+375

만 원(원금분할상환금액)+1만8589원(미납한 원금분할상환금액에 대한 연체이자)]이다.

그런데 여기까지는 시작에 불과하다. 김 씨가 만약 앞에 계산된 금액도 갚지 못해 바로 다음 단계, 즉 기한이익 상실 이후 구간(연체 3개월)으로 넘어갔다고 가정해보자. 이제부터는 정상이자율을 적용하기 위한 기준 자체가 높아진다. 지난달 원리금 총액[(6월 25일 기준 원금 2억9375만 원+지난달 갚지 못한 이자 216만5465원)×2.9%×(6월25일~6월26일(기한이익 상실일)까지의 하루 분)]에 기한이익 상실일 기준 2.9%를 적용한 하루치 이자 약 218만8804원이 정상이자로 발생한다. 정상이자에 대한 연체이자인 1만996원[4월25일 내야 할 이자 73만2746원에 대한 두 달간의 연체이자 7343원(73만2746×5.9%×4월25일~6월26일까지의 이자)+5월25일 새롭게 내야 할 이자 3652원(70만6130×5.9%×5월25일~6월26일까지의 이자)]도 추가된다. 분할상환액에 연체이자가 붙기 때문에 두 달간 미납한 원금 분할상환금액에 대한 연체이자 1만8993원[125만원×5.9%×4월25일~6월26일까지의 이자+125만원×5.9%×5월25일~6월26일까지의 이자], 기한이익 상실 후 원금 전체에 대한 이자 68만5472원[2억9750만 원(원금분할상환 전 대출잔액)×2.9%×6월26~7월26일까지의 기간]도 더해진다. 여기에 원금 전체에 기한이익 상실 이후 연체 이자율 3%를 적용한 이자 70만9109원[2억9750만 원(원금분할상환 전 대출잔액)×3%×6월26일~7월26일까지의 기간]도 추가된다. 따라서 김 씨가 정상적인 상환스케줄로 돌아가기 위해서는 총 861만3374원[원리금에 대한 하루 치 정상이자 218만8804원+정상이자에 대한 하루 치 연체이자 1만996원+원금분할상환액 500만 원+분할상환액에 대한 두 달 치 연체이자 1만8993원+기한이익상실 후 원금 전체에 대한 한 달치 정상이자 68만5472원+원금전체에 대한 한 달 치 연체이자 70만9109원]이 필요하다.

채무자가 이 같은 복잡한 산식을 모두 다 이해할 필요는 없다. 은행이 알아서 계산해 내 통장에서 자동으로 빼 갈 것이기 때문이다. 하지만 이처럼 어렵고 복잡한 구조를 장황하게 설명하는 이유는 기한이익이 상실되는 순간부터 빚은 그야말로 '빛의 속도'로 늘어나 당신 삶을 빚의 구렁텅이에 빠져들게 만든다는 것이다. 더 큰 문제는 대부분 이 같은 사정을 잘 모른 채 열심히 벌어서 갚으면 된다고 안일하게 생각한다는 것이다. 당신이 지금 은행에서 돈을 빌린 채무자라면, 세밀한 상환금액 산식을 이해하지 못한다고 해도 기한이익이 상실되면 어떤 결과가 초래될지는 정확히 알고 있어야 한다.

다시 정리해보자. 우선 김 씨가 대출 정상화를 위해 납입해야 하는 금액을 살펴보면 연체 첫 달 198만2746원에서 둘째 달 394만8490원, 셋째 달 594만4817원으로 뛰는 것도 모자라 기한이익이 상실된 후부터는 한 달 사이 갚아야 할 금액이 861만3374원으로 뛴다. 이는 첫 달과 비교할 때 불과 3개월 뒤 갚아야 할 돈이 4.3배 늘었다는 걸 의미한다. 이처럼 한 달 사이 상환액이 급격하게 늘어나는 것은 연체된 모든 금액에 붙는 연체이자, 즉 '지연배상금'의 존재와 함께 원금이 아니라 은행에 유리하도록 비용과 이자부터 충당하는 상환구조 때문이다.

다음으로 연체에 따른 지연배상금을 살펴보면, 기한이익 상실 전인 2021년 6월 25일 김 씨의 지연배상금은 2만9352원이었으나 2021년 7월 25일 기한이익이 상실된 후에는 73만9098원(정상이자의 연체이자 1만996원+분할상환액에 대한 연체이자 1만8993원+원금전체에 대한 연체이자 70만9109원)이 됐다. 기한이익을 상실함으로써 김 씨가 갚아야 할 지연배상금은 한 달 사이 무려 25배나 뛰었다. 그런데 이 상태로 연체가 1년 이상 지속된다면, 2022년 말에 갚아야 할 지연배상금은 무려 1340만5262원으로 불어난다. 게다가 2024년 12월 25일이 되면, 지연배상금을 포함해 김 씨가 갚아야 할 총 금액은 무려 3억6117만 6587원이 된다. 이는 근저당권 설정액인 3억6000만 원을 초과하는 액수다. 이로써 김 씨는 저당 잡힌 자신의 집에 대한 모든 권한을 포기(3억6000만 원 상환)하더라도 117만6587원을 더 갚아야 한다.

앞서 서술한 내용이 극단적인 사례로 보이는가? 절대 그렇지 않다. 연체가 시작된 단 몇 개월 내에 해결하지 못해 기한이익이 상실되면, 그때부터는 누구든 돌이킬 수 없는 나락으로 빠져들 수 있다. 이자가 원금을 넘어서는 건 시간문제에 지나지 않기 때문이다. 금융사 마음대로 정한 기한이익 상실 기간이 지나면 채무자는 어떤 항변도 하지 못한 채 높은 이자를 감당하면서 금융사가 정해놓은 스케줄을 속수무책으로 따라가야 한다. 이는 금융소비자와 금융사 간의 관계가 대등하지 않은, 애초부터 기울어진 운동장 관계에 기인한다.

그러므로 코로나 같은 불가항력적인 상황이나 직장에서의 실직 등 살다 보면 누구나 직면할 수 있는 단 몇 달간의 자금 경색으로 연체가 시작되면, 빚의 악순환에 빠질 수 있다. 은행대출도 연체만 시작되면 이자가 가장 비싼 대부업체 대출처럼 갚아야 할 돈이 기하급수적으로 늘어나는 힘든 상황으로 귀결된다. 마치 천천히 돌아가던 런닝머신에서 조금만 한눈을 팔아 발을 접질리면, 라인에서 이탈할 뿐 아니라 속도 또한 점점 더 빨라져 도저히 처음과 같은 상황에서 안정적으로 걸을 수 없어 결국 넘어지고 마는 것과 똑같다.

| 은행 이자로도 원금을 넘어설 수 있다

　이러한 구조는 원금을 훌쩍 뛰어넘는 이자 부과를 가능케 한다. 그동안 대부업체나 저축은행의 높은 최고금리로 인해 이자가 원금을 초과하는 경우는 언론을 통해 많이 지적됐다. 하지만 대출금리가 낮은 은행의 경우, 이자가 원금을 초과하는 일은 없지 않을까라고 생각할 수 있다. 그러나 [표 5]에서처럼 은행에서의 대출만으로도 이자가 원금을 초과하는 사례는 얼마든지 존재한다. 개인의 경우 담보대출에서 이자가 원금을 초과한 사례는 2016년 7,565건, 2017년부터 2019년까지 5000건 대를 유지하다 2020년에는 6418건을 기록했다. 원금 대비 이자는 2020년 기준으로 111%에 달했다. 신용대출의 경우에도 매년 5000건 가량의 대출이 원금보다 이자가 더 많았다. 특히 신용대출의 경우에는 금액이 더 컸는데, 전체 은행에서 원금 735억 대비 이자가 904억에 달했다. 이자만 원금의 122%인 것이다.

　기업의 경우 상대적으로 빠른 구조조정과 정리가 이루어진 때문인지 이자가 원금을 넘어서는 건수는 많지 않았다. 2016년 366건에 불과했다. 그러나 기업의 경우 이자가 원금을 초과하는 대출 건수의 증가속도가 빨라 2020년에는 2016년에 비해 두 배 가까운 720건을 기록했다. 원금 1284억 원 대비 이자 1480억 원으로, 이자가 원금의 115%였다. 은행이라는 시중 금융권에서, 금리가 가장 낮은 곳에서도 이렇게 연체가 시작되면 이자만으로도 원금을 넘을 수 있다는 것을 확인할 수 있다.

표 5. 국내은행 대출 중 이자가 원금을 초과하는 대출 현황

(단위: 건, 백만 원)

구 분			2016년	2017년	2018년	2019년	2020년
개인	담보	건수	7,565	5,917	5,463	5,836	6,418
		대출실행 시 원금	208,545	185,344	196,836	235,571	284,566
		이자	237,547	209,320	222,167	264,909	318,341
	신용	건수	5,191	5,102	5,177	5,454	5,649
		대출실행 시 원금	54,133	57,403	61,515	68,509	73,585
		이자	67,003	70,459	75,524	84,328	90,411
기 업		건수	366	395	498	604	720
		대출실행 시 원금	47,236	59,443	84,732	93,275	128,457
		이자	57,347	70,202	99,623	105,294	148,000

(출처: 금융감독원)

집을 뺏겼는데도
빛이 남았다

| 주택담보대출 연체 채무자 10명 중 8명은 주택 뺏겨

앞서 살펴본 기한이익 상실 제도의 '약탈성'(?)은 신용대출보다 주택담보대출에서 더 강하게 나타난다. 왜냐하면 다른 대출보다 규모가 크고 주거권을 담보로 하는 대출이기 때문이다. 주택담보대출이 연체되면 은행은 아주 손쉽게 경매 결정을 내린다. 집은 그저 은행이 돈을 잃지 않기 위한 담보물일 뿐, 이 집이 누군가의 삶의 터전이라거나 평생을 모아 마련한 유일한 거주공간이라는 점은 고려대상이 아니다. 몇 년을 성실히 갚았다 하더라도 단 3개월의 연체로 기한이익이 상실되면, 은행은 곧바로 채권 회수절차에 돌입한다.

[표 6]에서처럼 2012년부터 2015년까지 4년간 국내은행에서 주택담보대출 연체로 인해 생긴 부실채권은 총 6만4870건이다. 6만건이 넘는 연체채권과 관련한 담보주택 가운데 은행이 직접 처분한 주택은 5만1243건으로 약 78%에 달했다. 연체한 채권 가운데 연체

상태를 청산하고 정상 상환으로 돌아가거나 다른 대안을 찾은 경우는 22%에 불과했다. 이는 주택담보대출 연체 채무자 10명 중 8명은 결국 은행에 집을 뺏겼다는 것을 의미한다.

한편 은행이 처분한 담보채권 5만1243건 중 직접 경매한 경우는 3만3764건으로 전체의 66%다. 반면 부실채권 정리회사로 매각한 것(이 경우 부실채권 정리회사가 채권을 사들여 주택을 경매처리 한다)은 1만7479건으로 34%다. 다시 말해 연체된 주택담보대출 채권의 담보로 잡힌 주택 3곳 중 2곳은 은행이 직접 경매로 팔아버리고, 3곳 중 1곳은 정리회사[16]에 매각하는 것이다.

표 6. 2012~2015년 은행의 주택담보대출 담보권 실행 현황

구 분	연 도	2012년	2013년	2014년	2015년	합 계
부실채권	건수(A)	17,508	18,008	16,270	13,084	64,870
담보처리	건수(B)	15,575	16,527	11,401	7,740	51,243
	비율(B/A)	88%	91%	70%	59%	78.9%
직접 경매	건수(C)	10,654	9,604	7,661	5,845	33,764
	비율(C/B)	68%	58%	67%	76%	66%
AMC 매각	건수(D)	4,921	6,923	3,740	1,895	17,479
	비율(D/B)	32%	42%	33%	24%	34%

(출처: 금융감독원)

16 이러한 회사들은 자산관리회사(AMC)라고 불린다. 부실기업의 채권이나 자산을 넘겨받아 이를 관리하는 회사로, 법정관리나 화의절차를 밟고 있는 회사의 부실채권이나 부동산을 맡아 관리하면서 출자전환, 신규자금 지원 등으로 살려낸 뒤 매각하는 일을 전문으로 한다. 동시에 부동산개발·채권추심·신용조사 등의 업무를 담당한다.

[표7]에서 볼 수 있듯 2016년 이후부터는 은행에 집을 뺏긴 비율이 소폭 낮아졌다. 2016~2020년의 경우 전체 연체건수 6만9792건 중 담보권이 실행된 건 1만9653건으로 전체의 28.1%에 그쳤다. 은행 관계자의 설명에 따르면, 이러한 현상은 집값 상승이 그 배경으로 자리 잡고 있다. 2016년부터 부동산 가격이 상승하면서 집을 보유하는 것이 자산가치에 도움이 되기 때문에 채무자들이 어떻게든 연체를 해소했다는 것이다. 또한 은행이 경매로 넘기기 전에 채무자들이 자신의 집을 처분하고, 그 돈으로 빚을 갚는 경우도 늘었다고 한다.

표 7. 2016~2020년 은행의 주택담보대출 담보권 실행 현황

구 분		연 도	2016년	2017년	2018년	2019년	2020년	합 계
부실채권		건수 (A)	12,475	13,543	14,157	17,392	12,225	69,792
담보처리		건수 (B)	3,217	3,360	3,577	5,315	4,184	19,653
		비율(B/A)	25.8%	24.8%	25.3%	30.6%	34.2%	28.1%
직접 경매		건수 (C)	1,762	1,868	2,029	2,755	2,238	10,652
		비율(C/B)	54.8%	55.6%	56.7%	51.8%	53.5%	54.2%
AMC 매각		건수 (D)	1,364	1,418	1,481	2,520	1,915	8,698
		비율(D/B)	42.4%	42.2%	41.4%	47.4%	45.8%	44.2%
(기타)		건수 (E)	91	74	67	40	31	303
		비율(E/B)	2.8%	2.2%	1.9%	0.8%	0.7%	1.5%

(출처: 금융감독원)

바로 이런 점에서 2016년 들어서면서부터 유독 주택담보대출이 경매로 넘어가는 건수가 크게 줄어든 건, 은행이 채무자들의 주거권을 지켜주기 위해서거나 혹은 관련한 제도개선이 이뤄져 경매 집행에 어려움이 발생한 데 따른 것이 아니다. 이는 단지 전국적인 부동산 가격 상승에 따른 일시적인 현상일 뿐이다. 그런데 이 같은 설명은 가계부채와 관련해 매우 걱정되는 상황을 상상하게 만든다. 첫째, 한층 높아진 집값이 언젠가 떨어질 경우 은행에 집을 뺏기는 대출자가 속출할 것이라는 점이다. 둘째, 부동산 가격이 상승하는 상황에서 '영끌'로 대출받은 채무자가 나중에 집값이 떨어지면 결국 집을 뺏기고서도 빚을 다 청산하지 못하는 일이 벌어질 수 있다는 것이다. 한마디로 채무자는 집을 뺏기고도 갚아야 할 빚이 남아 있어 경제적으로 더욱 더 어려운 상황에 처할 수 있다는 것이다.

| 연체 1년 이내에 경매로 넘어가는 주택이 담보 채권의 90%

주택담보대출은 최소 10년이 넘는 장기대출이다. 은행과 고객 간 계약 완성을 위해 대출이 지속되는 기간이 10년이 넘는다는 얘기다. 그런데 그 긴 시간 중 단 몇 개월 연체만으로도 계약이 종료되는 것과 함께 집을 뺏기는 일이 종종 벌어진다.

[표8]에서처럼 2012년부터 2015년까지 담보권이 실행된 3만517건을 연체기간별로 구분해보면, 3개월 이내 연체한 비중이 29%, 3~4개월이 20%였다. 집이 매각된 담보대출의 절반 가량이 연체한

지 불과 4개월 된 채권인 것이다. 2016년부터 2020년까지는 전체 1만9597건 중 3개월 미만이 23.8%, 3~4개월이 13.9%이고, 5개월 미만을 기준으로 할 때 전체 채권의 52%로, [표9]에서 나타나듯 결국 단 5개월 연체만으로 절반 이상의 담보권이 실행됐다는 것을 알 수 있다. 이는 곧 9년을 성실히 갚다가 단 4~5개월의 자금경색으로 연체를 하면, 그동안 공들여 쌓은 주택담보대출은 물거품이 되고 집은 곧바로 어딘가로 팔려나갈 수 있다는 것을 의미한다.

표 8. 2012~2015년 담보권 실행 전 대출자 연체기간

연체기간	2~3월	3~4월	4~5월	5~6월	6~7월	7월~1년	1년 이상	합 계
건 수	8,759	6,135	4,517	2,517	1,494	3,517	3,578	30,517
비 중	29%	20%	15%	8%	5%	12%	12%	100%

표 9. 2016~2020년 담보권 실행 전 대출자 연체기간

연체기간	2개월 이하	2~3월	3~4월	4~5월	5~6월	6~7월	7월~1년	1년 이상	합 계
건 수	1,935	2,724	2,732	2,799	1,940	1,607	3,814	2,046	19,597
비 중	9.9%	13.9%	13.9%	14.3%	9.9%	8.2%	19.5%	10.4%	100.0%

한편 담보권이 실행되는 채권 가운데 연체 기간이 1년 이상 되는 비율은 고작 10% 정도에 지나지 않는다. 이건 연체가 시작되면 주택담보대출의 90%가 불과 1년 이내에 경매로 넘겨져 결국 채무자는 주택을 잃고 만다는 것을 보여준다. 이 얼마나 놀라운 사실인가?

살다보면 코로나와 같은 불가항력적인 상황이 아니더라도, 누구나 실직이나 사고 또는 질병으로 1~2년 정도 수익이 발생하지 않는 삶을 살 수 있다. 이런 일은 특별한 소수 몇몇에게서만 발생하는 일도 아니다. 그런데 만약 이런 사람들이 주택담보대출을 받고 불과 몇 달만 연체하면, 그 집은 곧바로 경매에 넘겨진다.

우리 사회가 뜻하지 않게 경제적 어려움에 직면한 사람에게 재기를 위한 시간으로 채 1년도 할애하지 않는다는 건, 그만큼 은행 대출이 냉혹한 자본의 논리대로 움직인다는 것을 의미한다. 동시에 이는 지금 당장 잘나가는 사업을 한다고 해도 뜻하지 않게 하루아침에 망할 가능성이 있거나 혹은 당장 밀려드는 손님으로 눈코 뜰 새 없이 바쁜 식당이라고 해도 갑자기 문을 닫을 가능성이 있는 사람, 또는 지금은 잘 다니고 있지만 언젠가 사고나 질병으로 1년 이상 회사를 쉬거나 그만둘 가능성이 있는 사람이라면, 절대 주택담보대출을 받으면 안 된다는 것을 뜻한다. 하지만 질병이나 사고 또는 실직이나 회사부도에서 자유로울 수 있는 사람이 과연 얼마나 될까? 내 잘못이 아니지만 과거 IMF와 금융위기로 길에 나앉은 직장인과 영세 상공인들이 얼마나 많았던가? 재벌도 망하는 판에 절대 연체를 하지 않으면 모를까 소시민이 자신의 집을 지킬 수 있는 방법은 사실상 전무한 게 현실이다. 상황이 이 정도면 주택담보대출을 받고 10년 넘게 성실히 원금과 이자를 갚아 채무를 모두 상환한 사람이 오히려 비정상적(?)이거나 대단히 운이 좋았다고 해도 과언은 아닐 것이다.

혹자는 고객이 4개월간 연체한 데 따라 은행이 채권을 매각하는 게 어떤 합당한 이유를 갖고 있는 것은 아닌가라는 의문을 가질 수도 있을 것이다. 하지만 그런 건 없다. 여기에는 오로지 '은행의 일방적인 판단'만이 존재할 뿐이다. 다시 말해 "당신은 앞으로도 계속 갚지 못할 것이고 그렇게 되면 대출액을 다 회수할 확률이 매우 떨어지니 집을 갖고 있을 때 하루라도 빨리 처분해서 최대한 채권을 회수하겠다"라는, 은행의 판단에 따른 결과인 것이다. 은행 또한 영리를 추구하는 사기업에 지나지 않기 때문이다.

하지만 은행의 이 같은 판단은 다음과 같은 문제를 안고 있다. [표10]에서 알 수 있듯, 2012년부터 2015년까지 연체로 인해 집이 매각된 채권의 LTV를 분석해보면, 43%의 채권이 LTV 50% 미만이었다. LTV는 '주택가격 대비 대출가능한 금액의 비중'을 의미하는 것으로, LTV가 50%라는 것은 집값의 절반은 내 돈이고 절반은 은행돈이라는 뜻이다. 문제는 LTV가 50%인 것은 통상 우량채권으로 분류된다는 것이다. 연체로 기한이익이 상실된 주택담보대출 10건 중 4건은 우량한 채권이었던 것이다. 그런데도 은행은 이 같은 사정을 고려하지 않은 채 불과 4~5개월 연체를 계기로 채권을 전부 포기하고 채무자의 주거권마저 무시한 채 매각절차를 진행했다.

표 10. 2012~2015년 은행에서 매각된 주택담보대출의 LTV 현황

구 분	50% 미만	50% 이상 70% 미만	70% 이상	총합
건 수	27,989	25,267	11,616	64,872
비 중	43%	39%	18%	100%

(출처 : 유암코)

집값이 오르고 LTV 등 부동산 금융 규제가 강화된 2016~2020년을 기준으로 살펴보면, LTV 50% 미만이 19.9%, 50~70% 미만이 53.4%였다. [표11]에서처럼 LTV 50% 미만의 우량 채권은 10건 중 2건으로 이전보다 크게 낮아졌고, LTV 70%까지가 전체 채권의 73.3%를 차지했다. 그렇다면 문제가 해결된 걸까? 아니다. 사실 LTV 70% 미만까지도 은행권 실무에서는 담보가치가 충분하다고 여겨져 통상 매각이 급하지 않은 채권으로 분류된다. 따라서 이처럼 우량한 채권은 은행이 연체상태를 조금만 기다려 준다면 다시 정상 상환으로 되돌아갈 수도 있다. 그런데도 은행은 자신이 갖고 있는 채권자의 권리를 언제든 행사할 수 있다는 이유 하나만으로, 담보권을 실행하거나 매각을 진행한다. 경매를 집행하는 은행 입장에서, 향후 채무자가 겪게 될 경제적 어려움은 중요한 고려 대상이 아니다. 조금이라도 부실가능성이 있는 채권이라면, 하루 빨리 경매에 넘겨 원금과 이자까지 몽땅 회수하는 것만이 은행의 유일한 관심사다.

표11. 2016~2020년 은행에서 매각된 주택담보대출의 LTV 현황

구 분	50% 미만	50% 이상 70% 미만	70% 이상	총 합
건 수	1,728	4,649	2,321	8,698
비 중	19.9%	53.4%	26.7%	100.0%

(출처 : 유암코)

은행은 이처럼 원금과 이자 회수가 가능한 우량 채권에 대해서도

아주 쉽게 담보권을 실행한다. 하지만 은행이 채권상환을 졸업할 수 있는 채무자를 선별하는 고유업무에 충실하다면, 이 같은 일은 벌어지지 않을 것이다. 은행은 자신의 고유 업무를 방기함으로써 쉽게 대출해주고 또 조금만 연체돼도 곧바로 담보권을 실행함으로써, 대출 후 사후관리도 신경 쓰지 않는다. 오로지 '이자 장사'로 은행의 단기적인 수익만을 추구할 뿐이다. 이로 인한 가장 큰 피해자는 잠깐의 신용경색으로 집을 잃고도 채무를 다 갚을 수 없는 재기불능 상태에 빠진 채무자다. 장기적으로 보면, 조금만 기다려주면 상환을 완료했을 가능성이 높은 채무자마저 쉽게 포기한 채 단기적 수익만을 추구하는 은행 또한 이에 못지않은 피해자가 될 것이다. 옥석을 구분해 우량 채무자를 잘 관리한다면, 긴 안목에서 볼 때 은행은 더 큰 수익을 올릴 수 있는 건 물론 우량 채무자 또한 대출을 통해 집을 마련할 수 있어 상호 윈−윈 하는 결과를 얻을 수 있을 텐데 말이다.

| 무담보채권

지금까지 채무자가 단 몇 달 간의 연체로도 언제든 삶의 터전을 잃고 주거권을 상실하는 상황에 처할 수 있다는 것을 알아봤다. 그런데 더 가혹한 것은, 집을 뺏긴 후에도 채무자는 빚에서 온전히 해방되지 않는다는 것이다.

은행은 집을 경매에 넘긴 뒤 받은 매각금액을 비용, 이자, 채권원금 순서로 충당한다(이는 기한이익 상실 후 채무자가 상환하는 금액이 충당되는 순서와 같다). 그런데 이때 경매를 통해 팔린 집의 가격이 대출 원리금보다 작으면 빚이 남는다. 즉, 은행이 받아야 할 금액이 집으로 모두 충당되지 않으면, 나머지는 담보가 없는 신용채권으로 전환된다. 이를 '무담보채권'이라 한다.

주택담보 대출은 보통 주택 가격의 일부분을 대출받는 것이다. 부동산 시세가 100이라고 할 때, LTV가 70%라는 건 집값의 70%만 대출받았다는 의미다. 그럼 상식적으로 주택을 100에 경매에 넘긴다면 대출금 70을 갚고 소액이라도 남는 게 정상이다. 따라서 집을 통째로 경매에 넘기고도 빚을 다 갚지 못하는 게 합리적으로 이해가 되지 않을 수 있다. 그 이유는 앞서 설명한 대로 은행 대출에 따른 이자도 무서운 속도로 증가할 수 있기 때문이다. 대출이 70이었는데 연체이자와 지연배상금 등이 붙어 채무자가 갚아야 할 금액이 110까지 불어난다면, 집을 100에 매각해도 결국 10의 빚이 남는 것이다. 예시한 시나리오가 극단적인 몇몇 사례에 한정될 것이라고 생각하는 사람도 있을 것이다. 하지만 그렇지 않다. 은행이 채무자의 주택을 경매한 후 빚이 남아 신용대출로 전환된 사례는 생각보다 많다.

여기에 한 가지 더 변수가 자리 잡고 있다. 부동산이 경매에 넘겨지면 통상 시세보다 헐값에 팔린다. 물론 부동산이 호황을 누릴 때는 감정가보다 더 비싼 가격에 낙찰되기도 하지만, 이런 경우는 많지 않다. 따라서 일단 경매로 넘어가면 담보물은 최소한 10~20% 정도 할인된 가격에 팔린다. 요즘에는 한 번 유찰되면 이전보다 30% 할인된 가격으로 재입찰이 이뤄지는 경우도 많다. 이렇게 되면 은행 대출에 따른 각종 이자가 많지 않더라도 경매를 통해 빚을 모두 청산할 가능성은 대단히 낮다. 이래저래 은행을 이용한 소비자만 큰 손해를 보는 것이다.

은행이 직접 경매하지 않고 자산관리회사에 매각해 처리한 경우를 대상으로, 집이 경매로 넘어간 채권 중 빚이 남아 무담보채권으로 전환되는 일이 실제로 얼마나 되는지 살펴보자. 부실채권을 처리하는 자산관리회사 중 가장 큰 규모를 자랑하는 유암코의 2011~2015년 주택담보대출 거래 실적을 분석해보면, [표12]에서처럼 5년간 인수한 주택담보대출 4891건 중 집을 매각하고도 무담보로 전환된 채권은 전체 건수의 46%인 2242건이었다. 평균적으로 절반 정도가 주택담보대출로 집이 매각된 후에도 채무가 남아 있는 상태다.

표 12. 2011~2015년 유암코의 주택대출 담보권 실행 현황

(단위: 건)

구 분	연 도	2011년 말	2012년 말	2013년 말	2014년 말	2015년 말	합 계
담보실행채권	채무자수(A)	778	1,646	1,233	1,037	197	4,891
무담보채권 전환	채무수(B)	418	912	497	360	55	2,242
	비율(B/A)	54%	55%	40%	35%	28%	46%

(출처 : 유암코)

2016년~2020년의 주택담보대출 거래 실적을 분석해보면, [표13]에서처럼 5년간 유암코가 인수한 주택담보대출 2401건 중 집을 매각하고도 빚이 남아 무담보로 전환된 채권은 21%인 502건으로, 이전보다 많이 줄었다. 그러나 이는 문재인 정부 집권 이후 높은 집

값 상승에 따른 것으로, 집값이 하락하면 무담보채권도 증가할 것이다.

표 13. 2016~2020년 유암코의 주택대출 담보권 실행 현황

(단위: 건)

구 분	연 도	2016년 말	2017년 말	2018년 말	2019년 말	2020년 말	합 계
담보실행채권	채무자수(A)	411	324	509	478	679	2,401
무담보채권 전환	채무수(B)	154	116	132	92	8	502
	비율(B/A)	37%	36%	26%	19%	1%	21%

(출처 : 유암코)

| 은행과 자산관리회사

우량 채권은 대부분 담보가치가 높아 담보권 실행으로 원금은 물론 이자까지 회수할 수 있다. 따라서 자산관리회사는 이를 매입하기 위해 노력한다. 자산관리회사는 부실채권을 사들여 수익을 내는 회사다. 유암코가 대표적인 사례인데, 부실채권을 손쉽게 처리하기 위해 은행들이 출자해 만든 회사다. 자산관리회사들이 적극적으로 부실채권을 매입하는 이유는 수익이 나기 때문이다. 유암코가 은행으로부터 매입한 주택담보대출은 대부분 경매로 넘겨지는데, 이렇게 경매를 통해 회수한 금액은 채권 원금 대비 100%를 초과한다.

실제 사례를 살펴보자. 2011년부터 2016년 6월 말까지 자산관리회사에 매각된 주택담보대출 채권의 실행원금(미회수된 대출 총액)은 1조629원이었다. [표14]에서처럼 자산관리회사는 이를 99% 가격에 해당하는 1조237억에 매입했다. 그 뒤 자산관리회사는 은행으로부

터 매입한 주택담보대출 채권을 경매에 넘겨 총 1조996억 원을 회수했다. 이는 자산관리회사가 실제 은행으로부터 매입한 주택담보대출 채권과 비교하면 7%의 수익을 챙겼다는 것을 의미한다. 한마디로 자산관리회사는 은행으로부터 주택담보대출 채권을 매입한 뒤 경매를 통해 7%에 달하는 이익을 챙길 수 있었던 것이다. 꼭 저금리시대가 아니더라도 이익이 7%라는 건 누구에게든 매력적인 수치일 것이다.

표 14. 2011~2016년 6월까지
민간 AMC에 매각된 주택담보대출 채권의 회수율

(단위: 건)

구 분	실행원금	매입가액	회수금액
금액(억원)	10,629	10,237	10,996
비 율	99%	107%	
		103.4%	

(출처 : 유암코)

한편 자산관리회사가 얻는 이익은 단순히 은행으로부터의 매입가액과 실제 경매를 통해 회수한 금액 간 차이에서 발생하는 차액에 그치지 않는다. 유암코는 경매로 인해 얻는 이익과는 별개로 채권에 수반된 이자와 비용까지 모두 회수한다. 기한이익이 상실돼 유암코로 넘어온 이후부터 경매가 이루어지는 순간까지 채권에는 원금 대비 평균 15%에 달하는 각종 비용과 이자가 붙는다. 이에 따라 유암코는 그만큼 더 추가이익을 얻는다. 반면 채무자 입장에서는 15%의 추가비용이 발생해 갚아야 할 채무액은 더 늘어난다.

표 15. 2011~2015년 개인 주택담보대출자 무담보전환채권 현황

(단위: 억 원, %)

구 분	인수채권 (유암코 인수 이전 발생채권)			유암코 인수 이후 발생 비용		매입 가액	비용차감 후 회수액	매입가액 대비 회수율
	원금	가지급금	이자	연체이자	가지급금			
2011년	1,753.1	15.0	150.8	310.4	7.6	1,510.3	1,560.5	103.3
2012년	3,094.2	29.1	201.0	436.0	12.5	2,711.7	2,990.3	110.3
2013년	1,636.1	13.0	83.7	212.3	9.0	1,471.8	1,611.0	109.5
2014년	977.0	8.0	47.4	123.5	6.1	983.3	1,036.8	105.4
2015년	145.6	1.4	9.8	11.9	0.4	149.6	148.2	99.1
합 계	7,605.9	· 66.5	492.8	1,094.1	35.7	6,826.7	7,346.8	107.6
총합계	원금	비용				매입가액	회수액	
	7,605.9	1,129.8 (15%) [17]				6,826.7	7,346.8	

(출처: 금융감독원, 유암코)

[표15]에서 알 수 있듯, 유암코는 2011년부터 2015년까지 5년간 은행으로부터 총 7605억9000만 원의 주택담보대출채권을 원금의 89.8%인 6826억7000만 원에 매입했다.

....

17 2011년부터 2015년까지 은행의 주택담보대출채권이 유암코로 매각되기 전 은행에서 발생한 원금 이외의 금액은 비용(가지급금) 66억5000만 원과 이자 492억 8000만 원이며, 유암코에 매각한 이후에도 연체이자 1094억1000만 원, 비용 35억7000만 원이 더 붙어 총 1129억 8000만 원이 됐다. 이는 전체 원금 대비 15%에 해당하는 금액으로, 채무자가 갚아야 할 금액이 연체 시작부터 유암코로 매각된 이후 과정에서 총 15% 더 불어났다는 것을 의미한다.

이후 채권을 경매로 넘겨 회수하기 전까지 인수한 채권의 15%에 달하는 1129억8000만 원의 비용이 발생했다. 하지만 경매를 통해 발생한 비용을 차감하고도 7346억8000만 원을 회수함으로써, 결국 매입가액 대비 7.6%의 이익을 챙길 수 있었다.

표 16. 2016~2020년 개인 주택담보대출자 무담보전환채권 현황

(단위: 억 원, %)

구 분	인수채권[18] (유암코 인수 이전 발생채권)			유암코 인수 이후 발생 비용		매입 가액	비용차감 후 회수액	매입가액 대비 회수율
	원금	가지급금	이자	연체이자	가지급금			
2016년	469.5	3.6	22.3	54.5	2.5	444.6	466.9	105.0
2017년	353.9	2.0	12.2	41.5	3.5	321.7	326.9	101.6
2018년	385.3	3.8	19.0	32.1	2.0	349.5	356.5	102.0
2019년	193.2	2.8	7.7	10.8	0.7	175.9	180.2	102.5
2020년	13.1	0.1	0.6	0.4	0.0	12.0	13.6	113.3
합 계	1,414.9	12.3	61.8	139.3	8.7	1,303.6	1,344.1	103.1

(출처: 금융감독원, 유암코)

[표16]에서처럼 2016년부터 2020년까지 유암코는 5년간 은행으로부터 총 1414억9000만 원의 채권을 원금의 92%에 달하는 1303

---

18 2015년 이후부터 집값이 많이 상승하면서 집 보유 열풍이 불어 연체율이 줄고 부실채권(NPL) 매각 자체가 감소했다. 이에 따라 무담보채권 전환율도 낮아졌다. 부실채권 매각 물량이 줄어든 이후 오히려 유암코가 은행들로부터 출자를 받으면서 배당도 하지 않았다. 평소에는 연간 5조 원 가량의 부실채권 물량이 나왔으나, 2020년 이후 3.7조 원 정도로 줄어들었다. 현재 NPL 전업투자자로는 유암코, 대신 FNI, 하나 FNI 등이 있으며 이들은 기타 금융업을 영위하는 「상법」상 주식회사다.

억6000만원에 매입했다. 이후 매입채권을 경매에 넘겨 회수하기 전까지 인수한 채권의 15.6%에 달하는 222억1000만 원의 비용이 발생했다. 하지만 경매를 통해 발생한 비용을 차감하고도 1344억 1000만 원을 회수함으로써, 결국 매입가액 대비 3.1%를 챙길 수 있었다.

한편 은행은 자신들이 주주로 있는 자산관리회사가 채권을 매입하고 집을 처분하는 과정에서도 부수적인 이득을 취할 수 있다. 자산관리회사는 은행이 출자해서 만든 회사다. 따라서 자산관리회사가 수익을 얻으면 배당을 통해 은행에도 이익을 분배한다. 바로 이런 점에서 은행은 자신들의 부실채권 대출 회수 및 자산관리회사들의 수익을 위해서라도 채무자의 라이프 사이클을 무시한 채 채권 회수에 나서지 않을 수 없다.

| 은행에 부메랑으로 돌아온 로보사이닝 관행

3~4개월만의 연체로도 담보물을 팔아넘기는 은행의 업무처리 관행은, 단기적으로는 채권을 손쉽게 회수하는 방법이다. 채권액이 더 많아지기 전에 신속히 경매를 통해 대출액과 이자 모두 회수할 수 있어 은행 수익에도 보탬이 된다. 하지만 거품붕괴로 인한 금융기관의 연쇄 부도 같은 대형 위기가 발생할 경우, 이는 오히려 은행 수익에 부정적 요소로 작용한다. 실제로 이를 호되게 겪는 일이 10여 년 전에 있었는데, 미국의 서브프라임 모기지 금융위기 사건이 바로 그

것이다.

미국 저널리스트 맷 타이비(Matt Taibbi)의 저서 『가난은 어떻게 죄가 되는가(원제 : The Divide : American Injustice in the Age of the Wealth Gap)』에는 금융위기 당시 미국 은행들의 주택담보대출 처리 관행이 자세히 묘사돼 있다. 책의 일부를 옮겨보자. 미국은 2008년 금융위기가 발발하기 전에 상환능력이 전혀 없는 채무자들에게 주택담보대출을 남발했다. 하지만 주택버블이 꺼지면서 이 모든 채권은 부실 덩어리로 돌아왔다. 은행은 어떻게든 손실을 최소화해야 했다. 이를 위해 담보주택을 매각하기 시작했는데, 이 과정에서 부실채권의 향후 상환 가능성을 면밀히 심사하지 않은 채 기계적으로 매각해버렸다. 그런데 이 모습이 마치 '로봇'이 매각 서류에 사인한 것처럼 보였다고 해서 맷 타이비는 이를 '로보사이닝(Robo-signing)'이라고 표현했다.

물론 당시 상환여력이 있는 우량 채권은 많지 않았을 수 있다. 하지만 그럼에도 불구하고 부실 채권과 관련해 상환능력에 대한 심사 없이 마구잡이로(아마 대출 실행 단계도 마구잡이로 진행되었겠지만), 그것도 전결권도 없는 하급 직원이 엄청난 양의 서류를 쌓아놓고 기계적으로 '서명'만 하는 식으로 처리했다는 것은 충격적인 일이다. 하수구에 서류를 버리다시피 했다는 이유로 '하수구 서비스'라고도 불리는 이 행태는, 훗날 미국 법원에 의해 처벌받았다. 상환 가능성을 판단하지 않고 일괄적으로 경매에 넘김으로써 상환여력이 있는데도 집을 뺏기고 길거리로 나앉는 선량한 피해자를 양산했기 때문이다.

결국 미국 은행의 약탈적인 모기지 담보권 실행은 은행 수익에 기여하기보다는 연쇄적인 은행권 부실, 뒤 이은 전 세계적인 금융위기를 낳았다. 다만 우리나라의 경우 첫째, 주택담보대출 규제가 미국처럼 느슨하지 않은 건 물론 LTV나 DTI와 같은 대출조건으로 인해 대부분 우량 채권이었다는 점 둘째, 미국과 같은 통제 불가능한 주택 버블이 발생하지 않았다는 점에서 서브프라임 모기지 금융위기와 같은 사건이 발생하지 않았다. 만약 지금 우리가 갖고 있는 주택담보대출 채권이 동시에 다량으로 부실화 돼 미국과 같은 금융위기에 직면한다면, 우리 또한 미국의 상황과 크게 다르지 않을 것이다.

은행이 주택담보대출을 신속히 처리하는 데는 몇 가지 이유가 있다. 먼저 부실채권을 덜어냄으로써 은행의 건전성 지표로 활용되는 자기자본비율인 BIS 비율[19]을 낮출 수 있다. 둘째, 추심 과정을 다른 주체에 넘김으로써 부실채권 관리라는 업무 부담을 덜며 평판리스크[20]도 줄일 수 있다. 마지막으로 유암코와 같은 자산관리회사가 경매를 통해 채권의 원금 이상으로 회수한 후 그 수익의 일부를 주주들인 은행에 배당[21], 결과적으로 기타 수익을 얻을 수 있다. 흔히 "왜 우량한 채권을 쉽게 포기하나?"라는 의문을 가질 수 있지만, 은행은 이와 같은 3가지 이유로 3~4개월 연체로도 담보 채권을 신속히 매각한다. 동시에 이렇게 하는 것이 단기적으로 은행 수익에 큰 보탬

---

19 국제결제은행(BIS)의 기준에 따른 각 은행의 자기자본비율로, 은행의 건전성을 점검하는 핵심지표다. BIS에서는 은행들에게 BIS비율 8% 이상을 유지하도록 권고하고 있다. 은행은 이 기준을 준수해야 하는데, 부실채권 비중이 높으면 은행의 자기자본비율이 떨어지게 돼 건전성이 악화되는 것으로 나타난다.

20 은행이 추심의 전면적 주체가 되어 채무자에게 추심장을 보내고 추심활동을 할 경우 고객에 대한 평판이 나빠질 수 있다.

21 유암코는 2014년 2002억 원, 2016년 1541억 원을 배당했는데, 2014년과 2016년에 이뤄진 배당금 3542억 원은 은행이 유암코 설립 시 출자한 4,860억 원 대비 72.9%에 해당하는 금액이다.

이 될 것이라 믿고 있는 듯하다.

　그러나 분명한 것은 은행의 단기적인 수익 극대화 관행으로 인해 다음과 같은 세 가지 문제가 발생한다는 것이다. 첫째, 대출기관의 꼼꼼한 심사 기능 및 부실채권에 대한 상환 예측력 강화를 통한 건강한 신용사회 정착이 어렵다는 것이다. 둘째, 이로 인해 기계적으로 신용을 판단한 은행의 박리다매식 영업이 계속된다. 셋째, 결국 부실채권을 로보사이닝과 별반 다를 것 없이 처리한다는 것이다. 이로 인해 단기적인 자금경색에 빠진 개인은 집을 날리는 건 물론 신용불량자로 전락해 다시 재기하지 못한 채 고통의 나락 속에 빠져 허우적대는 삶을 살아야 한다.

금리는 엿장수 마음대로,
아니 은행 마음대로

| 과점 수익 누리는 은행들

기한이익이 상실되면 앞서 설명한 것처럼 연체이자가 부과된다. 말 그대로 대출할 때 약정한 금리에 추가 이자가 붙는 것이다. 여기까지는 우리 모두 잘 아는 사실이다. 그럼 연체에 따른 가산금리는 어떻게 정해질까? 여기서 은행의 '목표이익률'이라는 개념이 등장하는데, 이를 아는 사람은 그리 많지 않다. 먼저 '가격', 즉 금리가 정해지는 메커니즘에 대해 알아보자.

통상 가격이란 시장에서 공급과 수요에 의해, 다시 말해 '보이지 않는 손'을 통해 형성된다. 은행이라는 기업이 만든 상품이 '대출'이고, 이를 이용하기 위해 소비자가 지불해야 하는 가격이 바로 '금리'다. 자연 금리 또한 공급과 수요의 법칙에 따라 결정되는 게 마땅할 것이다. 하지만 현실에서 은행 금리는 보이지 않는 손에 의해 결정되지 않는다. 보이지 않는 손에 의해 금리가 결정되려면 금융시장이

'완전경쟁시장'이라는 전제가 성립돼야 한다. 그러나 금융산업에서 완전경쟁이라는 것은 존재하지 않는다. 금융업은 누구나 하고 싶다고 해서 마음대로 시작할 수 있는 것이 아니며, 정부의 엄격한 관리 아래 자격조건을 갖춘 소수에게만 허용되는 산업이기 때문이다. 특히 이는 제조업 등 다른 산업과 달리 금융업의 상품 재료가 '타인자본'인 데 기인한다.

가령 우리가 빵을 만든다고 생각해보자. 당장 우유, 밀가루, 설탕 같은 재료가 있어야 빵을 만들 수 있다. 반면 은행 입장에서는 어떤가? 누군가가 맡긴 예금, 누군가가 납입한 보험금, 누군가가 주식에 투자하려고 예치한 예탁금이 대출이라는 상품의 재료가 된다. 그런데 여기서 양자 간에 중요한 차이가 존재한다. 우유, 밀가루, 설탕은 제과점 주인이 빵을 만들기에 앞서 직접 자기 돈으로 구입한 물건이다. 따라서 빵을 만들다가 배합을 잘못하거나 혹은 관리 부실로 재료가 상해 내다버리더라도 큰 문제가 생기지 않는다. 물론 추가 부담은 있겠지만 다시 재료를 구입하면 그만이다. 반면 예금과 보험금, 예탁금은 어떤가? 이건 고객이 금융사를 믿고 잠시 맡긴 것에 불과하다. 은행 소유가 아닐뿐더러 투자 수익에 따라 돈을 잃을 수도 있는 투자업을 제외하고는, 은행이나 보험사는 이를 잘 관리했다가 고객이 원하면 언제든 원금과 함께 이자까지 되돌려줄 의무가 있다. 그런데 만약 은행이나 보험사가 제과점에서와 같이 재료를 잘 관리하지 못해 손실을 초래했다고 한다면 어떻게 될까? 이건 있을 수도 없고 있어서도 안 될 일이다. 자본주의 경제의 기본인 은행이 신뢰를 잃는다는 점에서, 우리 경제가 하루아침에 망할 수도 있는 문제다. 정부가 1인당 예금을 5000만 원까지 보장해주는 것도 이에 따른 것이다. 혹시 있을지 모를 은행의 관리부실이나 잘못으로 인해 고객이 맡긴 돈에 손실이 나더라도 1인당 예금 5000만 원까지를 정부가 보증해줌으로써 은행에 대한 신뢰를 확보하겠다는 것이다.

바로 이런 점에서 정부는 '인가제'를 통해 소수에게만 금융업을 허가하는 것과 함께 엄격한 규제를 통해 금융산업을 관리한다. 이처럼 일정한 요건을 갖춘, 정부로부터 허가를 받은 사람만이 은행업에 진출할 수 있기 때문에 시장에는 자연 높은 '진입장벽'이 형성돼 있다. 한마디로 아무나 은행업에 뛰어들 수 없다는 것이다. 이에 따라 현재 은행업을 영위하고 있는 곳은 모두 다 '과점(寡占)이익'을 누리고 있다. 경쟁할 상대가 많지 않기 때문에 굳이 금리를 더 낮추면서까지 치열하게 영업할 필요를 느끼지 못하는 것이다.

한편 이런 가운데 은행에서 돈을 대출하려는 고객들은 어떤가? 돈을 대출하는 은행보다 이자를 내고라도 대출을 받으려는 고객이 더 많은 게 대출시장의 현실이다. 한번 생각해보자. 다른 것은 차치하고라도 전국에 총 가구수가 2200만호 정도인데, 이 가운데 은행 대출이 전혀 없는 주택이 얼마나 될까? 그 결과 다른 산업과 달리 금융업, 특히 은행업에서는 '대출'이라는 물건을 파는 은행과 이를 소비하는 고객 간의 관계가 불평등한 현상이 발생한다. 일반적으로 물건을 사는 소비자가 왕이지만, 대출과 관련해서만은 물건을 파는 은행이 '갑'이고 오히려 소비자인 고객이 '을'이 된다. 더욱이 소비자들은 몇 개 되지 않는 시중 은행 중 하나를 자신이 주로 거래할 은행으로 선택해야 해 애초부터 선택에 제한이 뒤따른다. 바로 이런 점에서 은행업은 진정한 의미의 수요와 공급의 법칙이 적용되지 않는 특별한 시장이라는 의미를 갖고 있다.

은행이 갖고 있는 이 같은 특성은, 자연 소비자가 지불하는 금리라는 가격을 은행 마음대로 정하는 결과를 초래한다. 수요와 공급의 법칙이 적용되지 않는 가운데 정부 보호 아래 과점수익을 누린다면, 은행 스스로 가격을 정하는 주체가 되는 건 당연한 결과이기 때문이다. 물론 정부가 지속적으로 금리를 모니터링 하는 것과 함께 은행 또한 대출 금리를 공시한다. 은행 내부적으로는 가산금리심사위원회라는 것을 두어 금리를 조절할 때 합리적인 기준에 따라 심사하도록 규정하고 있다. 하지만 이 같은 제도적 장치에도 불구하고 과점시장이라는 특성상 결국 가격, 즉 금리는 은행에 의해 결정된다.

| 은행이 숨기는 목표이익률의 진실

한편 앞서 잠시 언급했듯 은행은 대출 평균금리 등 대표적인 가격에 대해서는 인터넷 홈페이지에 공시한다. 하지만 은행도 이익을 내야 하는 사기업이다 보니 영업비밀상 절대 공개하지 않는 수치가 있는데, 이게 바로 '목표이익률'이다. 목표이익률은 이름마저 생소할 정도로 잘 알려져 있지 않다. 목표이익률이란 은행이 대출 상품을 통해 얼마만큼의 이익을 낼 것인지 자체적으로 정해둔 수치다. 쉽게 설명하면 가격에 따른 '마진'개념이라 할 수 있다. 가령 A은행이 주택담보대출 금리로 3%를 공시했다고 가정해보자. 하지만 이건 대외적으로 알려진 수치일 뿐, A은행이 이 3% 가운데 원가를 제하고 실제로 취하는 마진이 얼마인지는 공개되지 않을 뿐 아니라 일반인들은 알 수도 없다. 은행은 영업비밀이라는 이유로, 그동안 마진과 관련해서는 금융당국에게조차 보고하지 않았다.

목표이익률은 업무원가, 법적 비용, 위험프리미엄, 가감조정금리 등과 함께 은행의 가산금리를 구성하는 주요 요소로, 목표이익률을 높이면 가산금리[22]도 덩달아 오른다. 시중 은행 가운데 목표이익률이 가장 가파르게 상승한 하나은행을 예로 들어 목표이익률을 분석해보자. 하나은행의 경우 가계 일반신용대출 목표이익률은 2013년 12월 1.25%, 2015년 12월 2.25%, 2016년 말에는 2.73%로 뛰어올라 2017년 말에도 같은 비율을 유지했다. 가계 신용한도대출[23]의 목표이익률 또한 같은 기간 1.25%에서 2.73%로 인상됐다. 이 기간 동안 실제로 하나은행의 가산금리는 2013년 말 2.76%에서 2017년에는 3.04%까지 올랐다. 한편 2016년 하나은행의 총자산순이익률(ROA, 기업의 총 자산에서 당기순이익을 얼마나 올렸는지 보여주는 지표)은 0.43%였다. 이는 하나은행이 가진 자산 100원 당 0.43원의 이익을 창출했다는 의미다. 그런데 2016년 가계 일반신용대출과 신용한도대출의 목표이익률이 2.73%라는 것은 대출을 통해 100원당 2.73원의 마진을 남겼다는 말이 된다. 이는 결국 하나은행이 목표이익률을 급격히 높

---

22 기준금리에 신용도 등의 조건에 따라 덧붙이는 금리를 가산금리(스프레드: spread)라고 한다. 즉, 대출 등의 금리를 정할 때 기준금리에 덧붙이는 위험가중 금리를 말한다. 따라서 신용도가 높아 위험이 적으면 가산금리가 낮아지고, 반대로 신용도가 낮아 위험이 많으면 가산금리가 높아진다.

23 마이너스통장 등 마이너스대출을 의미한다.

임으로써, 2016년 경우 은행이 가진 전체 자산에서 낼 수 있는 평균 이익보다 6배(2.73÷0.43)나 더 많은 이익을 가계대출을 통해 얻었다는 것을 의미한다.[24]

[표17]에 나타나듯, 하나은행을 포함한 시중 5대 은행은 2014년부터 2020년까지 지속적으로 목표이익률을 높여왔다. 2014년 주택담보대출의 목표이익률은 1.042%에서 2020년 1.336%로 올랐다. 신용한도대출의 경우 2014년 1.565%에서 2020년 1.714%로, 일반신용대출은 1.464%에서 1.668%로, 적게는 0.2%에서 많게는 0.3%까지 목표이익률이 올랐다.

그러나 이는 어디까지나 가계대출과 관련한 5대 은행 목표이익률의 평균을 의미할 뿐이다. 은행별로 목표이익률 변동 추이를 살펴보면, 은행에 따라 차이가 크다는 것을 알 수 있다.

표 17. **2014~2020년 5대 은행 가계대출 목표이익률 평균 추이**

(단위: %)

구 분	2014년	2015년	2016년	2017년	2018년	2019년	2020년
주택담보대출	1.042	1.304	1.372	1.396	1.422	1.46	1.336
신용한도대출 (마이너스통장)	1.565	1.596	1.688	1.76	1.75	1.702	1.714
일반신용대출	1.464	1.586	1.698	1.724	1.732	1.678	1.688

(출처: 금융감독원)

....

24 「연합뉴스」, 2017. 12. 17.

대표적으로 2015년부터 목표이익률을 2% 이상으로 설정한 하나은행은 줄곧 1%대를 유지한 나머지 시중 은행에 비해 많게는 1%나 더 높은 마진을 챙겼다. 하나은행이 고객에게 빌려주는 100원과 국민은행이 빌려주는 100원이 갖고 있는 본질적인 가치 사이에는 어떤 차이도 존재하지 않는다. 공산품이라면 가격이 같더라도 질적인 측면에서 큰 차이를 보일 수 있다. 하지만 금융상품에서 100원이 갖는 가치는 똑같다. 유독 하나은행에서 빌린 100원만이 시장에서 101원의 효용가치를 갖는 것도 아니다. 그런데도 은행 간 마진율이 다르다면, 소비자들은 당연히 마진율이 낮은 은행을 이용해야 한다. 하지만 문제는 첫째, 은행이 목표이익률을 감추고 있기 때문에 소비자는 이에 대해 알 수 없고 둘째, 그렇기 때문에 자연 은행 선택에 많은 제약이 뒤따른다는 것이다. 더 큰 문제는 이로 인한 피해는 고스란히 소비자에게 돌아간다는 것이다.

| "기업고객 싸게 모십니다, 개인 고객 웃돈 내세요"

소비자들이 알지 못하는 상황에서 은행이 목표이익률을 계속 높여 더 많은 마진을 취하는 것도 문제지만, 5대 은행이 공통적으로 가계와 기업대출을 차별적으로 대하는 건 더 큰 문제다. 기업 대출과 비교해 보면 은행이 가계대출에 대해 얼마나 높은 목표이익률을 설정했는지 알 수 있다. 2020년 중소기업 대출에 대한 5대 은행의 평균 목표이익률을 살펴보면, 담보대출 1.314%, 신용한도대출

1.35%, 일반신용대출 1.372%였다. 2014년에 비해 0.2~0.4% 가량 올린 수치이긴 하지만, 가계대출에 비하면 0.3% 가량 낮다.

표 18. **2014~2020년 5대 은행 가계대출 목표이익률 평균 추이**

(단위: %)

구 분	2014년	2015년	2016년	2017년	2018년	2019년	2020년
물적담보대출	0.9725	0.97	1.258	1.304	1.408	1.44	1.314
신용한도대출 (마이너스통장)	1.76	1.3325	1.542	1.548	1.546	1.62	1.35
일반신용대출	1.155	1.155	1.436	1.492	1.53	1.566	1.372

(출처: 금융감독원)

이를 개별 은행별로 좀 더 자세히 분석해보면, 국민은행은 2013년 대비 2017년 9월 가계 주택담보대출 목표이익률을 2배(0.72 → 1.4)나 올리는 동안 기업의 보증서 담보대출과 관련한 목표이익률을 0.9에서 0.79로 오히려 내렸다. 가계대출에서 가장 높은 목표이익률을 보였던 하나은행도 2013년 대비 2017년 9월 가계 주택담보대출 목표이익률을 1.25%에서 2.73%까지 올리는 동안 기업의 보증서 담보대출에 대한 목표이익률을 1.25%에서 1.96%로 소폭 올리는 데 그쳤다. 이런 수치들이 방증하듯 2016년 한국은행에 따르면, 가계대출의 평균 금리는 0.32%포인트 증가했지만 기업대출은 고작 0.01%포인트 증가하는 데 그쳤다.[25] 이는 개인의 경우 기업에 비해

25「MBC뉴스데스크」, 2018. 2. 8.

32배나 비싼 이자를 내야 했다는 것을 의미한다.

물론 이 같은 현상이 개인에 비해 기업의 대출 규모가 크다보니 은행의 박리다매(薄利多賣)식 영업에 따른 결과일 수 있다. 은행의 영업전략이 기업에게는 낮은 목표이익률을, 반대로 개인에게는 높은 목표이익률을 적용하도록 만들었을 수 있다는 것이다. 하지만 분명한 것은, 그동안 은행이 저금리 기조 아래서 가계를 상대로 땅 짚고 헤엄치기식 이자 장사를 했다는 것이다. 특히 이는 코로나로 모두 다 어려움을 겪고 있는 와중에 은행이 사상 최대 실적을 올리는 결과를 낳았다.

가산금리 결정 요소 중 하나인 목표이익률은, 은행 입장에서 볼 때 더 많은 수익을 올릴 수 있는 숨은 비밀병기 같은 것이다. 그러다보니 지금껏 고객들은 대출 금리의 구성 요소와 그 방향성에 대해 알 수 없었다. 그러나 은행의 비공개와 자의적 결정에 대한 비판이 계속되자, 은행연합회는 2017년 5월 시중은행이 가산금리를 올리려면 내부 심사위원회의 심사를 거치도록 모범규준(이는 법도 시행령도 아니지만 협회가 일정한 내용을 은행에게 권고하는 것)을 신설했다. 모범규준에 따르면, 가산금리 심사위원회는 은행의 경영목표 등을 고려해 목표이익률을 '체계적이고 합리적으로' 책정해야 하며, 동시에 은행 이사회는 나름의 일정한 기준을 갖고 이를 심사해야 한다.

좋은 제도가 있다고 해서 모든 문제가 해결되는 것은 아니다. 아무리 좋은 제도라고 해도 운영자가 실천하지 않으면 결국 '빛 좋은 개살구'에 지나지 않는다. [표19]에서처럼 은행연합회의 모범규준 신설에도 불구하고 2017년까지 은행연합회의 대출금리모범규준에

표 19. 가산금리 심사위원회 개최 현황

구 분	2017년 9월
제일은행	1회
씨티은행	8회
하나은행	2회
전북은행	1회
NH은행	2회
카카오뱅크	2회

따라 신설된 내부 심사위원회가 열린 은행은 국내은행 19곳 중 단 6곳에 불과했다. 나머지는 심사위원회 자체가 열리지 않았다.

「은행법」에 따르면, 은행은 고객을 불합리한 이유로 차별할 수 없도록 규정하고 있다. 그런데 은행이 기업과 가계를 상대로 목표이익률을 차등 적용하는 것을 보면, 현실과 규정이 따로 놀고 있다는 것을 알 수 있다. 더욱이 기업이 가계보다 1건당 평균 대출액이 많기 때문에 낮은 금리를 적용한다는 설명은, 기업이나 개인 채무자 모두를 상환능력에 기초해 심사하는 것이 아니라 단순히 대출 규모가 크다는 것 때문에 금리를 주먹구구식으로 적용했다는 것을 자인하는 것에 지나지 않는다.

개인의 신용도와 상환능력에 따라 금리를 차등 적용하는 게, 이자와 관련해 우리가 알고 있는 상식이다. 그렇다면 기업이나 개인이냐를 따지기에 앞서 은행은 각각의 신용도와 상환능력에 따라 금리를 차등 적용해야 한다. 개인을 상대로 계속해서 기업보다 높은 금리를 적용하는 건, 개인이 은행의 수익을 올려주는 '봉'에 지나지 않는다는 것을 의미할 뿐이다. 금리를 0.25%만 올려도 당장 전체 가계가 부담해야 하는 이자는 2조 원 이상 늘어난다. 은행이 주먹구구식으로 가계에 부과하는 금리는 그만큼 큰 부담이 된다. 은행이 마음대로 금리를 조절하는 동안 가계의 경제사정은 그에 맞춰 휘청거렸다. 그런데도 은행은 꾸준히 가산금리를 올려왔다. 특히 은행이 자의적으로 설정한 마진의 목표치를 높이는 방법으로 계속해서 수익을 추구했다. 기준금리가 높아지면 예금금리는 변하지 않지만 대출금리는 덩달아 상승한다. 은행 수익은 절로 늘어난다. 우리나라 은행이 가계를 상대로 '땅 짚고 헤엄치기식 이자 장사'를 한다고 비판받는 이유도 바로 여기에 있다.

| 고객이 몰랐으면 하는 제도, '금리인하요구권'

국정감사나 상임위원회에서 의원들이 "금융사의 약탈적 금리와 상환구조로부터 금융소비자 보호가 필요하다"고 문제를 제기하면, 금융당국이 항상 앵무새처럼 답하는 것이 있다. "금리인하요구권을 이용하세요"라는 게 그것이다. 그럼 정말 채무자들이 어려울 때 금리인하요구권을 잘 사용하면 헤어 나오기 어려운 빚의 굴레에서 벗어날 수 있는 걸까?

금리인하요구권은 채무자가 은행을 상대로 자신의 소득수준이나 신용등급 상승, 담보제공 등 신용조건이 바뀌었을 때 이자를 낮춰달라고 요구할 수 있는 제도다. 신청방법은 은행에 직접 가거나 온라인을 통해 할 수 있는데, 신용등급 상승, 취업, 승진 등 본인이 금리인하를 요구할 수 있는 요건에 해당될 때 이에 대해 서류로 은행에 증명해야 한다. 개인이나 기업이 금리인하를 신청하면, 금융회사는 내부 심사기준에 따라 심사하고, 보통 영업일 기준 5~10일 내에 결과를 통보해야 한다.

금리인하요구권은 도입된 지 20년이 넘는 제도임에도 불구하고 일반인의 인지도는 여전히 낮은 수준이다. 2013년 소비자원 설문조사에 따르면, 고객의 67.4%는 은행이 아닌 언론을 통해 금리인하요구권을 알게 됐고, 61.5%의 고객은 금리인하요구권제도가 있는지조차 몰랐다고 한다.

낮은 인지도에 걸맞게 실적도 저조하다. 2019년 기준으로 단순추산해보면, 2019년 한 해 동안 금리인하요구로 인하된 이자는 4천억 원대다. 2019년 상반기 기준 6대 시중은행만 보면 이자수익이 약 20조 원[26]이다. 만약 이를 연간 수익으로 확대해 40조 원이라고 단순가정해도 총 이자수익 가운데 금리인하요구권으로 인하된 이자는 채 2%도 되지 않는다. [표20]에서처럼 실제로 전체 대출액 중에서 금리인하요구권이 수용된 대출액의 비중은 2016년 3.66%에서 2020년 1.73%로 오히려 떨어졌다.

---

26 「이코리아」, 2019. 8. 12.

표 20. 전체 대출액 중 금리인하요구권이 적용된 대출액의 비중

(단위: 백만원)

구 분	2016년	2017년	2018년	2019년	2020년
전체 대출액(A)	14,262,125	15,068,906	15,965,193	16,961,921	18,942,400
금리인하요구권이 승인된 대출액(B)	521,685	430,247	461,741	511,016	328,387
비중(B/A)	3.66%	2.86%	2.89%	3.01%	1.73%

(출처: 금융감독원)

금융당국의 앵무새 답변에도 불구하고 금리인하요구권으로 인한 인하 실적이 저조한 이유는, 크게 3가지로 구분된다. 첫째, 금융사 입장에서는 금리인하요구권을 고객이 몰랐으면 하는 제도라는 데 있다. 앞서 잠시 설명한 것처럼 2019년 한 해 동안 금리인하 요구로 인하된 이자는 4천억 원 정도다. 그런데 만약 고객이 금리인하요구권에 대해 알지 못해 인하를 주장하지 않는다면, 은행은 그만큼 더 이익을 봤을 것이다. 그러니 자연 은행은 금리인하요구권이 어떤 것이고, 어떻게 하면 되는 것인지를 홍보하는 데 소홀하기 마련이다. 금리인하요구권이 도입된 지 10년이 지나서도 홍보 부족으로 제도 자체를 모르는 소비자가 많자 마침내 금융당국이 나섰다. 금융감독원이 2012년 7월 금리인하요구권 활성화 방안을 내놓았지만 공적은행(산업은행. 기업은행 등)만 적극적일 뿐 그 외 일반 시중은행에는 별 효과가 없었다.

실제로 각 은행별 금리인하요구권에 대한 홍보방법을 보면, 가장 많은 접수건수를 보인 우리은행은 안내포스터, 홈페이지, 이메일, 공문 등 다양한 방법으로 적극적으로 홍보하고 있었다. 하지만 다른

시중은행들은 안내책자에 표시하는 등 소비자들이 적극적으로 찾지 않으면 금리인하요구권에 대해 알 수 없었다.

은행 간 홍보실적에 따라 접수 건수는 큰 차이를 보였다. 금리인하요구권 홍보 건수가 높은 은행일수록 금리인하요구권 접수 건수도 많았다. 2013년부터 2016년 7월까지 국내 18개 은행에 접수된 금리인하요구권은 45만 건, 절감한 이자는 1조8760억 원으로 이 가운데 금리인하요구권이 가장 많이 접수된 은행은 12만7396건을 기록한 우리은행이었다. 이어 △기업은행 12만6165건 △신한은행 3만8836건 △옛 하나은행 3만7101건 △KB국민은행 3만6431건 △NH농협은행 2만8461건 △옛 외환은행 1만9362건 △씨티은행 1만2975건 순이었다.[27]

우리은행과 기업은행을 제외하고는 나머지 은행의 접수 건수는 확연히 낮았는데, 공적은행으로서 국정감사 등 지속적으로 국회의 감시를 받는 기업은행과 가장 적극적인 금리인하요구권 홍보방법을 썼던 우리은행의 실적이 확연히 높았다. 은행들의 의지에 따라 금리인하요구권 접수 건수가 크게 차이난다는 것을 알 수 있다.

둘째, 신청방법이 까다롭다는 것이다. 금리인하요구권이 금융당국의 주장과 달리 '빛 좋은 개살구'가 된 것도 바로 이에 따른 결과다. 2020년 10월까지 금리인하 요구는 대면을 통해서만 신청할 수 있었다. 이에 따라 창구에서 직원의 심사로 이미 한 차례 걸러지는, 다

27 「디지털타임스」, 2016. 9. 28.

시 말해 고객에게는 재차 대출을 받기 위한 심사처럼 곤혹스런 상황으로 받아들여졌다. 승진, 연봉 인상, 전문자격증 취득 등으로 신용등급이 좋아진 차주는 관련 증빙자료를 갖고 영업점을 방문해야 금리인하를 요구할 수 있다. 하지만 이마저도 은행 직원이 창구에서 임의로 판단해 접수여부를 결정하고 있어 반려되는 경우도 많다고 한다.[28]

셋째, 전체 대출액의 4분의 1 이상이 금리인하 요구 자체가 불가능하게 설계된 상품이라는 점도 문제다. 2020년 기준 22개 국내은행의 대출 잔액 1894조2400억 원 가운데, 금리인하 요구가 수용된 대출 규모는 1.7%인 32조8387억 원이다. 반면 금리인하요구권 신청 대상이 아닌 대출은 1894조2400억 원의 26.8%인 508억8,727억 원으로 집계됐다. 금리인하요구권을 신청할 수 없는 상품은 주로 햇살론 같이 정책자금 대출이나 예·적금 담보대출 등 대출금리가 정해진 고정금리 상품이다. 이 밖에도 지방자치단체나 기관 협약 상품, 아파트 집단대출 등으로 개인의 신용상태가 금리산정에 크게 영향을 주지 않는 대출도 이에 해당한다.

....

28 국회의 지속적인 지적으로, 금리인하요구권은 2019년 6월 법제화 됐고, 2020년 11월부터는 은행 영업점 방문 없이 모바일, 인터넷 뱅킹 등 비대면 방식으로 신청할 수 있다.

2장

자신을 '서민금융'이라
주장하는 대부업체

대부업체가 자생하기 좋은 최적의 환경,
대한민국

| 대한민국 대부업체의 현주소

제1장에서 우리나라 금융산업은 제1금융권과 제2금융권으로 구분되는 것을 알 수 있었다. 카드사와 캐피탈사(이 둘을 통칭해 여신전문금융업이라고 한다), 보험사, 저축은행, 신용정보업 등이 제2금융권에 포함되는 것을 확인했다.[29]

제1금융권과 제2금융권을 가르는 가장 큰 차이는 '대출 금리'다. 금융기관 전체를 통틀어 제1금융권인 은행의 대출 금리가 가장 낮다. 따라서 주로 신용도가 우량한 사람이 이용대상으로 꼽힌다. 제2금융권은 1금융권보다 평균 대출 금리가 상대적으로 높다. 2금융권

---

29 제1금융권과 제2금융권이라는 표현은 공식 용어가 아닌 언론에서 편의상 구분하여 부르던 것이 정착된 명칭이다. 「은행법」이 적용되는 대상이 제1금융권이고, 제2금융권이란 「여신금융업법」, 「보험업법」 등의 적용 대상을 의미한다. 다만 제3금융권은 정식 용어조차 아니다. 제도 금융이 아닌 사금융의 편의상 용어다.

안에서는 카드, 보험, 캐피탈, 저축은행 순으로 뒤로 갈수록 평균 금리가 점점 높아진다. 제도 금융권은 주로 고객의 신용도에 따라 이자율을 달리 부과한다. 제2금융권의 대출 금리 또한 신용도가 높은 고객에게는 10%이내의 이자율이 부과된다. 마지막으로 대부업체[30]는 고객의 신용도와 관계없이 법정최고금리에 가까운 이자율을 부과한다.

우리나라에 대부업체는 몇 개나 될까? 자신이 알고 있는 대부업체를 나열해보라고 하면 10개 이상 답하는 사람은 거의 없다. 특히 산와머니나 리드코프처럼 광고에 많이 노출된 일부 업체만 주로 거론할 것이다. 그런데 일반인의 생각과 달리 우리나라 대부업체 수는 2021년 6월 말 기준으로 8,650개에 달한다.[31] 대부업체에 대한 규제가 해마다 강화되면서 1만 개가 넘던 것이 2013년 처음으로 1만 개 아래로 떨어졌고, 영세업체를 중심으로 점점 숫자가 줄어들었다. 계속 감소하던 대부업체 수는 2017년 8,084개까지 줄어든 이후 다시 매년 소폭 증가하는 추세를 보이고 있다.

대부업체가 이렇게 많은데 왜 우리는 한두 개 정도의 대부업체만

---

30 「대부업법」의 규율범위는 대부업자와 여신금융기관이다. 다만 대부업체는 법률상 여신금융기관이 아닌 대부업자, 대부 중개업자, 매입추심업체를 가리킨다. 2002년 사채업 양성화를 위해 만든 대부업은 등록이라는 간단한 절차만으로 합법적인 고리의 여신 금융업을 할 수 있다. 반면 여신금융기관은 「여신금융업법」 등에 따라 인가와 허가 등을 받아야 해 대부업보다 영업장벽이 훨씬 높다는 차이가 있다.

31 대부업체 수는 금융당국(금융위원회, 금융감독원)과 행정안전부가 발표하는 「대부업체 실태조사 결과」를 보면 확인할 수 있다. 금융사들은 금융당국에 매월 업무보고를 한다. 그러나 대부업체는 워낙 그 수가 많고 규모가 영세해 월별 업무보고를 제출하지 않는 대신 정부가 1년에 2차례 전수조사를 통해 대부업체 전반의 실태를 파악하고 그 결과를 국민에게 공개한다. 금융감독원 홈페이지에서 실태조사 결과를 확인할 수 있다.

익숙한 걸까? 8천 개가 넘는 대부업체 대부분이 가정집 같은 사무실에서 1인이 경영하는 소규모 업체이기 때문이다. 개인이 운영하는 대부업체는 거의 사채나 다름없는 수준이다. 회사라고 할 법한 규모의 법인 형태를 갖춘 곳은 고작 상위 20개사 정도다. [표21]과 [표22]에서 보다시피, 2021년 6월 말 기준 개인 대부업자는 5,944명이고 법인은 2,706개인데, 이 가운데 자산 100억 원 이상 대형업체는 258곳에 불과하다.

표 21. 대부업체 등록업태별 등록 현황

(단위: 개)

구 분	2017년말	2018년말	2019년말	2020년말	2021년말
대부업	5,548	5,597	5,652	5,651	5,620
(채권매입추심업)	(994)	(1,101)	(984)	(778)	(823)
대부중개업	1,157	1,171	1,126	1,199	1,233
대부 및 중개겸업	1,344	1,331	1,337	1,481	1,776
P2P연계대부업	35	211	239	170	21
합 계	8,084	8,310	8,354	8,501	8,650

(출처: 2021년 하반기 대부업체 실태조사)

표 22. 대부업체 형태별·자산규모별 등록 현황

(단위: 개)

구 분	2017년말	2018년말	2019년말	2020년말	2021년말
법 인	2,593	2,785	2,735	2,661	2,706
(자산 100억 원 이상)	(218)	(247)	(266)	(266)	(258)
(자산 100억 원 미만)	(2,375)	(2,538)	(2,469)	(2,395)	(2,448)
개 인	5,491	5,525	5,619	5,840	5,944
합 계	8,084	8,310	8,354	8,501	8,650

(출처: 2021년 하반기 대부업체 실태조사)

사회취약계층이 주 타깃인
대부업체 고객층

| 공산품과는 정반대의 메커니즘을 갖고 있는 금융시장

2021년 4월부터 대부업체가 취급하는 대출상품 금리는 최대 20%다. 2021년만 하더라도 은행 최저금리가 1~2%라는 걸 감안하면, 은행에 비해 최소 10배에서 20배까지 비싸다. 돈을 빌려야 하는 입장에서는 실로 무시할 수 없는 차이다. 이 경우 비용이 적게 드는 상품(금리가 싼 대출)을 이용하고픈 건 누구나 다 똑같은 심정일 것이다. 특히 대출은 그 성격상 돈이 부족한 데 따라 타인에게 빌리는 걸 의미한다는 점에서, 소비자는 금리가 낮은 걸 선호하기 마련이다. 그런데 금융시장은 이 같은 심리와 달리 정반대로 움직이는 '특징'을 갖고 있다.

예를 하나 들어보자. 가령 현재 내 수중에 돈이 별로 없는데 당장 가방을 하나 사야한다면, 5만 원 짜리와 100만 원 짜리 중 어느 것을 사겠는가? 당연히 5만 원 짜리 가방을 살 것이다. 굳이 거창하게 경제학 이론을 들먹이지 않더라도 돈이 없는 데 따른 자연스런 결과다. 그런데 가방이라는 '공산품'을 사는 것과 달리 대출이라는 '금융 상품'을 구입(이용)하는 데는 정반대의 논리가 작동한다. 다시 말해 내 수중에 돈이 없으면, 공산품의 경우 싼 걸 사면 된다. 반면 금융상 품의 경우 내 수중에 돈이 없으면 없을수록 더 비싼 상품, 즉 고금리 대출을 이용해야 할 가능성이 높아진다.

가방 시장에서 명품브랜드가 대상으로 하는 소비자는 고소득층일 확률이 높다. 반면 비교적 가격이 저렴한 가방의 주 고객층은 상대 적으로 소득이 많지 않은 사람일 것이다. 따라서 공산품 소비시장의 경우, 소득이 많은 사람은 가격이 비싼 가방을 구매하는 데 반해 저소득층은 비교적 저렴한 가방을 구입하는 게 일반적인 현상이다. 특히 여기서 중요한 것은 5만 원 짜리와 100만 원 짜리 가방 사이에는 엄연히 '품질'이라는 중요한 차이가 존재한다는 것이다. 전자에 비해 후자의 제품은 누구나 갖고 싶어 하는 유명브랜드라는 차이점 말고도, 디자인이 더 좋거나 색상이 더 화려하거나 혹은 더 오래 쓸 수 있도록 튼튼하다는 것 등 양자 간에는 분명한 차이가 존재한다. 사람들이 5만 원짜리 가방 대신 그 20배의 돈을 주고라도 굳이 100만 원짜리를 구입하는 데는, 바로 이 같은 차이에 따른 것이다. 그래서 기능적으로 똑같은 가방에도 불구하고 100만 원짜리 제품을 산다는 건, 다른 말로 하면 '제품의 차이'를 구매하는 것이라고 할 수 있다. 그런데 금융시장에서는 이 같은 작동원리가 통용되지 않는다. 공산품 과는 정반대의 메커니즘이 작동하고 있기 때문이다.

금융시장에서는 특정 금액을 빌리기 위해 지불해야 할 비용(이자) 이 높을수록, 즉 더 비싼 상품일수록 주 고객층은 저소득 계층이다.

저소득 계층은 고소득층보다 수입이 적다보니 자연 돈이 부족해 남에게 빌리지 않을 수 없는데, 문제는 똑같은 금융상품임에도 불구하고 고소득층에 비해 더 많은 비용을 지불해야 한다는 것이다. 특히 문제가 되는 건 공산품과 달리 저소득층이건 고소득층이건 '같은 크기의 금액이 갖고 있는 가치'에는 어떤 차이도 존재하지 않는다는 것이다. 가령 고소득층이 빌리는 100만 원과 저소득층이 빌리는 100만 원은 '똑같은 시장가치'를 갖고 있다. 고소득층이 빌린 100만 원이라고 해서 시장에서 110만 원 또는 120만 원의 효용가치를 발휘하는 않는다. 반대로 저소득층이 빌린 100만 원이라고 해서 90만 원이나 80만 원어치의 물품밖에 살 수 없는 것도 아니다. 따라서 빌린 주체가 누구이든 100만 원이라는 돈이 갖는 경제적 가치는 똑같다.

그런데 금융시장에서는 이처럼 똑같은 상품을 빌리는데도 고소득층과 저소득층은 서로 다른 금액을 지불해야 하는 문제가 발생한다. 혹자는 이를 두고 '불공정'의 문제를 제기하기도 하는데, 이는 양자 간에 존재하는 '신용'의 차이에서 비롯된다. 고소득층은 경제적인 여유로 인해 꼭 필요한 경우에 한해 돈을 빌린 뒤 상환 날짜를 어기지 않는 건 물론 평소 각종 세금과 공과금도 기한을 준수해 납부하기 때문에 대출 금리를 결정하는 '신용'이 높다. 반면 저소득층은 평소 돈이 부족한 데 따라 대출 상환 날짜를 준수하지 못하는 것과 함께 각종 세금과 공과금 연체를 되풀이하면서 저신용자로 추락하는 데 따라, 결국 금리가 비싼 걸 알지만 그나마 자신을 받아주는 대부업체를 이용하지 않을 수 없는 것이다.

| 대부업체 고객은 어떤 사람들일까?

그럼 여기서 대부업체를 이용하는 사람들의 특성을 좀 더 자세히 살펴보자. 첫째, 신용등급[32]을 살펴보면, 대부업체 이용자의 절반은 7등급 이하 저신용자[33]다. 2020년 말 기준으로 상위 20개 대부업체가 7등급 이하 고객에게 대출해준 금액은 전체 대출에서 금액기준으로 55.1%, 건수 기준으로 59.4%를 차지했다.[34] [표 23]에서 알

표 23. 2010년 말과 2020년 말 대부업체 상위 20개사
신용등급별 대출 현황

구 분	2010년 말		2020년 말	
	금 액	(비중)	금 액	(비중)
1~4등급	965억	14.4%	2,671억	5.5%
5~6등급	2030억	30.4%	1조 7,439	36.0%
7~10등급	3309억	49.5%	2조 6,583억	55.1%
기타(등급없음)	370억	5.5%	1,578억	3.2%
합 계	6676억	100.0%	4조 8,232억	100.0%

* 2010년 수치는 자료를 보관하고 있지 않은 대부업체가 많아 밀리언캐쉬, 바로크레디트, 스타크레디트, 에이원대부, 유아이크레디트, 태강대부, 애니원캐피탈대부 7곳의 자료를 합산한 것이다. 따라서 상위 20개 업체 전체의 비중이라 보기는 어렵지만 추세는 짐작할 수 있다.
* 2020년 말 기준은 대부업체 상위 20곳 대상
　(출처: 금융감독원)

....

32 신용등급은 개인신용평가회사에서 각 개인의 신용도를 평가한 등급을 말한다. 이에 따르면 신용등급은 1부터 10등급까지로 구분되는데, 이는 2021년 1월부터 폐지됐다. 현재는 등급 대신 '신용평점'을 사용하고 있다. 하지만 여기서는 편의상 '신용등급'을 기준으로 서술하고자 한다.

33 위키피디에 따르면, 통상 1~3등급을 고신용자라고 하며 전체 대출자 중 54%를 차지한다. 4~6등급을 중신용자라고 하는데, 31%를 차지한다. 저신용자는 7~10등급을 가리키는데, 14% 정도 된다.

34 2020년 말 기준 상위 20개 대부업체의 대부액은 전체 대부업체 시장에서 90% 이상을 차지하고 있어, 이것만으로도 전체적인 대부업체 시장을 판단하는 데 부족함이 없다.

수 있듯, 대부업체 고객의 평균 신용등급은 시간이 지날수록 낮아지고 있다. 2010년 대출금액 기준으로 14.3%였던 4등급 이상 대출액 비중은 2020년 말 5.5%로 대폭 줄었다. 반면 2020년 기준으로 5~6등급은 30.4%에서 36.0%, 7등급 이하는 49.5%에서 55.1%로, 2010년보다 각각 5.6%포인트 더 늘었다.

이처럼 2020년 현재 금액 기준 대부업체 대출자의 55%가 7등급 이하 저신용자다. 10년 전에 비해 고신용자라 할 수 있는 4등급 이상은 대폭 줄고 반대로 7등급 이하 저신용자의 비율이 더 늘어난 데는 여러 가지 이유가 있을 것이다. 추측컨대 우선 신용상 은행 대출에 문제가 없음에도 불구하고, 은행의 대출 한도를 모두 채웠거나 혹은 은행에 비해 간단한 서류와 신속한 대출 때문에 2010년 당시 4등급 이상임에도 불구하고 대부업체를 이용했을 것으로 생각된다. 이에 비해 2020년에 가까워질수록 저신용자 비중이 더 늘어난 것은, 실업이나 미취업 혹은 주거(住居) 불안정 등의 경제적 어려움을 겪는 사람이 매년 크게 늘어나면서 결국 대부업체를 통해 당장의 어려움을 해결하려 한 결과로 추측된다. 특히 2010년 말 기준 4등급 이상의 대출금액은 965억 원에서 2020년 2671억 원으로 2.7배 증가한 것에 비해 5~6등급의 대출금액은 2030억 원에서 1조7439억 원으로 8.5배, 7등급 이하 저신용자의 대출금액은 3309억에서 2조6583억 원으로 8배 증가했다. 이는 곧 2010년과 2020년이라는 시차를 기준으로 할 때, 10년 동안 중신용자와 저신용자의 대부업체 이용이 1~4등급에 비해 8배 이상 큰 폭으로 늘었다는 것을 보여주고 있다. 이를 통해 우리는 시간이 흐를수록 중신용자와 저신용자의 삶이 경제적으로 점점 더 어려워지고 있다는 것을 알 수 있다.

중신용자 및 저신용자의 대부업체 이용 비율이 10년 사이 8배 이상 증가하고 또 저신용자가 2020년 기준 전체 대부업체 대출금에서 55%를 차지하는 이유가 무엇이든, 이들이 고금리 대출을 받을 경우 부실화될 가능성이 높은 건 불을 보듯 뻔한 일이다. 고신용자에게도 큰 부담으로 작용할 20%가 넘는 연 이자를 소득이 낮거나 당장 현금흐름이 원활하지 않은 혹은 불량한 신용이력을 갖고 있는 저신용자가 제때에 갚기란 매우 어려운 일일 것이기 때문이다. 대출을 제때 상환하지 못할 경우 채무자들은 당장 추심강도가 센 대부업체의 채권추심에 무방비로 노출될 것이다. 그럴수록 빚에 허덕이며 경제적 회생은 더욱 어려워질 것이기에, 이는 시간이 흐를수록 중요한 사회문제로 등장할 것이다.

표 24. **2020년 말 기준 대부업체 상위 20개
차주 직업별, 용도별 대출 현황**

(단위: 백만 원)

구 분	대출목적					합계	비중(%)
	사업자금	타대출상환	물품구매	생활비	기타		
자영업자	82,064	24,489	1,535	166,738	7,589	282,415	13.9
공무원	1,612	5,985	59	22,864	1,030	31,550	1.6
회사원	41,937	251,876	19,328	1,226,937	66,698	1,606,776	79.2
학생	0	4	2	5	1	12	0.0
주부	1,851	4,127	382	74,810	1,497	82,667	4.1
기타	830	2,564	42	20,105	1,196	24,737	1.2
합 계	128,294	289,045	21,348	1,511,459	78,011	2,028,157	100.0
비 중	6.3	14.3	1.1	74.5	3.8	100.0	

(출처: 금융감독원)

둘째, 이용 고객의 직업을 살펴보자. 대부업체 이용 고객 중 저신용자가 많다고 해서 대부분 무직이라고 생각할 수도 있을 것이다. 그러나 [표 24]에 따르면, 생각과 달리 대부분의 고객은 직업을 갖고 있는 '회사원'이다. 상위 20곳 대부업체가 2020년 연간 신규로 대출해준 고객의 직업을 살펴보면, 현금흐름이 안정적인 회사원이 79.2%로 가장 많다. 그 다음이 자영업자 13.9%, 주부 4.1%, 공무원 1.6% 순이다.

그럼 대부업체 대출자의 10명 중 8명이 회사원이라면, 대출 상환엔 문제가 없는 것일까? 실상은 그렇지 않다는 점에서 문제의 심각성을 지적할 수 있다. 당장 대부업체를 이용한 고객별 직업 통계가 문제다.

한 번이라도 대출을 받아본 사람은 알겠지만, 은행에서 돈을 빌리는 건 매우 엄격한 구조 아래 이뤄진다. 당장 대출을 원하는 사람이 최근 3개월간 자신의 소득을 입증하지 못하면 단 한 푼도 대출받을 수 없다. 반면 대부업체의 대출 심사는 상대적으로 허술(?)하다. 다른 금융기관에서 '대출부적격자'로 취급하는 사람을 고객으로 끌어들여야 하니, 어쩌면 당연한 결과일 수 있다. 통상 대부업체는 소득이 없어 다른 금융기관에서 대출을 받지 못하지만 급전이 필요한 사람을 자신의 영업망 안으로 끌어들인다. 따라서 현장에서는 직장과 소득수준을 임의로 거짓 작성케 한 후 대출을 해주는 사례가 빈번히 발생한다고 한다.[35] 우리가 대부업체 대출자의 10명 중 8명이 회

---

35 언론 보도에 따르면, "대부중개업체가 대출자 직업 등을 허위 기재해 대부업체로부터 대출금을 받아내는 '작업대출' 관행이 만연해 있다. 상환능력이 떨어지는 대출자는 대부중개업체를 통해 직업과 신용을 '세탁'하고, 대부업체는 실적을 위해 대출심사를 건성으로 한 채 돈을 빌려주고 있다. 그야말로 '묻지마 대출'이 횡행하는 것이다."라고 한다. 「국민일보」, 2011. 12. 7. 및 「데일리안」, 2018. 11. 21. 참조.

사원이라는 통계를 믿지 못하는 것과 함께 이들에 의한 대출 상환도 큰 문제가 될 것이라고 추측하는 이유도 바로 여기에 있다.

표 25. 2016~2020년 말 대부업체 상위 20개사의
여성대출 잔액 현황

(단위: 백만 원)

구 분	2016년	2017년	2018년	2019년	2020년
여성대출 잔액	3,069,295	3,517,253	3,464,018	2,891,134	2,249,920
거래자수(명)	823,755	863,560	830,004	694,998	545,324
전체 잔액	7,555,701	8,495,820	8,017,284	6,337,840	4,823,290
여성대출 비중	40.62%	41.40%	43.21%	45.61%	46.65%

(출처: 금융감독원)

셋째, 대부업체 고객 특성 중 또 하나 흥미로운 건 여성 고객이 지속적으로 늘고 있다는 점이다. 저금리 기조 속에 IT로 무장한 핀테크 업체들이 생겨나면서 대출 시장을 장악하려는 금융기관별 경쟁은 갈수록 치열해지고 있다. 그 결과 비싼 고금리를 기반으로 한 대부업체의 영업기반은 점차 축소될 위기에 놓였다. 이에 새로운 영업 활로를 찾기 위해 대부업체가 손을 뻗은 대상이 바로 '여성', 특히 소득이 없는 주부다. 언제부터인지 우리 주변에서는 "여성을 위한 대출"(미즈사랑이 대표적이다), "남편 몰래 대출"이라는 말이 들려오기 시작했다. 이는 모두 여성을 대상으로 한 대부업체의 새로운 영업 전략에 편승한 광고다. 그 덕분이었을까? [표 25]에서처럼 2016년 대부업체 전체 대출에서 여성에게 대출된 금액은 40.6%에 달했고, 그 추세는 계속 이어져 2020년에는 46.7%로 더 늘었다.

혹자는 "인구의 절반이 여성이니 대부업체 고객의 절반이 여성인 게 무슨 문제냐?" 라고 반문할 수 있을 것이다. 물론 여성이 대부업체 대출을 받는 게 문제 될 건 없다. 그러나 평균적으로 여성의 소득수준은 남성에 비해 낮은 편이다.[36] 여성의 고용률 또한 남성보다 낮다. 특히 대부업체가 광고에서 적극 유혹하는 '주부'의 경우, 일정한 소득이 발생하지 않는 건 물론 설혹 취업한다고 해도 경력단절로 인해 주로 저소득 일용직에 종사하는 데 따라 소득이 일정치 않은 경우가 많다. 바로 여기에 문제의 본질이 숨어 있다. 왜냐하면 소득이 낮고 취업도 어려운 여성에 의한 대출이 쉽게 부실화될 위험에 놓여 있다는 건 재론을 요하지 않기 때문이다. 같은 여성이라도 제대로 된 직장에서 고소득을 영위하고 있다면, 제2금융권에서도 이자가 가장 비싼 대부업체를 이용할 리 만무하다.

대부업체인 '미즈사랑'은 여성전문 대출을 표방하고 있다.

---

36 한국은 OECD 국가 가운데 남녀 임금 격차가 가장 심한 나라다. 한국에서 이 격차가 계산되기 시작한 1992년 이래 현재까지 30년간 줄곧 1위다. 한국 남녀 근로자를 2020년 연봉 순으로 줄 세웠을 때 남성 중 정 가운데 있는 사람의 연봉이, 여성 정 가운데 있는 사람의 연봉보다 31.5% 높다. 「조선일보」, 2022. 5. 16.

바로 이런 점에서 여성, 특히 수입이 발생하지 않는 주부를 대상으로 한 대부업체의 대출은, 저금리 대출을 이용하지 못하는 여성이 갖고 있는 단점을 오히려 이윤 창출을 극대화하기 위한 영업전략으로 삼았다는 문제를 내포하고 있다. 하지만 문제는 여기서 그치지 않는다. 이 경우 여성은 폭력 등 가혹한 인권침해에 보다 더 쉽게 노출될 수 있기 때문이다. 채무자에 대한 대부업체의 채권추심은 다른 금융기관에 비해 강도가 더 세다. 다시 말해 남성에 비해 신체적으로 약한 건 물론 이로 인해 대응력도 떨어지다 보니, 여성에게는 폭력적이고 고압적인 추심 방법이 더 효과적으로 작용하는 것이다. 꼭 고압적이거나 폭력을 수반하지 않더라도 광고에서처럼 주부가 '남편 몰래 대출 받았다'고 하면, 그 자체가 위험으로 작용할 수 있다. 채권을 추심당하는 현실이 가족에게 알려질까 봐 전전긍긍하며 더 큰 고통을 겪을 수 있기 때문이다. 특히 고통은 '단기간 고수익 알바'라는 유혹에 빠지거나 '사채'를 임시변통해 결국 더 큰 화를 불렀다는 뉴스의 원인이 되기도 한다.

대부업체는 이처럼 대출을 권할 때는 '여성 친화적'이며 더 이상 존재하지 않을 것 같은 '구세주'(?)처럼 접근하지만, 일단 채권자가 되면 상황은 완전히 달라진다. 대부업체가 취약계층인 여성을 주요 고객으로 삼아 영업하는 진짜 이유다.

| 생활비가 없어서 빌린다, 대부업체 고객의 현실

절반은 7등급 이하 저신용자, 80%는 회사원(이라고 추정), 45%는 여성인 고객은 그럼 대체 왜 '지옥문'(?)과 다름없는 대부업체 문을 두드리는 것일까?[37] 뭔가 인생에서 굉장히 급박한 일이 생겼기 때문일까? 의외로 답은 그렇지 않았다. 2020년 대부업체 상위 20곳을 이용한 고객이 자금을 빌린 가장 큰 이유는 '생활비'로 쓰기 위해서다. 그 비중은 무려 74.5%나 된다.

여기서 20%가 넘는 초고금리 대출을 감내하면서까지 돈이 필요한 이유가 바로 생활비 때문이라는 건 절대 가볍게 넘길 수 없는 대목이다. 생활비는 투자나 사치를 위해 필요한 돈이 아니다. 의식주라는 일상적 삶을 보장하는 가장 중요한 수단일 뿐이다. 만약 생활비가 부족해 의식주 가운데 어느 하나가 충족되지 못한다면, 이는 그때부터 '안락한 일상'이 무너지는 걸 의미한다. 누구든 의식주가 보장된 정상적 삶을 살 수 없다는 뜻이다.

물론 짧은 기간 동안의 실업이나 일순간 자금 흐름이 원활하지 못해 잠시 생활비가 부족할 수는 있다. 하지만 이는 어디까지나 일시적이거나 긴 생애에서 어쩌다 한 번 겪는 일이어야 한다. 그러므로 대부업체 이용은 인생에서 예기치 못한 사건에 대한 '단기 급전' 형태여야 한다. 금액 또한 단기간에 해소할 수 있을 정도로 소액인 건

---

37 한국은행 가계신용조사에 따르면, 2021년 상반기 기준 대부업체 대출잔액은 14.5조 원이고 이용자수는 123만 명이다.

재론을 요하지 않는다.

그럼 실제 현실은 어떨까? 대부업체 대출의 경우, 평균 대출기간
은 4~5년에 걸친 중장기라는 문제를 안고 있다. 당장 연간 20%인
고금리 대출을 4~5년간 유지하면, '배보다 배꼽이 더 커지는 상황'
에 봉착한다. 이자가 원금을 넘어서는 것이다. 이 문제는 뒤에서 더
자세히 살펴보기로 하자.

여기서 더 중요한 건 미취업이나 실업 등으로 인한 생활비 부족
을 비싼 이자를 주고 개인적으로 해결하는 건 결코 옳은 방법이 아
니라는 것이다. 이건 어디까지나 국가 차원의 복지정책이나 사회보
장제도에 의해 해결돼야 할 문제다. 그런데 개인이 일상적인 생활비
를 고금리인 대부업체 대출을 통해 마련한다면, 그건 결코 정상적인
사회일 수 없다. 우리가 한 나라의 국민으로서 일상을 영위하기 위
한 기본 자금이 충족되지 못할 때, 도움을 받아야 할 곳은 대부업체
가 아니라 '국가'이기 때문이다. 바로 '사회복지'가 해결해 주어야 하
는 것이다. 단순히 먹고 사는 삶을 유지하기 위해 고금리 대출에 손
을 댔다가 20%가 넘는 이자를 감당하지 못해 인권을 위협하는 채권
추심에 직면하고 또 그 때문에 오랜 시간 '경제적 투명인간'으로 살
아야 한다면, 하루 빨리 사회적 수술이 단행돼야 한다.

하지만 현실은 늘 당위나 이념과 정반대로 작동하기 마련이다. 고
금리 대부업체가 오늘도 성장·발전[38]할 수 있는 건, 만성적인 생활

---

38 보도에 따르면, 2006년부터 2015년까지 10년 동안 대부업체 1, 2위인 러시앤캐시와 산와대부가 거둔 이자수
익은 각각 4조6235억 원과 3조7801억 원이다. 「이투데이」, 2016. 10. 13.

비 부족에 따른 자금수요가 우리 사회에 만연해 있기 때문이다. 국가가 이를 방치하고 생활비 부족을 계속해서 개인에게만 맡겨둔다면, 고금리로 고통 받는 국민은 계속 증가할 것이다.

대부업체 대출
뜯어보기

| 대부업체 금리는 왜 다른 금융기관보다 더 비쌀까?

우리나라 대부업체는 신용에 따라 개인별 금리가 결정된다는 대출의 기본 원리를 무시한 채 누구에게든 법정최고금리를 적용한다. 이런 이유로 대부업체와 제2금융권의 금융회사 모두 똑같은 법에 근거한 최고금리 제한을 적용받음에도 불구하고 대부업체의 평균 이자율이 더 높을 수밖에 없다.

여기서 법정최고금리란, 법으로 정한 가장 높은 금리 즉 최고이자율을 말한다. 예금이 아닌 대출에만 적용돼 금융사들이 채무자를 대상으로 폭리를 취하지 못하도록 막기 위해 정부가 법으로 규정한 것이다.

현행법상 금전대차 최고이자율은 「민법」과 「이자제한법」, 「대부업법」에 명시돼 있다. 「민법」 제379조의 경우 당사자 간 별도 약정이 없으면, 연 5%를 최고이자율로 적용한다. 「이자제한법」은 개인 간의 사적인 금전대차나 미등록대부업자에 관한 규정을 명시하고 있다. 현재 이 법 제2조1항에는 "금전대차에 관한 계약상의 최고이자율은 연 25퍼센트를 초과하지 아니하는 범위 안에서 대통령령으로 정한 다"고 규정돼 있다. 「대부업법」에 따라 대부업체나 여신전문금융회 사가 적용받는 금전대차 최고이자율은 연 27.9%인데, 대통령령에 서는 연 20%로 규정돼 있다.[39]

표 26. 2022년 기준 법정최고금리 현황

구 분	『민 법』	『이자제한법』	『대부업법』
관련 조문	제379조	제2조1항	제8조1항 및 제15조1항
적용대상	당사자 간의 약정이 없는 경우	개인 간의 사적인 금전대차나 미등록 대부업체	금전대차를 영업으로 하는 대부업체나 여신금융기관 등
최고 이자율	연 5%	연 25% 범위 내에서 대통령령으로 위임 (대통령령에서 연 20%로 규정)	연 27.9% 범위 내에서 대통령령으로 위임 (대통령령에서 연 20%로 규정)

우리나라 법정최고금리는 굴곡진 역사를 갖고 있다. 법정최고금 리에 대한 규정은 1962년 「이자제한법」에 의해 처음 만들어졌다. 이

---

39 「대부업법」 제8조제1항에 따르면, "대부업자가 개인이나 「중소기업기본법」 제2조제2항에 따른 소기업(小企業)에 해당하는 법인에 대부를 하는 경우 그 이자율은 연 100분의 27.9 이하의 범위에서 대통령령으로 정하는 율을 초과할 수 없다"고 규정돼 있다.

때 최고금리는 연 20%였다. 하지만 해방과 뒤이은 한국전쟁 그리고 군사정권 등장으로, 당시 한국경제는 극심한 자금부족에 시달렸다. 이에 사금융시장에서의 금리는 최저 월 3부에서 최고 월 7부로, 평균 5부로만 따져도 연리 60%에 달했다. 이에 은행 융자에 대한 가수요가 폭발, 특혜 대출을 받아 이른바 '돈놀이'를 하는 일이 비일비재했다. 당시 경제개발이 시급했던 군사정권은 1965년 9월 30일 사채에 비해 턱없이 낮은 예금 및 대출이자를 사채와 비슷하게 높인다는 명목아래 금리현실화조치를 단행했다.[40] 이와 함께 음성화된 고금리대출을 제도권 금융 안으로 끌어들이기 위해 법정최고금리를 40%까지 높였다.

이후 법정최고금리 40%는 30여 년간 지속되다가 1997년 외환위기 당시 IMF에 의해 금융개혁의 일환으로 「이자제한법」이 폐지되면서 역사의 뒤안길로 사라졌다. 시장의 자금 수요와 공급에 따라 정해져야 하는 금리를 정부가 규제하는 것은 시장경제원칙에 어긋난다는 IMF의 지적에 따른 것[41]이다.

2001년 구제금융이 마무리 된 뒤 IMF 간섭으로부터 벗어나자, 정부는 다시 법정최고금리와 관련한 법안을 마련했다. 이는 2002년 8월 「대부업법」 제정을 통해 구체화됐는데, 당시 최고금리는 66%

---

40 「조세금융신문」, 2019. 2. 24.

41 「이자제한법」이 폐지된 분명한 이유와 관련해서는 IMF의 '시장 논리에 반한다'라는 권고 때문이라는 것이 대체적인 주장이지만, 일부 시민사회단체는 IMF의 권고는 핑계일 뿐 사채업자의 입김이 작용한 결과라고 주장하고 있다.

였다.[42] 2007년 들어 49%까지 낮아진 법정최고금리는 2011년 6월에는 39%로 축소된 데 이어 2013년 말 34.9%로, 2016년 3월에 다시 27.9%로 하향 조정됐다. 하지만 2017년 11월 시행령 개정을 통해 법정최고금리는 24%로 낮아졌고, 2021년 7월 또 한 번의 시행령 개정을 통해 20%로 조정됐다. 한편 정부는 IMF 때 폐지됐던 「이자제한법」을 2007년 3월 새롭게 제정해 시행령상 법정최고금리를 30%로 제한했다. 이는 다시 2014년 들어 25%로, 2021년에는 마침내 「대부업법」 시행령에서 규정하는 20%로 낮아졌다.

표 27. 법정최고금리 변천사

구 분	「이자제한법」	「대부업법」	舊 「이자제한법」
제정시기	2007. 3월 제정	2002. 8월 제정	1962. 1월 제정
최고이자율 적용대상 거래	07.6~09.4월 : 개인 간 금전대차 09.4월~현재 : 개인 간 금전대차 및 미등록대부	02.10~09.4월 업자(미등록 포함)의 대부거래 09.4월~현재 : 여신금융기관 및 등록대부업자의 대부거래	모든 금전대차
법정 최고이자율	- 07. 6월: 연 40%(30%) - 11. 7월: 연 30%(30%) - 14. 7월: 연 25%(25%) - 17. 11월: (24%) - 21.7월: (20%)	- 02.10월: 연 70%(66%) - 07.10월: (49%) - 08. 3월: 연 60%(49%) - 10. 4월: 연 50%(49%) - 10. 7월: (44%) - 11. 6월: (39%) - 14. 1월: 연 40%(39%) - 14. 4월: (34.9%) - 16. 3월: 연 27.9%(27.9%) - 17. 11월: (24%) - 21. 4월: (20%)	- 62. 1월: 연 20% - 65. 9월: 연 40%(36.5%) - 72. 8월: (25%) - 80. 1월: (40%) - 83.12월: (25%) - 97.12월: (40%) - 98. 1월: 폐지

(출처: 「대부업법」 관련 국회 정무위원회 검토보고서) ※ 괄호 안의 숫자는 시행령에 의한 실제 최고금리

---

42 외환위기 이전 우리나라에서는 사채업은 불법이었고 일부 정부 인가를 취득한 업체만 대부업을 할 수 있었다. 그런데 외환위기 당시 「이자제한법」이 폐지되고 수백 퍼센트에 달하는 고리대부가 판을 치자 사채업을 등록 대부업으로 인정하는 「대부업법」이 탄생했다. 당시 「대부업법」은 최고 금리 66%를 보장했지만, 일정기간 뒤에 효력이 사라지는 일몰규정을 포함하고 있었다. 이는 결국 2018년 12월에 일몰규정을 폐지하면서 최고 금리 제한을 법적으로 상시화하는 것으로 구체화됐다.

이로써 2022년 현재 「이자제한법」 및 「대부업법」 시행령에 따른 법정최고금리는 모두 20%로 똑같다.

「이자제한법」과 「대부업법」에 의한 법정최고금리가 지속적으로 하향된 건 고금리가 서민 가계에 부담으로 작용한다는, 그동안의 정치권과 시민사회에 의한 계속된 노력 덕분이다. 특히 「이자제한법」과 「대부업법」으로 이원화 돼 있는 금전대차 계약상 법정최고금리를 일원화하고 최고이자율도 20%로 낮추자는 법안이 잇따라 발의됨에 따라 2021년 7월 마침내 법정최고금리는 20%로 조정됐다.[43]

한편 법정최고금리는 현실에서의 '실제최고금리'와 차이가 있다는 점을 기억해야 한다. 「이자제한법」과 「대부업법」은 금리와 관련한 최고 한도를 규정하고 있다. 법조문에 따르면, "이하의 범위에서 대통령령으로 정한다"라고 해서 법이 정하는 한도 내에서 정부가 당시 경제상황에 맞게 최고금리를 정하도록 하고 있다. 이에 정부는 시행령을 통해 모법(母法)[44]에서 규정하고 있는 법정최고금리보다 낮은 실제최고금리를 정해왔다. 1960년대만 하더라도 불법 사채업자를 정부 관리 아래 두려는 정책적 목적으로, 법정 최고금리를 40%로 규정하고 시행령을 통한 실제최고금리도 40%를 유지했다. 하지만 이후 법정최고금리 한도 내에서 시행령을 통해 이보다 낮은 실질최고금리를 정하는 관행이 이어졌다. 2022년 현재 「대부업법」상 법정최

---

43 「대부업법」에 의한 법정최고금리가 「이자제한법」의 그것보다 더 높았던 건 대부업체를 양성화하기 위한 정부의 정책적 판단에 따른 것이다. 하지만 사채시장 양성화가 상당히 이뤄지면서, 2010년대 이후 어떤 방식으로든 「대부업법」의 최고이자율을 조정해야 한다는 주장이 계속됐다.

44 여기서 말하는 모법이란, 「이자제한법」과 「대부업법」을 의미한다.

고금리는 27.9%이고 「이자제한법」상 법정최고금리는 25%이지만, 실제최고금리가 20%로 똑같은 건 바로 이에 연유한 것이다.

한편 앞서 지적했듯이 법적 최고금리는 20%로 대부업체와 다른 금융기관들이 같은 규제를 적용받고 있음에도, 대부업체의 이자율이 유독 더 높은 이유는 무엇일까? 왜 대부업체는 고객의 신용도와 무관하게 최고금리를 거의 일괄적으로 적용하고 있는 것일까? 이는 우리나라 금융기관이 대출 이용자의 신용등급을 기준으로 서열화된 것과 밀접히 관련돼 있다. 다시 말해 금융기관별로 대출을 이용할 수 있는 소비자가 나뉘어져 있으며, 그 기준은 바로 '신용'이라는 것이다.

통상 고신용자로 대표되는 신용등급 1~3등급은 주로 은행을 통해 대출을 해결한다. 반면 4~6등급의 중신용자는 인터넷은행 또는 여신전문금융기관을 이용하고, 7등급 이하 저신용자는 저축은행이나 대부업체에서 대출을 받는다. 이는 내 의사와는 무관한 일이다. 단지 금융기관이 자기 고객을 그렇게 설정하고 있는 데 따른 것이다.[45] 가령 은행은 저신용자를 대출부적격자로 구분, 대출 대상에서 아예 제외시켜버렸다. 카드사나 보험사 또한 마찬가지다. 이들은 중신용

---

45 명품을 파는 매장이라고 하더라도 고객에게 명품을 살 수 있는 '자격'이 있는지를 묻지 않는다. 누구나 자유롭게 출입할 수 있고 결제를 통해 물건을 구입할 수 있다. 그런데 금융기관만은 예외다. 아예 기관별로 내놓고 개인에게 '자격' 여부를 묻는 건 물론 이를 기준으로 고객을 차별한다. 여기서 '자격'은 '신용'의 또 다른 말에 지나지 않는다. 개화기를 지나면서 과거의 신분제 사회가 폐지돼 누구나 다 똑같은 '평등'을 누리고 있다. 하지만 '신용'이라는 잣대를 들이대면 얘기는 달라진다. '신분'을 기준으로 5000만 국민을 줄 세우는 건 불가능한 일이지만 신용을 기준으로 하면 얼마든지 가능하기 때문이다. 자본주의 사회인 오늘날 개인의 신용이 중요한 의미를 갖고 동시에 그것이 현대판 '신분'인 이유가 바로 여기에 있다.

자까지를 자신의 고객으로 규정해 대출을 취급한다. 그래서 9~10등급과 같은 최저신용자가 갈 수 있는 곳은 자연 대부업체밖에 없다. 저신용자의 경우 대부업체만이 자신을 고객으로 취급해주는 것과 함께 상담부터 실제 대출까지 일으킬 수 있기 때문이다. 단, 이 경우 대출 금리는 다른 어느 곳보다도 비싸다. 신용이 낮아 대출금을 전부 상환하는 게 보장되지 않으니, 이 같은 위험을 고금리 징수로 일부 대신(위험 회피 혹은 위험 축소)하기 때문이다.

그런데 이 경우 정부가 적정 수준의 대출 금리를 설정하지 않으면, 대부업체는 이익 극대화를 위해 사채나 다름없는 고금리를 징수할 수도 있을 것이다. 바로 이 때문에 정부는 법을 통해 대부업체가 받을 수 있는 최고금리를 규정하고 있다. 아울러 제2금융권 중 대부업체 다음으로 고금리를 징수하는 저축은행은 대출 금리를 통상 15~17% 수준으로 적용하는 데 따라, 결국 대부업체만이 법정최고금리와 관련된 규정을 적용받는 것이다. 대부업체 대출 금리가 금융기관 전체를 통틀어 가장 비싼 건 바로 이 때문이다.

| 무조건 법정최고금리 수준에서 결정되는 대부업체 금리

대출이란, 기본적으로 자금 경색에 직면한 소비자에게 상환 가능한 금액을 빌려줘 정상적인 경제생활을 할 수 있도록 돕는 것과 함께 대출에 따른 이자 징수로 금융기관 또한 적절한 수익을 얻는 데 있다. 다시 말해 채무자 개개인의 경제적 상황을 도외시한 채 무조건 법정최고금리를 부과함으로써, 회사 이윤만을 극대화하는 것이 대출의 기본성격은 아니라는 것이다. 그런데 우리나라 대부업체 대출을 분석해 보면, 대출의 기본성격을 무시한 채 마치 '포식자'처럼 움직인다는 걸 알 수 있다. 여기서 포식자란, 채무자 개개인의 '신용'을 무시한 채 누구에게든 일괄적으로 법정최고금리를 적용해 회사 수익을 극대화하는 걸 말한다.

대출의 기본원리는 우리가 아는 것처럼 '개개인의 신용도에 따라 금리가 결정된다'는 것이다. 하지만 대부업체 대출은 바로 이 같은 기본 원리마저 무시하는 특성을 갖고 있다. 가령 「대부업법」상 최고금리가 27.9%라는 건 대부업체가 받을 수 있는 이자의 최고한도를 뜻한다. 다시 말해 27.9%라는 숫자는 대부업체가 수취할 수 있는 금리의 불법과 합법을 구분짓는 기준으로, 대부업체는 어떤 상황에서도 이를 초과한 이자를 받을 수 없다. 동시에 이는 누구에게나 똑같이 27.9%의 이자를 받으라는 의미도 아니다.

표 28. 상위 10개 대부업체의 신규대출 평균금리 현황

(단위: %)

구 분	2014년	2015년	2016년	2017년	2018년	2019년	2020년
대부업법 최고금리 (시행령)	39	34.9	27.9	27.9	24	24	24
대출잔액의 평균금리	36.4	34.5	30.0	28.0	25.6	24.8	23.5

(출처: 금융감독원)

그런데 상위 10개 대부업체를 대상으로 신규대출에 따른 평균금

리를 분석해 보면, [표 28]에서처럼 법정최고금리와 차이가 없다는 것을 알 수 있다. 예를 들어 2015년「대부업법」시행령에 따른 법정최고금리는 34.9%였는데, 당시 대부업체 평균금리는 불과 0.4% 포인트 적은 34.5%였다. 2020년에는 법정최고금리가 24%였는데, 신규대출에 따른 평균금리는 23.5%였다. 바로 이런 점에서「대부업법」상 최고금리는 대출 금리의 최고한도이기보다는 오히려 신규 대출을 위한 평균금리의 '바로미터'라는 의미를 갖고 있다.

이와 관련, 대부업체는 "저신용자에 대한 대출이므로 금리가 높은 게 당연하다"고 주장한다. 한편 우리는 앞서 '대부업체 고객은 누구인가?'에서 2020년 현재 금액 기준으로 대부업체 대출자의 55%가 저신용자라는 걸 알 수 있었다. 이 말을 곧 나머지 45%는 최소한 고신용자 또는 중신용자라는 뜻이다. 동시에 이 말은 45%에게 적용되는 금리는 55%인 저신용자를 대상으로 한 그것과는 달라야 한다는 의미를 갖고 있다. 그런데 [표28]에서 알 수 있듯 법정최고금리와 신규대출의 평균금리에 차이가 없다는 건, 결국 대부업체 대출의 경우 개개인의 신용과 상관없이 누구에게나 거의 같은 수준의 고금리가 적용된다는 걸 보여준다.

신용등급이 1등급인 고신용자가 은행을 이용한다면, 2021년 당시 1~2% 금리에서 대출을 받을 수 있었다. 그런데 만약 급전이 필요해 대부업체를 이용했더니 저신용자인 10등급과 똑같은 금리를 적용받는다면, 이건 대출의 기본원리를 무시한 것이자 어떤 이유로도 정당화될 수 없다. 대부업체 대출금리가 다른 기관에 비해 유독 비싼 것도 문제지만, 고객별 신용등급을 무시한 채 일률적으로 법정최고금리를 적용하는 게 더 큰 문제인 이유도 바로 여기에 있다.

제1금융권이든 제2금융권이든 금융사라면 대출 소비자에게 무작정 원하는 금액을 대출해주지 않으며 또 그렇게 해서도 안 된다. 대출 고객이 제때 원금과 이자를 상환할지 알 수 없기 때문이다. 따라서 최소한 이에 대한 판단을 거친 뒤에서야 비로소 대출이 가능한지 또 금액을 얼마로 할지 나아가 대출에 따른 이자가 정해진다. 금융권의 대출자금은 누군가가 맡겨둔 저축액에 기반한 것이다. 그런데 만약 대출금과 이자가 제대로 상환되지 않는다면, 이는 곧 저축한 사람이 자신의 예금을 되돌려 받지 못한다는 걸 의미한다. 그렇게 되면 국가와 은행을 기반으로 한 자본주의경제가 자칫 큰 위험에 빠질 수도 있다. 금융권이 이 같은 상황에 직면하지 않으려면, 대출에 앞서 금융 소비자의 신용을 최대한 면밀하게 파악해 이자와 원금이 제때 상환될 수 있는지를 예측해야 한다. 바로 이런 점에서 금융 소비자에 대한 신용평가는 금융사에게는 반드시 해야 할 의무이자 과제다.

대부업체는 은행이나 카드사 등 규모가 큰 금융사에 비해 영세하기 때문에 대부분 제대로 된 신용평가 모델을 갖고 있지 못한 것으로 알려졌다. 동시에 이미 다중채무자이거나 주부, 학생 등 신용등급 자체를 낼 수 없는 사람이 주요 고객이다 보니, 이들에 대한 신용을 평가하는 게 어려울 수도 있다. 하지만 그럼에도 불구하고 이들에게 맞는 신용평가 모델을 만드는 것은 대부업체가 대출을 해주는 주체로서 마땅히 해야 할 의무다.

그런데 혹 대부업체가 이처럼 의무를 방기하는 데는 또 다른 이유가 있는 건 아닐까? 다시 말해 대출을 제때 갚을 수 없는 저신용자에게도 문어발식 영업을 통해 일단 최대한의 이익을 누리고 만약 이 가운데 일부가 부실화돼 손해가 나는 건 일률적인 고금리 적용을 통해 극대화된 수익으로 보충하자는 계산이 깔려 있는 건 아닐까? 이유가 무엇이든 개인의 신용도에 따라 금리에 차등을 두지 않고 일률적인 고금리를 적용하는 건, 대부업체가 의무를 방기했다는 비난을 사기에 충분하다.

| 법정최고금리는 낮아지는데 내 대출 금리는 왜 늘 그대로일까?

앞선 논의를 통해 우리는 법정최고금리가 지속적으로 하향 조정됐다는 걸 알 수 있다. 그럼 계속 낮아진 법정최고금리가 대부업체를 이용한 소비자에게는 얼마나 도움이 됐을지 궁금하지 않을 수 없다. 법정최고금리 하락의 역사만 보면, 일견 채무자에게 큰 도움이 됐을 것으로 짐작할 수 있기 때문이다. 특히 정부나 시민사회 또한 그동안 고금리가 서민가계에 큰 부담으로 작용한다는 이유로 법정최고금리 하락을 추진해왔다.

결론부터 말하면, 일반인의 생각과 달리 지속적인 법정최고금리 하락은 채무자에게 생각만큼 큰 도움이 되지 못했다. 이는 크게 △최고금리 하락이 소급 적용되지 않는 점 △대부업체 대출이 장기간에 걸친 대출이라는 점 △금리 인하 때마다 오히려 대출 총액이 늘어나는 점 등에 기인하고 있다. 이하에서는 3가지 문제점과 관련해 하나하나 자세히 살펴보자.

1) 소급적용 되지 않는 법정최고이자

먼저 법정최고금리 인하가 소급적용 되지 않는 문제다. 관련한 사례부터 살펴본 뒤 논의를 이어가보자. 법정최고금리가 27.9%였던 2016년 5월 말 당시의 애기다. 이 때 대부업체인 러시앤캐시 전체 이용자의 평균 대출 금리는 33.9%였는데, 이는 법정최고금리를 훌쩍 넘어선 수치다. 이와 관련, 러시앤캐시 대출 이용 고객을 금리 구간대별로 구분해 좀 더 자세히 분석해보자. 당시 전체 이용자 45만5413명 중 35~39%의 이자율을 적용받는 사람은 12만1079명이고, 27.9~34.9%의 이자율을 적용받는 사람은 25만7540명이었다. 이는 법정최고금리인 27.9% 이상의 금리를 적용받는 고객이 전체의 83.1%나 되며, 그 이하는 고작 16.9%에 지나지 않는다는 걸 보여주고 있다.[46]

똑같은 대부업체인 산와대부에서도 비슷한 일이 벌어졌다. 같은 기간 45만683명 가운데 법정최고금리인 27.9% 이상 이용자는 36만2578명으로, 전체의 80.4%에 달했다. 대부잔액 기준으로는, 전체 대부잔액 2조1822억 원 중 1조6309억 원으로 74.7%였다. 그 결과 전체 대부잔액의 이자율 평균은 당시 법정최고금리인 27.9%보다 4.7%포인트 더 높은 32.6%로 나타났다.[47]

---

46 「스페셜경제」, 2016. 10. 13. 대부잔액 기준으로는, 전체 대부잔액 1조7815억 원 중 1조4334억 원으로, 27.9% 이상의 금리를 적용받는 대출액이 80.4% 비중을 차지하는 것으로 나타났다.

47 「이투데이」, 2016. 10. 13.

당시 정부가 2014년 4월부터 적용되던 34.9%의 법정최고금리를 2016년 3월 27.9%로 하향 조정한 것은 앞서 살펴본 봐와 같다. 그럼 어떻게 해서 이 같은 일이 벌어진 것일까? 이는 법정최고금리가 인하되기 전 고금리 시절에 체결된 대부계약이 상당수 남아 있는데 따른 결과다. 요컨대 법정최고금리가 하락하더라도 소급적용 되지 않다보니 결국 국내 대부업체 1, 2위인 러시앤캐시와 산와대부 이용자의 80% 이상이 여전히 법정최고금리인 27.9%를 초과하는 고금리 대출을 이용하고 있었던 것이다.

이 말은 곧 대부업체 대출 평균 금리가 늘 법정최고금리 수준에서 결정되고 또 법 개정을 통해 법정최고금리를 인하하더라도, 이것이 소급적용 되지 않는 데 따라 대부업체의 평균 금리가 낮아지기까지에는 상당한 시일이 걸린다는 뜻이다. 실제로 이런 사실은 [표 29]의 2018~2020년 말 기준 대부업체 상위 20곳의 법정최고금리 초과 대출 현황을 통해 확인할 수 있다.

정부는 2017년 11월 법 개정을 통해 27.9%이던 법정최고금리를 24%로 낮췄다. 그러나 [표29]에 따르면, 1년 뒤인 2018년 말 기준 24%를 넘는 초과대출은 이용자 수를 기준으로 전체의 52.9%였다. 심지어 소수이긴 하지만 2014년 4월 당시의 법정최고금리인 34.9%를 초과하는 이용자도 9037명이나 됐다. 법정최고금리를 24%로 낮춘 2년 뒤인 2019년 말에도 이를 초과한 이용자는 32.8%로, 3명 중 1명을 차지했다. 법정최고금리와 관련한 법이 개정된 3년 뒤인 2020년 말에도 여전히 법 개정의 혜택을 받지 못하는 이용자는 17%나 됐다. 이 같은 수치는, 법정최고금리 인하가 전체 대출 금리

인하라는 실질적인 효과를 수반하기까지에는 적지 않은 시간이 걸린다는 걸 알려주고 있다. 이는 다른 말로 하면 그만큼 대부업체에서의 대출이 장기간에 걸쳐 이뤄지고 있다는 뜻이다.

표 29. 2018~2020년 말 기준 대부업체 상위 20개의
금리구간대별 법정최고금리 초과 대출 현황

(단위: 명)

구 분	2018년 말	2019년 말	2020년 말
24~27.9% (A)	672,298	331,786	155,970
27.9~ 34.9% (B)	176,780	92,800	14,396
34.9%~ (C)	9,037	2,950	1,508
법정 최고금리 초과 대출자 (D=A+B+C)	858,115	427,536	171,874
전체 고객수(E)	1,621,931	1,302,162	1,008,893
비중(D/E)	52.9%	32.8%	17%

(출처: 금융감독원)

2) 장기간에 걸친 대출로 법정최고금리 인하 효과 반감

앞서 대부업체에서의 대출은 금융권 중 가장 비싼 고금리이기 때문에 빠른 상환을 위해 가급적 대출금이 소액인 것은 물론 대출 기간 또한 최대한 짧아야 한다는 것을 확인했다. 금액이 크고 기간이 길수록 고금리로 인해 종내에는 배보다 배꼽이 더 커질 수 있기 때문이다.

그럼 실제 현실은 어떨까? 2018년 기준 상위 20개 대부업체의 평균 대부계약기간은 3년 10개월(46개월)로 나타났다. 약 4년에 가까운 수치다. 만약 평균 이자율을 25%라고 단순 가정해보면 4년 동안

갚을 경우 이자는 원금만큼 불어난다. 더 높은 이자율을 상정하면 상황은 더욱 심각해지는데, 34.9~39%대의 금리를 적용받는 채무자의 평균 대부계약기간은 53개월에 달했다. 연리 39%인 금융상품을 53개월간 상환한다면 원금 대비 이자는 172%에 달한다.

법에서 규정한 법정최고금리는 '1년간의 이자'만을 뜻한다. 가령 법정최고금리 40%는 대부업체 이용자가 1년간 원금 대비 납부해야 할 이자다. 하지만 대출기간이 2년으로 길어지면, 이자는 원금 대비 80%로 높아진다. 3년이면 이자는 이미 원금을 넘어서는 수준에 이른다. 한편 3년에 걸쳐 이자를 갚는 동안 그 사이 어느 때 법정최고금리가 20%로 낮아졌다고 해도 달라지는 건 아무 것도 없다. 낮아진 금리가 내겐 소급적용 되지 않기 때문이다. 따라서 대부업체에서의 대출이 장기간에 걸쳐 이뤄질수록 법정최고금리 인하에 따른 효과는 반감될 수밖에 없다.

문제는 우리나라 대부업체 시장의 경우 1년 이하 대부계약이 거의 없다는 특성을 갖고 있다는 것이다. 그러다보니 대출 계약부터 최종 상환까지의 이자가 원금의 100%를 초과하는 상황을 어렵지 않게 만날 수 있다. 가령 2017년 8월 말 기준 상위 20개 대부업체의 1개월 이상 연체상태인 채권 중 이자가 원금을 초과한 대출은 총 1만6606건에 달했다. 이와 관련된 원금은 6.7조 원이고 이자는 9.8조 원으로, 원금대비 이자 총액은 145%에 달했다. 이자 9.8조 원만 따로 떼어 살펴보면, 정상이자가 7.8조 원이고 2조 원은 연체에 따른 것이다.[48] 정상이자만 해도 벌써 대출원금을 초과한 사실을 알 수

48 「국민일보」, 2017. 10. 15.

있는데, 장기간에 걸쳐 대출이 이뤄지는 현실에서는 필연적 결과라 할 수 있다.

3) 법정최고금리 인하 때마다 오히려 대출 총액 늘리는 대부업체

통상 4~5년에 걸친 장기대출이 일반적인 현상이다 보니 법정최고금리가 낮아지면 대부업체는 추가적인 대출을 매개로 수익을 극대화하는 전략을 취하고 있다. 요컨대 정부가 법정최고금리를 낮추면, 대부업체는 대출 고객 중 일부 고객을 대상으로 낮아진 이자율을 기존 대출에 소급적용해줄 테니 대신 대출을 더 받을 것을 제안한다. 이 경우 대부분은 그렇지 않아도 돈이 더 필요하던 차에 추가로 대출을 해주면서도 이자율도 낮춰준다고 하니 '웬 떡이냐?' 하면서 대부업체가 자신에게 큰 혜택을 베풀어주는 것으로 생각한다.

그러나 이는 대부업체가 지속적으로 수익을 창출하기 위한 '꼼수'에 지나지 않는다. 한마디로 착각이라는 것이다. 대부업체는 대출원금 규모를 더 늘리기 위해 이자율 인하라는 미끼를 제시하며 추가 대출까지 권한다. 대출원금이라는 파이가 커지면 결과적으로 이자 총액도 늘어나니 법정최고금리 인하에도 불구하고 그로 인한 손해액을 벌충(?)할 수 있기 때문이다. 쉽게 말하면, 가격을 낮추면서 박리다매식 영업을 통해 수익을 얻는 것과 같은 논리다. 이런 사실은 실제 사례를 통해서도 확인된다.

2016년 2월 말 기준 러시앤캐시 고객 45만 명 중 97%는 27.9%가 넘는 이자율로 대출을 받고 있었다. 그런데 3월 3일자로 법정최고금리가 27.9%로 낮아지면서 43만6500여 명의 고객이 이를 초과하는 대출을 받는 상황이 벌어졌다. 이에 러시앤캐시는 이 가운데 1만4825명에게 새로운 법정최고금리인 27.9%로 금리를 인하해주었다. 대신 이 과정에서 이들에 대한 대출금을 대폭 늘렸다. 2016년 3월 3일부터 2016년 8월 31일까지 6개월 동안 해당 채무자의 대출 금액은 575억에서 1167억으로 197% 증가했는데, 그 결과 연간 이자 수익은 192억에서 311억으로 162%나 늘었다. 결국 러시앤캐시는 1만4825명에게 이자를 낮춰줬지만 법정최고금리 인하에도 불구하고 대출 총액을 늘리는 방법으로 수익이 줄어드는 걸 막을 수 있었다.

러시앤캐시의 사례는 많은 대부업체가 똑같이 활용하는 수법이다. 그동안 법정최고금리가 낮아질 때마다 대부업체는 "영업을 축소해 결국 저신용자가 불법사금융으로 밀려나는 결과를 초래할 것"이라고 반발했다. 하지만 대부업체는 금리 인하시기에 오히려 이를 영업 전략으로 활용함으로써 지속적으로 수익을 창출해왔다. 조달금리[49] 보다 법정최고금리가 높은 한 대출은 무조건 이윤이 남는 장사일 수밖에 없다. 대부업체의 주장은 결국 법정최고금리를 내리지 말라는 협박(?)에 지나지 않을 뿐이다.

---

49 조달금리란, 대부업체가 소비자에게 빌려줄 돈을 구하기 위해 다른 곳에서 자금을 대출해오는 데 따른 금리를 뜻한다. 일본계 대부업체인 러시앤캐시와 산와대부는 일본에서 자금을 평균 6%에 빌려와 국내에서는 최소 20% 이상 고금리영업을 하고 있다.

| 해외의 초고금리 대출은 '단기 급전대출'

일각에서는 외국 대부업체 최고금리가 60%인 점을 들어 우리나라 대부업체의 대출금리가 결코 높은 게 아니라고 주장하는 사람이 있다. 그러나 이는 우리나라 대부업체 및 외국 대부업체의 특성을 이해하지 못한 데 따른 잘못된 주장에 지나지 않는다. 무엇보다 양자 간에는 커다란 차이가 존재하는데, 이를 무시한 채 최고금리만을 단순비교하다 보니 이런 결과가 초래된 것이다.[50]

앞서 설명했듯이 1년 이상 장기 대출은 우리나라 대부계약의 중요한 특성 가운데 하나다. 갚아야 할 이자가 대출 원금보다 더 큰 것도 이에 따른 결과다. 반면 최고금리가 60%인 미국의 대부계약은 통상 3개월에 지나지 않는다. 한마디로 미국에서의 대부업체는 우리와 달리 '단기 급전'이 필요한 사람을 위해 대출해주는 기관으로서의 의미를 갖는다. 따라서 최고금리가 60%라고 해도 대출기간이 3개월에 지나지 않기 때문에 미국에서는 이자가 원금, 즉 배보다 배꼽이 더 커지는 일은 거의 없다. 더욱이 60%는 연간 금리로, 대출을 이용하는 3개월을 기준으로 하면 실제 부담하는 금리는 우리보다 훨씬 저렴하다.

한편 그럼 외국에는 우리와 같은 고금리 대출이 없는 것일까? 그렇지 않다. 해외에도 고금리 대출이 있다. 다만 외국은 우리처럼 무

---

50 만약 우리 대부업체 금리 수준이 해외 평균치보다 낮다면, 일본계 대부업체가 여전히 철수하지 않고 계속 영업하면서 대부잔액을 늘려가는 현실을 설명할 방법은 없다.

분별하게 고금리 대출을 허용하지 않는다. 우선 급전이 필요한 계층에 대한 고금리 대출을 허용하면서도 최고금리를 적정 수준에서 규제하는 것과 함께 저신용자나 상환능력이 없는 사람을 따로 구분해 보호하고 있다.

일본에서는 대출이용 금액에 따라 최고금리를 차등 적용한다. 가령 10만 엔 이하에는 20%, 10~100만 엔 이하에는 18%, 100만 엔 초과 금액에 대해서는 15% 금리를 적용하여, 지나치게 많은 대출을 받고 그에 비례해 과도한 이자 부담을 지지 않도록 조절하고 있다. 특히 일본은 2006년 이래 이자 상한을 줄곧 20%로 묶어둔 채 연소득 1/3을 초과하는 대출을 할 수 없는 총량규제를 별도로 두고 있다.

싱가포르는 고금리 단기 소액 대출에 한해 최고금리를 48%까지 허용하고 있고, 장기계약을 막기 위해 원금을 넘어서는 이자 수취를 금지하고 있다. 독일에서는 시장평균 금리의 2배 또는 시장금리 + 12% 중 낮은 것을 택할 수 있다. 프랑스에서는 시장 평균 금리의 1.33배가 법정 상한이지만, 중도상환수수료나 연체수수료를 더하더라도 실질적용금리는 27.3%에 지나지 않는다. 고금리에 연체금리와 중도상환수수료를 별도로 계산하는 우리나라와는 다른 점이다.

영국은 일반 금융사의 최고금리와 관련한 규제를 따로 두지 않는다. 금리 수준이 규제할 만큼 높지도 않지만 무엇보다 금융사의 자체 신용평가 능력을 믿기 때문일 것이다. 다만 초고금리단기대출인 HC-

STC(High-cost short-term credit)[51]에 한해서만 288%까지의 이자율을 규제하고 있다. 이 경우 만기는 무조건 1년 이하만 허용된다. 그런데 영국 금융감독청(FCA: Financial Conduct Authority)의 조사결과에 따르면, 실제 이 대출의 평균 만기는 불과 40일 내외다.

흔히 우리보다 금리수준이 더 높은 것으로 거론되는 또 다른 나라가 미국이다. 혹자는 미국의 경우, 소액단기대출인 Payday론이 연 459%까지 이자를 부과하니 우리보다 더 고금리라는 것이다. 하지만 주마다 다르긴 한데 통상 500달러를 6개월 동안 빌리는 단기 소액대출의 경우, 이자 상한은 연평균 36% 수준이다. 물론 연이율 100%를 넘는 이자를 부과할 수 있는 초단기소액대출을 의미하는 Payday론도 있다. 하지만 이는 통상 500달러 이하로 만기는 2주 내외다. 더욱이 무조건 500%에 가까운 이자를 물리지도 않으며, 이 경우에도 채무자가 채무함정에 걸리지 않는다는 것을 명시적으로 표시하는 조건에서만 대출이 이뤄질 수 있다. 이밖에도 주(州)에 따라서는 초단기소액대출을 아예 금지하거나 혹은 똑같이 연 36%의 이자상한을 적용하기도 한다. 결국 중요한 것은 최고금리를 나타나는 숫자로만 단순 비교해서는 안 된다는 것이다.

---

51 High-cost short-term credit(고비용단기대출): 규제상 정의로는 만기 1년 이하, 이자율 100% 이상의 대출로 정의되나, FCA의 시장조사 결과 실제로는 평균 만기 40일 내외로 형성된 단기·초고금리 시장을 말한다(출처: 금융위원회, 「대부업법」 검토보고서(2021. 2. 9.)).

표 30. 해외의 초단기, 소액대출 최고금리 규제 현황

국 가	금리제한	상한금리	간주이자 (수수료)	비 고
일 본	출자법 이식제한법	·연 20%	이자에 포함	대출금액에 따라 차등적용 - 100만 엔 이상 : 15% - 10~100만 엔 : 18% - 10만 엔 미만 : 20%
	전당포영업법	·연 109.5%	이자에 포함	
미 국	州 은행법	·州별 금리상한 상이 - 상한금리 있는 주 : 43개 - 상한금리 없는 주 : 8개	별도징수 가능	- 뉴욕주 : 연 16% - 플로리다주 : 연 30%
		·36개주는 소액단기대출 (Pay-day loan*)에 대해 별도로 고금리 부과 허용 * 통상 만기 2주 내외, 금액 500달러 이하의 소액초단기대출		- 캘리포니아주 : 연 459% - 플로리다 주 :연 419% - 워싱턴주 : 연 390% 등
	* (비고) 미국은 본사가 위치한 州의 이자상한을 따르게 되어 있어, 회사가 규제가 없는 주에 본사를 두는 경우 금리 제한이 없음 (州간 금리수출이 허용)			
홍 콩	대출인조례법	·연 60%	이자에 포함	
영 국	금융감독청 (FCA)의 세부규칙	·1일 0.8%(월 24%) ·총 대출 비용 상한 : 대출금의 100%	별도징수 가능	- 연체수수료 상한 : 금액에상관없이 15 %
독 일	법원 판단	·관련규정 없음	별도징수 가능	판례에 의해 폭리수준 결정('78) Min[시장금리×2배, 시장금리+12%]
	전당포영업 특별법	·월 1% (연 12%)	별도징수 가능	
프랑스	소비법전	·시장금리×1.3倍 방식으로 분기별로 정하되 대출금액에 따라 차등적용	별도징수 가능	* 별도 수수료 적용 시 실질 금리는 평균 29.4%

(출처: 국회입법조사처)

규제받지 않는
대부업체 광고

| 초등학생도 줄줄 외는 마약 같은 대부업체 대출 광고

이상의 논의를 통해 고금리 대부업체가 해외에서는 정말 급하고 특수한 상황에서 목돈이 필요할 때 단기적으로만 이용하는 기관이라는 걸 다시 한번 확인할 수 있다. 반면 우리나라에서는 정반대로 서민의 만성적인 생활비 부족을 해결하는 하나의 손쉬운 수단으로 인식되고 있는 걸 알 수 있다.

그럼 왜 이 같은 일이 벌어졌을까? '광고' 때문이다. 고금리의 부정적 이미지를 깨기 위해 대부업체들은 그동안 적극적으로 광고를 이용해왔다. 조그만 인형이 산을 오르면서 "산와 산와 산와머니"라고 노래 부르는 귀여운 모습은, 누구에게나 익숙한 장면일 것이다. TV만 켜면 종편 채널 어디에서든 접할 수 있는 광고이기 때문이다. 오죽하면 초등학생조차 산와머니 로고송을 어렵지 않게 따라 불렀겠는가. '무과장'으로 대표되는 러시앤캐시나 "여자라면 언제나 OK"

를 표방하는 미즈사랑, "힘이 되는 생활금융"의 리즈코프 또한 마찬가지다. 이처럼 단순한 멜로디의 반복되는 광고로 우리나라 대부업체는 일반인에게 꽤나 친숙한 이미지를 갖고 있다. 말 그대로 어려움을 해결해주는 다정한 이웃(?) 같은 이미지가 그것이다.

담배가 건강에 해로운 건 누구나 아는 사실이다. 이 때문에 TV에서의 담배광고는 법적으로 금지돼 있다. 무엇보다 비흡연자에게 직접 또는 간접적으로 흡연을 권장 또는 유도할 수 없다. 그것도 모자라 폐와 온몸이 썩어 들어가는 혐오스러운 사진을 담배 포장지로 활용, 담배가 갖고 있는 위험성을 경고하고 있다. 이에 따라 담배의 위험성을 모르는 흡연자는 없다. 다만 그걸 감내하고라도 흡연을 '선택'할 따름이다. 그런데 대부업체 광고는 아무 제한 없이 지금도 종편에서 시청자의 눈을 사로잡고 있다.

생활비 부족을 겪으면서 대부분의 금융기관에서 대출을 거절당한 사람이 마지막으로 대부업체 대출을 이용한다고 해서, 지금 겪고 있는 경제적 어려움을 해결할 가능성은 거의 없다. 발생하는 소득보다 더 빠르게 늘어나는 이자 부담으로 시간이 지날수록 빚이 더 커져 결국 경제적 악순환에서 빠져들기 때문이다. 만약 집을 담보로 대출했다면, 집이 경매에 넘겨져 마지막 삶의 터전마저 잃게 된다. 그러고도 아직 갚아야 할 빚이 남아 있는 경우도 많다. 법정최고금리인 연리 20%를 적용하더라도 5년만 지나면 이자가 원금을 넘어서는 게 대부업체 대출이다. 이런 점에서 어떻게 보면 담배 못지않게 나쁘고 위험한 게 바로 대부업체를 통한 대출이다. 빚의 악순환으로 한 사람의 인생 전체가 망가지거나 저당 잡힐 수 있기 때문이다.

그런데 대부업체와 관련한 광고는 담배와 같은 규제를 받지 않는다. 담배처럼 위험성을 전면에 내세운 광고는 찾아볼 수 없다. 단지 광고 하단에 깨알 같은 글씨로 위험성에 대한 설명이 있지만, 순식간에 지나가는 TV광고에서 이를 제대로 읽을 수 있는 사람은 많지 않다. 신문광고도 마찬가지다. 무엇보다 대부업체의 광고는 내용과 관련한 규제를 받지 않는다. "다른 대출 있어도 높은 대출 가능성", "신청서류 없이 신청가능", "24시간 언제나", "믿으니까, 걱정마세요", "딱 필요할 때, 내게 맞춘 생활금융", "세상의 반을 위한 대출"이라는 표현은 지금도 TV나 인터넷에서 접할 수 있는 대부업체와 관련한 광고다.

그러다보니 위험을 알리는 광고는 그 어디에도 없다. 오히려 서민의 경제적 어려움을 돕는 동반자, 친근한 캐릭터를 활용해 서민 곁에 함께하는 조력자라는 이미지만을 확대재생산하고 있을 뿐이다. 하지만 대부업체를 통한 대출이 담배만큼이나 나쁘고 위험한 것이라면, 그 위험을 정확히 고지해 한 번 더 고민할 여지를 주어야 하는 것 아닐까? 최소한 대출을 받고 나서 제때 갚지 못할 경우 한 사람의 인생이 망가질 수 있다는 점을 누구나 알 수 있도록 해야 한다는 것이다. 지금처럼 '꼭 필요한 친구' 혹은 '어려운 사람을 위한 생활금융'으로 놔두는 것은 애꿎은 서민을 빚의 굴레로 빠뜨리는 것에 지나지 않기 때문이다.

대출과는 무관한 초등학생까지 대부업체 로고송을 따라 부를 정도면, 대부업체 광고가 얼마나 빈번하게 이뤄졌는지 쉽게 짐작할 수 있다. 그럼 실제 대부업체가 얼마나 또 어떻게 광고하고 있는지 살펴보자.

표 31. **최근 10년간 상위 20개 대부업체 당기순이익 대비 광고비 집행 비율**

(단위: %)

2010년	2011년	2012년	2013년	2014년	2015년	2016년	2017년	2018년	2019년	2020년
13.85	18.69	10.07	11.72	14.68	14.75	9.35	7.29	4.23	3.83	4.49

(출처: 금융감독원) * 20개 업체 중 2개 업체는 2012년, 2개 업체 2013년, 14, 15, 16년 각 1개씩 신규 영업개시로 연도별 자료에서 일부 누락됐다.

대부업체가 지출하는 광고비는 생각보다 많다. 최근 10년간 상위 20개 대부업체[52]의 당기순이익 대비 광고비 지출액을 보면, 2010년부터 2015년까지 매년 최소 10%에서 최대 18% 정도 됐다. 2016년 들어서야 처음으로 10% 이하로 줄었고, 이후 매년 조금씩 감소하고 있다. 하지만 일반 금융사의 광고비 지출액이 당기순이익 대비 약 5% 정도임을 감안하면, 한때나마 최대 18%였다는 건 2010년대 초반에 대부업체가 얼마나 공격적으로 광고비를 지출했는지 알 수 있다.

광고비 지출을 업체별로 구분해보면, 회사별 편차가 드러난다. 2014년 기준 바로크레디트는 당기순이익의 60%를, 스타크레디트는 42%, 리드코프는 25.77%를 집행했다. 심지어 수익보다 더 많은 광고비를 사용한 업체도 있다. '여성을 위한 대출'로 이미지를 굳힌 미즈사랑은 한 때 수익의 120%를 광고비로 사용했다. 미즈사랑이라는 상호가 대중에게 익숙한 이유도 바로 여기에 있다.

일반 회사들이 광고비와 함께 회사를 홍보하기 위해 사용하는 것

---

52 2010년대 초반 신설된 대부업체들이 많아 연도별로 20개사가 모두 반영된 수치는 아니다. 2010년에는 12개사였으며 2015년 19개사, 2016년부터는 20개사를 대상으로 작성됐다.

이 '사회공헌비'다. 다만 광고비는 인위적으로 좋은 회사 이미지를 만들기 위해 지출하는 성격을 갖는데 반해 사회공헌비는 취약계층이나 장애인 혹은 환경 등 사회적 책임을 다하기 위해 사회에 헌납하는 돈이다. 그럼 자사 브랜드를 알리고 소비자에게 친숙한 이미지를 주기 위해 때로는 수익보다 더 많은 광고비 지출도 마다하지 않았던 대부업체가, 긍정적인 회사 이미지를 만들기 위해 사회공헌비로도 많은 금액을 지출했을까?

아이러니하게도 광고비가 당기순이익의 10%를 넘겼던 2010년대 초반에 사회공헌비는 반대로 줄어들었다. 대부업 상위 5개 업체는 2013년 사회공헌비를 72억 원에서 2015년 33억 원으로, 무려 39억 원이나 줄였다. 그런데 같은 기간 광고비는 485억 원에서 530억 원으로 45억 원 늘었다. 사회공헌비가 줄어든 것 이상으로 광고비가 늘어난 것이다.

이를 당기순이익 대비 비중으로 살펴보면, 2018년 대부업체 상위 10곳의 당기순이익 대비 사회공헌비는 13억6500만 원으로 0.24%에 불과했다. 그런데 같은 기간 광고비는 사회공헌비의 30배를 넘는 423억3000만 원에 달했다.[53] 2018년 17개 국내은행의 당기순이익 대비 사회공헌비 비중이 6.6%였다는 것과 비교하면, 양자 간에 얼마나 큰 차이가 존재하는지 알 수 있다.[54]

----

53 「뉴스웨이」, 2019. 9. 26.

54 특히 2019년 경우, 17개 국내은행의 단기순이익 대비 사회공헌비는 전년 대비 2.5%포인트 상승한 9.1%에 달했다. 금액으로는 1조1289억 원이다. 「소비자가 만드는 신문」, 2020. 7. 8.

결국 대부업체는 친근한 캐릭터를 이용한 광고를 통해 '어려운 시민의 동반자'라는 이미지를 구축하기 위해 천문학적인 광고비를 사용했다. 반대로 사회에 공헌하고 이를 바탕으로 한 긍정적인 기업이미지 구축은 등한시했다.

대부업체의 또 다른 역할,
매입채권추심업

| 은행에서 돈을 빌렸는데, 대부업체에서 연락이 왔다

대부업체에서 돈을 빌리지 않으면 대부업체를 영영 만날 일이 없는 걸까? 그렇지 않다. 대부업체는 「대부업법」에 따라 매입채권추심업을 등록하고 관련 사업을 영위할 수 있다. 쉽게 말해 대출 외에 다른 금융사가 빌려주고 못 받은 채권을 사들여 대신 추심하는 사업도 할 수 있는 것이다. 이에 따라 대부업체에는 대출만 하는 기관이 있는가 하면, 다른 금융회사 혹은 대부업체의 부실채권을 매입해 추심만 하는 회사도 있다.

그럼 매입추심대부업체(이하 대부업체)는 어떤 채권을 매입할까? 이를 위해서는 먼저 대출 이후의 처리 과정에 대한 이해가 필요하다. 대출 이후 3개월 이상 연체가 계속되면, 금융사는 이를 '부실채권'으로 지정한다. 이 때 금융사는 해당 채권의 상환가능성을 심사한다. 만약 추심의 실효성이 적다고 판단되면, 이를 원금보다 훨씬 싼 금액으로 매입채권추심사에 매각한다. 채권이 매각되면 채무자와 최초 채권 금융기관 간의 거래관계는 끝나고 해당 기록은 금융사 장부에서 삭제된다. 다시 말해 내가 은행에서 대출을 받았지만 제대로 상환하지 못해 채권이 대부업체에 팔리면, 그때부터 나와 은행과의 관계는 끝나고 대신 대부업체에 의한 추심이 시작된다. 대부업체에서 돈을 빌리지 않았다고 해도 나와는 영영 무관할 거라고 생각해서는 안 되는 이유가 바로 여기에 있다.

앞서 금융사는 채권을 '원금보다 훨씬 싼 금액'으로 대부업체에 넘긴다고 했는데, 과연 얼마나 싸게 판매할까? 여기서 채권 가격이란, 채권의 원금 대비 대부업체가 채권을 사올 때 지급하는 매입대금을 의미한다. 예를 들어 내가 3000만 원을 은행에서 빌렸는데, 2500만 원을 남긴 상황에서 상환을 못 해 대부업체로 넘어갔다고 치면, 2500만 원이 채권 원금이 된다. 대부업체는 이 채권에 대해 2500만원을 다 주고 사오는 것이 아니라 그보다 싼 값에 매입한다. 만약 대부업체가 이 채권을 1000만 원에 사왔는데(매입률 40% = 1000만 원/2500만 원), 추심을 통해 1500만 원을 회수했다면, 대부업체 입장에서는 500만원의 수익이 생긴 것이다. 채권 시장에서의 수익은 이런 식으로 만들어진다.

앞의 예에서는 원금대비 매각금액이 40%였지만 실제 대부업체가 채권을 사올 때 지불하는 금액은 채권 원금 대비 평균 5%에 지나지 않는다. 가령 2500만 원짜리 채권이면, 단돈 125만 원에 매입한다는 것이다. 그렇다고 매입채권에 대한 권리가 125만 원으로 줄어드는 건 아니다. 비록 부실채권을 원금 대비 5% 가격에 샀다고 해도 대부업체는 2500만 원을 모두 받아낼 수 있는 권리를 가졌다. 아니, 원금 2500만 원에 그동안 불어난 이자까지도 모두 받아낼 수 있다. 특히 채권 추심과 관련해서는 기간 제한도 없다. 10년이고 20년이고 원금과 이자를 모두 받아낼 수 있을 때까지 채권추심을 할 수 있다. 채권 추심을 통해 원금과 이자를 더 많이 받아낼 수만 있다면, 대부업체 입장에서 부실채권은 '황금알을 낳는 거위'나 다름없다.

"서민을 돕는다"는
대부업체

| 서민의 구원자를 자처하는 대부업체

1972년 개인 사채시장을 흡수한 상호신용금고가 출범한 이래 30년만인 2002년 「대부업법」이 제정되면서, 대부업체는 비로소 제도권 금융기관으로서의 지위를 획득했다. 한편 우리나라 대부업체는 일본과 밀접한 관련을 맺고 있다. 스스로 '소비자금융'이라고 칭하며 성장을 거듭하다 포화상태에 이른 일본의 대부업체는, 외환위기로 초고금리에 직면한 대한민국이라는 새로운 시장으로 눈을 돌렸다. '잃어버린 20년'을 경험하며 초저금리 아래서도 살아남은 일본의 대부업체는, 자국 내에서 저금리로 자금을 조달해 우리나라에서 높은 법정최고금리로 대출해주면서 이윤을 내기 시작했다. 한마디로 조달금리와 대출금리 간의 격차를 이용해 몸집을 불린 것이다. 이렇게 시작된 우리나라 대부업체는 2015년 기준 자산규모가 13조에 이를 때까지 꾸준히 성장했다.

한국의 대부업체 법정최고금리는 2014년 초까지만 해도 39%에 달했으나, 정치권과 시민사회의 계속된 노력으로 마침내 2021년 20%까지 낮아졌다. 이 과정에서 대부업체가 법정최고금리 하락을 반대하는 논리로 일괄되게 내세운 것은 '풍선효과'다. 법정최고금리가 낮아지면 대부업체에 의한 대출이 줄어들고, 동시에 대출 부적격자 또한 늘어나면서 결국 급전이 필요한 서민은 불법사채시장을 이용하지 않을 수 없다는 것이다. 한마디로 대부업체는 자신이 서민을 불법사금융이나 사채로부터 보호해주는 구원자라는 것이다. 돈이 필요한 서민이 불법사금융으로부터 피해를 입지 않도록 돕고 보호해주는 주체가 바로 대부업체라고 주장하는 것이다. 하지만 앞선 논의를 통해 대부업체 또한 이익 극대화를 위해 수단과 방법을 가리지 않는 '포식자'에 지나지 않는다는 것을 확인했다.

대부업체는 지금 이 순간도 친근한 이미지를 가장해 급전이 필요한 사람을 대상으로 영업하고 있다. 영업수익 또한 시간이 지날수록 늘어나고 있다. 2021년 6월 말 기준 대부잔액은 14.6조 원이고 대부업자는 8,650개나 된다. 대부업체는 법정최고금리 인하에 마치 업계 전체가 고사할 것처럼 죽는 소리를 한다. 그러나 실제는 그저 '약간의 성장 둔화'를 겪다가 언제 그랬냐는 듯이 다시 성장을 거듭할 뿐이다. 정부는 「대부업법」이 제정될 당시부터 지속적으로 불법사금융의 피해를 막기 위해 사채 시장을 양성화할 필요를 강조하고 있지만 대부업체의 과잉 대출로 인해 사채 시장이 근절됐다는 뉴스는 「대부업법」 제정 이후 단 한 번도 접할 수 없었다. 오히려 대부업 대출의 고금리 과잉 대부 행위가 이미 제도권 대출로도 부채 상환이 불가능한 채무자들을 다시 빚으로 빚을 갚기 위해 불법 사채 시장으로 내몰고 있는지도 모른다. 아직도 "법정최고금리를 인하하면 서민들이 돈 구할 곳이 없어진다"는 주장이 아무런 근거도 없이 정부, 의회, 학계, 언론에서 나오는 상황이다. 이들로 인해 대부업은 오늘도 생명을 유지한다.

3장

'빚'보다 '빛'을
먼저 접하는 청년들

생활비까지
대출로 연명하는 청춘

| 청년들에 대한 거대한 채권자, 한국장학재단

사람이 빚을 지는 건 꼭 사업자금이나 생활고 때문만은 아니다. 가끔은 인간의 기본권인 '교육' 때문에 빚을 지기도 한다. 다만 소득이 발생하기 전에 빚부터 진다는 점에서 앞서의 빚과 다른 차이점을 갖고 있다. 이번 장에서는 20대 청년이 가진 빚의 대부분을 차지하는 학자금 대출에 대해 살펴보자.

학생을 대상으로 하는 대출로 먹고사는 공기업이 있다. 바로 한국장학재단이다. 한국장학재단은 주로 대학생이 일반 시중은행에서 받은 학자금 대출을 이전 받아 금리를 낮추는 사업을 하는 기관으로, 2009년 설립됐다. 한국장학재단 설립 이후 은행에서 담당하던 학자금대출은 모두 없어졌고, 재단이 그 역할을 전담하고 있다. 학자금 대출이 민간 영역에서 온전히 공공의 영역으로 이전된 것이다.

표 32. 학자금대출 제도 개요

① 취업 후 상환 학자금대출

개요	취업 후 일정기준 이상의 소득 발생 시 상환하는 학자금 대출
	* 2021년 상환기준소득: 2,280만 원
지원대상	국내 고등교육기관의 대학생(만 35세 이하)
지원기준	소득 8분위 이하, 이수학점 12학점 이상, 성적 70점 이상
지원금액	등록금 실소요액, 생활비 연 300만 원(학기당 150만 원)
대출금리	연 1.70%(변동금리)

② 일반 상환 학자금대출

개요	소득분위와 관계없이 거치 및 상환기간을 형편에 따라
	다양하게 선택하여 합리적으로 상환할 수 있는 학자금 대출
지원대상	국내 고등교육기관의 대학생 및 대학원생(만 55세 이하)
지원기준	소득 5분위 이상, 이수학점 12학점 이상, 성적 70점 이상
지원금액	등록금 실소요액, 생활비 연 300만 원(학기당 150만 원)
대출금리	연 1.70%(고정금리)

2021년 기준 한국장학재단이 취급하는 대출 총 규모는 1조6563억 원[55]이다. 이와 관련, 장학재단에서 취급하고 있는 대출상품은 두 가지로, [표 32]에서처럼 '일반상환학자금'과 '취업 후 상환학자금'(든든학자금 대출. 이하 취업 후 상환학자금대출로 칭함)이 그것이다. 일반상환학자금은 거치기간(이자만 내는 기간) 최대 10년, 상환기간 최대 10년 범위 내에서 채무자가 자율적으로 상환스케줄을 선택하는 상품이다. 반

---

55 한국장학재단에 따르면, 2021년 기준 취업 후 상환 학자금 대출은 7953억 원, 일반상환 학자금 대출은 8610억 원이다.

면 취업 후 상환학자금은 연간소득금액이 상환 기준 소득금액을 초과해야만 상환이 시작되는 대출이다. 따라서 상환기준 소득을 초과하지 않으면 상환이 개시되지 않는다.

학령인구 감소, 국가장학금 확대 등의 영향으로 학자금 대출 총 공급액은 지속적으로 감소하고 있다. 취업 후 상환학자금 대출은 첫 출시 된 2010년부터 2013년까지는 계속 증가하다가 2014년 이후부터 점차 감소하고 있다. 일반상환학자금 대출은 2011년 신규대출액이 1.4조 원이었으나 2012년 이후부터 7000억~9000억 원 규모를 유지하고 있다. 신규 대출건수는 2011년에는 41만 건이었으나 2012년 약 20만 건으로 줄어든 이후 계속 비슷한 수준이다.

표 33. 2010~2019년 한국장학재단 신규대출 현황

(단위: 건, 백만 원)

구 분	취업 후 상환학자금 (등록금)		일반상환학자금 (등록금)	
	건 수	금 액	건 수	금 액
2010년	225,572	723,320	523,230	1,725,020
2011년	287,890	912,954	419,082	1,449,251
2012년	459,482	1,200,778	207,373	715,282
2013년	496,244	1,255,056	179,247	660,462
2014년	444,527	1,073,850	177,415	667,398
2015년	364,442	838,694	169,019	644,534
2016년	299,144	694,013	161,201	608,154
2017년	213,977	482,167	197,697	705,732
2018년	194,266	435,027	208,103	741,904
2019년	210,106	466,124	205,352	738,925

(출처: 한국장학재단)

2012년 이후 일반상환학자금 대출이 계속 줄어드는 건 취업 후 상환학자금 대출 증가와 관련돼 있다. 신규 대출자는 대부분 취업 후 상환학자금 대출을 선호한다. 심지어 기존 일반상환학자금 대출자도 취업 후 상환학자금 대출로 전환하고 있다. 2010년에 취업 후 상환 대출로 전환한 대출자수는 5726명으로 전체 대출자의 1.1%에 불과했는데, 2015년에는 3만6006명으로 전체 대출의 19%에 달했다.

기존에 일반상환학자금을 대출한 사람이 취업 후 상환학자금 대출로 전환하는 건, 일정 소득이 발생하지 않는 한 상환이 개시되지 않는 장점 때문이다. 청년 실업률이 높아지고, 취업 시장에서 정규직과 비정규직에 따른 소득 양극화가 커지면서 학자금대출을 갚기 어려운 청년세대는 더 늘어나고 있다. 이에 따라 일정 기간 이후 자동적으로 상환이 개시되는 일반상환학자금대출[56]보다 일정 소득이 생길 때까지 상환을 유예해주는 취업 후 상환 학자금 대출에 대한 인기가 높아지고 있는 것이다.

| 학자금 대출 연체 실태

일정 시간 후 강제로 상환이 시작되는 일반학자금 대출과 관련,

---

56 일반상환학자금 대출의 상환 스케줄을 살펴보면, 2019년 경우 신규대출 평균 거치기간은 35개월, 평균 약정 상환기간은 67개월이다. 이자율은 2010년도에 5%대였으나 점차 낮아져 2020년 1학기 2.0%, 2021년에는 1.7%까지 떨어졌다.

경제적 어려움에 따른 상환 부담으로 연체하는 사람이 늘고 있다. 2009년 연체율은 3.45%에 연체 잔액은 400억 원이었는데, 2012년에는 연체율 6.73%에 연체 잔액이 2627억 원까지 증가했다. 2012년에 정점을 찍은 연체율은 차츰 낮아져 2020년 말 기준 2.89%에 연체액은 1192억 원으로 줄었다. 하지만 2018년 5월말 국내은행 원화대출 연체율이 0.62%인 것과 관련해 언론에서 "대출연체율 빨간불"이라고 표현[57]한 것을 보면, 일반 학자금 대출 연체율이 3%에 육박하는 게 얼마나 심각한 상태인지 알 수 있다.

이렇게 볼 때, 소득이 일정 수준에 도달해야만 상환이 개시되는 취업 후 상환 학자금 대출로 전환하거나 해당 상품으로 신규 대출을 받으려는 수요가 늘어나는 건 당연한 흐름이라 할 수 있다. 문제는 취업 후 상환 대출의 유리함이 알려지면서 학자금뿐만 아니라 생활비 대출 수요까지 증가해 대출 규모가 계속 커지고 있다는 것이다. 2011년 일반상환 학자금 대출자 중 생활비 대출을 받은 사람은 52%였는데, 이는 매년 증가해 2020년 기준 80%에 달했다. 취업 후 상환학자금 대출도 똑같은 문제를 안고 있는데, 2010년 57.2%로 시작해 2020년에는 77.8%에 달할 정도로 생활비 대출 비중이 늘었다. 결국 학자금을 대출한 학생 중 상당수가 생활비 대출도 같이 받고 있다는 뜻인데, 이는 단지 등록금만 문제가 되는 게 아니라는 걸 알려준다. 요컨대 우리 청년들이 4년간 대학교육을 받으면서 주거비와 밥값 등 적

57 「한국경제」, 2018. 7. 4.

지 않은 숫자가 생활비 부족에 시달리고 있는 것이다.

만약 학비는 장학금으로 충당하지만 아르바이트로 생활비를 벌어야 하는 학생이 있다면, 생활비 대출은 학생이 공부에만 전념할 수 있는 조건으로 기능할 것이다. 하지만 생활비 대출이 실제 학생을 위해 사용되는지를 확인할 방법은 없다. 대출금이 집안의 채무를 갚는 데 쓰이거나 가족의 생계나 부모의 병원비와 같이 얼마든지 다른 용도로 사용될 수 있기 때문이다. 가족의 지원을 받아 편하게 학업에만 전념해야 할 학생이 집안의 경제적 어려움 때문에 대출을 받아 부모를 지원하고, 정작 자신이 생활하기 위해 아르바이트 전선에 뛰어드는 애처로운 사례도 많다.

생활비 대출 증가는 어려운 가계 상황을 반증하는 것이다. 일반 가계의 경제여건이 어려워지면 비싼 등록금과 생활비를 감당할 수 없는 학생이 많아지며, 당장 학업보다는 아르바이트에 더 많은 시간을 할애하지 않을 수 없어 결국 양질의 일자리를 잡지 못하는 결과로 이어진다. 그러면 그동안 대출한 교육비와 생활비까지 고스란히 빚으로 남아 정작 사회생활을 시작하기도 전에 빚진 인생을 살아야 한다.

시간이 지날수록 학자금과 생활비 대출이 늘어나는 반면 일자리는 계속 줄어들고 있다. 이는 결국 학자금 대출로 인한 신용유의자(信用留意者, 신용불량자)가 늘어나는 결과를 낳았다. 2011년 기준 일반상환학자금 대출자 중 신용유의자는 누적 기준으로 8085명이었으나 10년이 지난 2021년에는 1만1088명으로 3000명 가량 늘었다. 학자금 대출 연체로 인한 부실채권도 상당하다. 2021년 일반상환 학자금의 부실채권은 14만5753건에 금액으로는 2773억 원에 달했다.

　부실채권으로 인해 추심 받는 학생도 늘고 있다. 2011년 연체 채무자에 대한 한국장학재단의 소송건수는 362건이었으나 2020년에는 2204건으로 크게 늘었다. 가압류의 경우 2015년에는 669건으로 최고치를 찍고 줄어들긴 했으나 2020년 기준으로 348건이나 됐으며, 강제집행(압류추심)은 2011년 37건에서 2020년 195건으로 늘었다. 결국 우리 청년들은 교육을 받기 위해 진 빚 때문에 신용유의자로 전락하고, 국가기관으로부터 소송에 가압류, 강제집행 등 대부업체에서나 할 법한 추심으로 고통받고 있다.

| 고금리에 시달리는 학자금 대출 청년들

　한국장학재단에서 생활비를 대출받은 학생 중에는 가난을 대물림받은 기초생활수급자 혹은 바로 차상위계층 가정의 자녀가 많다. 취업 후 상환학자금 대출을 받은 학생 가운데 2020년 기준 졸업 후 소득요건을 충족해 상환이 개시된 사람 28만1138명 중 1만3552명이 기초생활수급자였고, 1분위 계층은 6만2170명으로 저소득층 자녀가 전체 상환개시자의 27%에 달했다. 또한 의무상환 미개시자(소득수준이 최저생계비 기준에 미달하여 상환이 개시되지 못한 자) 74만5698명 중에서는 기초생활수급자가 4만8885명, 1분위 계층이 16만9803명으로 전체의 29%였다. 이는 취업 후 상환학자금대출자 3명 중 1명은 기초생활수급자이거나 1분위 가정의 자녀라는 뜻이다.

일반학자금 대출자의 소득 분위별 연체율을 보면, 기초생활수급자 가정 자녀는 6.2%로 가장 높고, 1분위 계층 4.2%, 2분위 4.7%, 3분위 4.2%, 4분위 3.5%로 소득수준이 높아질수록 연체율이 낮아지는 걸 알 수 있다. 이런 현상은 고소득층을 포함한 일반학자금대출 평균 연체율이 2.89%인 것에서도 확인된다. 특히 소득9분위와 10분위인 최상층의 연체율은 2.2%로 기초생활수급자의 1/3에 지나지 않았다. 결국 가정 소득이 낮을수록 취업 후 상환학자금 대출에서 미상환 비율이 높고, 일반상환대출에서 연체율도 높은 걸 알 수 있다.

표 34. 2020년 기준 일반상환 학자금대출 소득분위별 상환현황

(단위: 백만 원, %)

구 분	잔액보유인원	상환금액	대출잔액	연체율
기초생활수급자	12,803	11,008	30,609	6.2
1분위	48,890	47,798	128,991	4.2
2분위	44,381	48,901	115,699	4.7
3분위	31,522	38,601	88,269	4.2
4분위	29,332	34,496	91,775	3.5
5분위	18,980	23,256	62,150	3.5
6분위	26,349	33,280	96,749	2.7
7분위	21,612	26,106	90,126	2.6
8분위	45,477	60,935	199,783	2.7
9분위	67,407	87,779	361,066	2.2
10분위	46,899	67,696	277,717	2.2
기타(소득미산정)	274,285	614,606	2,580,695	2.8
합계	667,937	1,094,463	4,123,629	2.89

(출처: 한국장학재단)

그런데 이처럼 많은 학생이 학자금과 생활비를 대출받고 상환에 어려움을 겪고 있는 상황에서, 정부차원에서의 이자 지원은 많지 않다. 교육이 복지 영역에서 무상으로 제공되는 유럽과 달리 대출을 통해 교육비를 해결하는 우리 학생들은, 이자까지 직접 부담해야 한다. 학자금대출이 도입될 초기만 해도 이자는 시중 금융권의 신용대출 금리에 버금갈 정도로 높았다. 담보가 없고 안정된 소득도 창출하지 못하는 학생이 받는 대출이다 보니, 자연 이자가 비쌌던 것이다.

학자금대출에 공공이 개입한 후에도 한동안 학자금 대출 이자는 중금리 대출의 이자 수준과 비슷했다. 2005년 2학기부터 2009년 1학기까지 주택금융공사가 취급했던 정부보증부 학자금 대출 평균 금리는 연 7.1%였다.[58] 금융위기가 터지기 직전인 2008년에는 더 올라 7% 중반대로 책정됐다. 한국장학재단이 설립된 후에도 한동안 금리는 꽤 높은 수준을 유지했다. 가령 2009년 2학기 기준 한국장학재단의 일반상환학자금 이자율은 연 5.8%였다. 이 때문에 지금도 당시 기준 이자율을 적용받으며 상환하는 대출자가 남아 있다. 물론 2009년 기준으로 보면 5.8%는 저금리에 속했다. 하지만 2022년 현재 2%대인 일반학자금 대출 금리와 비교하면 거의 2배에 달해 결코 싸다고 할 수 없다.

한편 채권자의 재산권과 채무자의 인권 가운데 재산권이 법적으로 더 높은 가치를 점한다고 주장하는 학자들의 의견에 따라, 부채

---

58 「조선일보」, 2013. 11. 17.

상환으로 인해 청년이 겪는 경제적 어려움은 채권자인 정부의 자금을 지켜야 한다는 의견보다 늘 후순위에 놓였다. 이는 국회에서 학자금대출 회수율 제고에 대한 지적이 매번 반복되는 이유이기도 하다. 국민 세금을 지키는 것도 중요하지만 소득이 적거나 혹은 아예 없어 빚에 허덕이는 청년에게 추심을 더 열심히 하라는 지적은, 교육의 투자성을 고려하지 않은 편협한 생각이자 지극히 채권자 중심주의적 사고가 아닐 수 없다.

채권자 편향적인
학자금 상환

| 채무자 사정을 고려하지 않은 악법,「학자금상환법」

　한국장학재단의 학자금대출은「취업 후 학자금 상환 특별법」(이하「학자금상환법」)에 법적 근거를 두고 있다. 이 법은 그 어떤 법보다 대출 상환의 의무를 엄격하게 규정하고 있다. 조문별로 하나씩 살펴보자. 먼저 제1조에 "이 법은 취업 후 상환 학자금대출을 실시함으로써 현재의 경제적 여건에 관계없이 누구나 의지와 능력에 따라 원하는 고등교육 기회를 가질 수 있도록 함을 목적으로 한다"고 명시돼 있다. 제4조는 "국가는 취업 후 상환 학자금대출 및 상환사업이 건전하게 운영되도록 하여야 한다."고 규정하고 있다. 두 조항을 비교해보면, 법의 목적과 국가의 책무가 서로 모순된 내용을 담고 있다는 걸 알 수 있다. 국가는 교육을 받고 싶은 학생에게 교육 기회를 막지 않아야 한다고 해놓고, 책무와 관련해서는 '상환이 건전하게 운영되도록 하는 것'이라고 규정하고 있기 때문이다. 하지만 학자금대출을 통해

보다 많은 학생이 학업을 할 수 있도록 하는 것과 상환이 건전하게 운영되는 것은 동시에 달성하기 어려운 목표이다. 사업의 건전성을 따지는 순간 보다 많은 학생들에게 학업의 기회를 주기보다는 상환이 가능할 만한 학생을 선별해서 지원하지 않을 수 없기 때문이다.

물론 대출을 실시하면서 상환문제를 전혀 신경 쓰지 않을 수 없다. 대출금은 국민의 소중한 세금을 재원으로 하기 때문이다. 하지만 이런 점을 고려한다 해도, 「학자금상환법」은 유독 국가의 책무와 관련해 엄격한 상환을 규정한 조항들을 다수 포함하고 있다. 계속 살펴보자.

제16조에 따르면, "채무자는 대출시점부터 대출원리금에 대한 상환의무를 부담한다. 다만, 제18조 제2항에 따라 납부시기에 이를 때까지 상환을 유예한다"고 규정하고 있다. 이는 상환의무가 소득이 발생한 이후부터가 아니라 대출한 날부터 시작된다는 걸 의미한다. 이에 따라 대출원리금은 현행 제17조 제1항에서 규정하는 바[59]와 같이 '대출시점'부터 상환시점까지 대출잔액에 적용한 이자로 계산된다. 취업 후 학자금상환 대출은 소득이 없는 학생 때는 상환 부담을 덜어주고 소득이 일정 수준 이상 될 때만 상환 의무를 부여하기 위한 제도다. 그러나 의무 부여 자체를 대출시점으로 해놓고, 그 의무를 잠시 취업 이후로 '미뤄두는' 것으로는 그 효과를 제대로 달성

---

[59] 「학자금상환법」 제17조 ① 채무자가 상환하여야 할 등록금 대출원리금은 등록금 대출잔액과 대출시점부터 상환시점까지 제11조에 따른 대출 금리를 등록금 대출잔액에 매 학기 단리(單利)로 적용한 이자를 합산한 금액으로 한다.

할 수 없다. 이에 대출시점부터 취업 이전 기간 동안 이자 부담을 경감하거나 무이자로 하려면, 제17조 제1항을 개정해 대출시점부터 적용되는 단리 이자를 폐지하고, 대출시점이 아닌 취업 이후부터 상환의무를 부담하도록 제16조도 함께 개정해야 한다.

이 밖에도 학자금 대출 상환의무는 65세까지 이어지는데, 이 조항도 청년에게 큰 부담으로 작용한다. 취업 후 학자금 대출을 성실히 갚아나간다 해도 불가피한 사정으로 65세가 되도록 학자금 대출을 다 갚지 못하면, 잔액의 크기에 상관없이 상환의무에서 벗어날 수 있다. 다만 이를 위해서는 채무자가 국민연금소득 외에 다른 소득이 없고 그나마도 대통령령으로 정하는 소득인정액 이하여야 한다. 요컨대 20대 때 공부하려고 빌린 돈을 다 갚지 못한 채 비경제활동인구인 65세에 이르러 상환부담에서 벗어나기 위해서는 연금소득 외에는 어떠한 소득도 없다는, 이른바 '자신의 가난'을 증명해야 하는 것이다. 제16조 제3항을 보면, "교육부장관은 채무자가 사망하거나 심신장애로 인하여 본인이 대출원리금을 상환할 수 없게 된 경우에는 대통령령으로 정하는 바에 따라 그 대출원리금의 전부 또는 일부의 상환을 면제할 수 있다"고 규정돼 있다. 이는 학자금을 대출한 사람은 최악의 경우 죽더라도 대출 상환 의무에서 전부 면제되는 것이 아니라는 뜻이다. 죽어서도 갚아야 하는 채권이 바로 학자금 대출이다.

「학자금상환법」 제18조는 채무자 연간소득금액이 상환기준소득을 넘어설 경우 둘 사이 차액의 20%를 무조건 상환해야 한다고 규정하고 있다. 가령 상환기준소득이 3000만 원인 가운데, 연봉이

4000만 원으로 인상되면, 차액인 1000만 원의 20%인 200만 원을 무조건 상환해야 하는 것이다. 하지만 무조건적인 상환 의무는 채무자의 선택을 저해하고 국가가 강압적으로 채무자의 소득을 압류하는 조치와 같다. 개인에 따라서는 비록 연봉 인상으로 상환기준소득을 넘어섰다고 해도 결혼자금이나 주택마련이 더 급할 수도 있다. 그런데 이처럼 개인사정을 무시한 채 상환의무를 부과한 건 결국 학자금 운영과 관련해 정부가 다른 무엇보다 상환에 가장 중요한 가치를 부여하고 있다는 걸 알 수 있다. 과도한 공권력 행사가 아닐 수 없다.

이 밖에도 제19조에 따르면, 교육부장관은 장기미상환자의 소득 및 재산을 조사할 권한을 갖고 있다. 제20조와 제21조는 해외로 이주하거나 유학을 가는 사람에게 출국 전까지 대출원리금 전액을 상환하도록 규정하고 있다. 유학생의 경우에는 담보라도 제공해야 한다. 어떤 민간 금융사나 채권자도 채무자에게 이런 조건을 부여하는 사례는 없다.

이자 면제 혜택을 지나치게 협소하게 설정한 것도 문제다. 정부는 대출 이자 면제와 관련해 군인만을 유일한 대상으로 삼고 있다. 다양한 이유로 휴학과 복학을 반복하고 취업마저 계속해서 미뤄지고 있는 대학생의 현실을 감안할 때, 국방의 의무를 지기 위해 학업을 유예한 군인에게만 이자를 면제해주는 건 지나치게 협소한 조치라 할 수 있다. 군인 외에도 생계나 다른 경제적 어려움으로 학업을 유예한 채 휴학을 반복하는 학생이 많다는 점에서, 이자를 면제해주는 혜택을 보다 더 확대할 필요가 있다.

이렇게 볼 때, 「학자금상환법」에 따른 대출이 다른 어떤 성격의 대출금보다 상환에 대해 엄격히 규제하고 있다는 걸 알 수 있다. 이는 학자금 대출이 '세금'이라는 이유 때문이다. 하지만 공공기관에서 운영하는 각종 대출 혹은 보증금 가운데 재원이 국민 세금 아닌 게 어디 있단 말인가? 이러 면에서 유독 학자금 대출과 관련해 엄격한 규정을 제시한 정부의 행태는 쉽게 이해되지 않는 측면이 많다.

외국의 경우 배움과 관련한 교육비는 투자나 복지의 성격을 갖고 있다. 이에 반해 우리는 대출을 해준 뒤 세금에 준해 취급하고 있다. 대출 당사자가 사망해도 갚아야 하고, 심지어 노후와 관련된 연금과 퇴직금도 상환 대상이 될 수 있다. 「민법」상 금전채권의 경우 소멸시효가 5년인데 반해 학자금대출에서만은 그 두 배인 10년이다. 모든 채권 가운데 학자금대출이 최고 선순위가 되는 건 물론 채무자가 파산해도 면책되지 않는 유일한 채권, 이것이 바로 대한민국의 학자금 대출이다. 실로 놀라운 일이 아닐 수 없다. 특히 이 가운데 가장 문제가 되는 건 파산 시에도 면책이 되지 않는다는 점이다. 「채무자 회생 및 파산에 관한 법률」 제564조에 따라 법원으로부터 파산 면책허가를 받은 사람이라 할지라도 학자금 대출과 관련해서는 책임이 면제되지 않는다.

세상에 어떤 고리대금업도 이처럼 채권자에게 제한 없는 무조건적이고 강력한 권한을 부여하고 있지 않다. 언제쯤 학자금대출이 절대 손실이 나면 안 되는, 그리하여 '반드시 돌려받아야 할 세금'에서 '미래 세대를 위한 투자'로 인식될 수 있을지 안타까울 뿐이다.

다른 나라는 복지,
우리나라는 대출

| 외국의 학자금 대출 실태

　외국도 우리처럼 학자금을 대출해줄까? 물론이다. 해외에도 학자금 대출은 존재한다. 학비가 비싸기로 유명한 미국이 대표적인 예다. 학비가 비싸고, 복지 지출이 상대적으로 적은 미국은 학자금 대출 규모가 가장 큰 나라 중 하나다. 고등교육비가 비싸기로는 전 세계에서 미국과 우리나라가 손꼽히는데, 다만 미국은 우리와는 다른 점이 몇 가지 있다. 첫째, 전 세계 다양한 국가에서 공부하기 위해 많은 학생이 유학한다. 둘째, 부유한 가정의 자녀에게는 기여입학을 허용하는 등 다양한 수단과 방법을 통해 학생을 선발한다. 셋째, 이에 따라 그만큼 다양한 펀딩을 통한 장학금 제도가 마련돼 있다. 한편 유럽에는 등록금이 아예 없는 나라가 있을 정도로 고등교육의 평준화와 보편화를 추구한다. 다양성을 추구하는 미국, 이에 반해 평준화와 보편화를 추구하는 유럽의 교육제도 모두 각각의 장단점을 갖고 있는데, 학자금 대출 제도를 나라별로 좀 더 자세히 알아보자.

먼저 유럽의 경우다. 영국은 정부 소유의 비영리기관인 SLC(Student Loans Company)가 대출을 실행한다. 우리나라의 장학재단과 비슷한 기관이다. 대출 이자율은 학부생인지 여부와 대출 시점에 따라 달라진다. 소득연계대출(Income Contingent Repayment Loans)의 경우 'Plan 1'과 'Plan 2'로 나누어진다. 잉글랜드와 웨일즈에서 2012년 9월 1일 이전에 대출했거나 스코틀랜드와 북아일랜드에서 2015년 9월 1일 이후 대출한 경우 Plan 1에 따라 0.9%의 이자율을 적용받는다. Plan 2는 잉글랜드와 웨일즈에서 2012년 9월 1일 이후 대출한 경우에 적용되는데 이자율은 보통 소매물가지수 + 3% 수준이다. 학업을 마친 이후에는 소득에 따라 이자율이 차등 적용된다. 영국의 학자금 대출 이자율은 물가지수에 기본 3%가 추가되기 때문에 우리의 장학재단을 통한 학자금대출보다는 조금 높다고 할 수 있다.

네덜란드의 경우에는 교육부에서 학자금을 지원하며 이자율은 0.81%에 불과하다. 덴마크도 교육부에서 학자금 대출을 집행하는데, 복지수준이 높은 만큼 대출이 일반적인 현상은 아니다. 다만 정부 보조금 상한선을 넘었거나 고등교육 과정을 이수하는 경우 학자금을 대출해준다. 이자율은 학업이 진행 중인 경우에는 연간 4%, 학업을 마친 이후에는 덴마크 중앙은행의 할인율(discount rate)인 통상 1%대를 적용받는다. 학업이 진행 중인 경우가 그렇지 않은 경우에 비해 이자율 수준이 더 높은 것이 특징이다.

노르웨이에서는 정부조직인 Norwegian State Educational Loan Fund가 학자금 대출을 실행하며, 졸업하기 전까지는 이자가 없다. 그러나 상환이 장기간에 걸쳐 길어지면 9.5%의 이자율을 부과한다. 폴란드에서는 정부소유은행(Polish national Bank), 상업은행 및 신용협동조합(Credit Union) 등에서 대출을 실시한다. 만약 상업은행 및 신용협동조합에서 학자금을 대출받으면 졸업 후 2년까지는 정부소유은행에서 이자를 지원해준다. 대출금 상환 시에는 폴란드은행에서 지정한 재할인율(rediscount rate)의 50% 수준에서 이자율이 책정된다. 프랑스도 정부조직인 Centre regional des oeuvres universitaires et scolaires에서 대출을 담당하며 이자율은 0%다.

그럼 우리와 가까운 아시아 국가들은 어떨까? 우선 일본에서는 문부과학성 산하 일본학생지원기구(JASSO)에서 대출을 시행한다. 대출 이자율이 학점이나 가계 소득에 따라 세분화 돼 있는 게 특징이다. '유형 1'의 경우 고교성적 평균점수 5.0기준 3.5 이상, 4인 가족 기준 1년 가계소득이 공립학교 기준 805만 엔 이하, 사립학교 기준 854만 엔 이하인 학생이 해당되는데, 이 경우 무이자를 적용받는다. '유형 2'는 유형 1의 기준을 만족하지 않으면서 4인 가족 기준 1년 가계소득이 공립학교 기준 1121만 엔 이하, 사립학교 기준 1170만 엔 이하인 학생으로, 이자율은 최저 0.63%에서 최고 3%까지 적용된다. 중국에서는 교육부, 재정부, 중앙인민은행, 중국은행업감독관리위원회가 대출을 실시한다. 모두 대출 시점에 중국 인민은행에서 공포된 일반 대출과 동일한 수준의 이자율이 적용되며, 재학 중에는 정부재정으로 이자를 지원한다.

마지막으로 학자금 대출이 활발한 미국의 경우를 살펴보면, 우선 교육부와 그 산하기관(Federal Student Aid)을 더한 공적 대출기관, 그리고 민간 학자금 대출기관(Private student loans)으로 대출주체가 이분화된 특징을 갖고 있다. 공적 대출기관의 경우 대출 상품에 따라 이자율은 최저 4.2%~6.84%까지 다양하며, 민간은행에서는 개인의 신용도에 따라 일반 신용대출처럼 기관 자율로 이자율을 책정한다. 한편 연방학자금 직접대출의 경우, 이자율은 4.53%~7.08%로 다소 높은 편이나 이자를 보전해주는 형태의 대출제도가 존재한다. 대출하는 과정에서 재산 증명은 필요치 않다.

이런 가운데 미국의 학자금대출은 다양한 면제 요건을 갖고 있다. 가령 대출자가 장애를 입었거나 사망, 파산한 경우 상환이 면제된다. 신체 혹은 정신적으로 고용 부적격 판정을 받은 경우에도 상환이 면제된다. 졸업 후 저소득층을 위한 교육서비스 기관에서 5년 이상 교사로 재직하면 학자금 대출 일부를 면제받는다. 공공서비스 종사자가 일정 회차 이상 상환한 경우에도 나머지 금액을 면제받을 수 있다. 소득과 연계된 상환 방식을 택한 경우에는 재량 소득의 약 10%를 상환해야 하며, 20년 혹은 25년 동안 상환했다면 잔액이 면제된다. 이는 학자금을 대출한 사람이 사망하거나 심신장애로 상환할 수 없는 경우에도 전부 면제되는 게 아닌 우리 현실과 비교하면, 엄청나게 큰 차이라 할 수 있다.

| 청년에게 '빚'보다 '빛'을 보게 할 순 없을까

역대 대통령들은 언제나 학생들의 등록금 문제를 해결하겠다고 다짐했다. 관련해 반값 등록금부터 든든학자금까지 다양한 대책도 내놓았다. 하지만 정치인의 말은 거의 실행되지 않았다. 선거철에만 등록금 문제 해결을 약속하고 당선 후 학자금 대출 문제는 늘 후순위로 밀렸다. 교육을 투자가 아닌 대출로, 대학생을 채무자로만 인식한 결과다.

투자란 원금이 몇 배로 늘어날 수도 있지만, 반대로 원금을 다 날릴 가능성도 있다. 학생을 대상으로 한 학자금 지원을 '대출'로 볼 것인지 '투자'로 볼 것인지도 마찬가지다. 만약 대출로 인식한다면, 한 명도 빠짐없이 대출자 모두 상환을 완제(完濟)하는 게 최대 목표가 된다. 반면 투자로 인식한다면 목표 자체가 달라진다. 설혹 몇몇이 상환에 실패하더라도 투자 대상자 가운데 글로벌 인재가 탄생해 기업을 만들고 고용을 늘려 결과적으로 국가 전체의 부를 늘린다면, 이는 곧 상환에 실패한 것을 뛰어넘는 결과를 낳는 것이다. 학자금 대출을 통해 스티브 잡스 같은 인재 1명만 키워낼 수 있다면, 그건 수천 혹은 수만 명의 대출금 미상환을 상쇄하고도 남는 성공한 투자가 될 것이다. 이런 면에서 '교육'은 얼마든지 투자가 될 수 있다. 다만 우리 사회가 아직 이 같은 인식전환을 하지 못한 게 문제다.

박근혜 "든든학자금 실질이자 `0%' 되도록 할것"

송고시간 | 2012-10-15 12:01

| 마산 방문..경남 지역 총학생회장단과 '캠퍼스 간담회'

대학생과의 간담회에서 든든학자금 실질이자가 0%가 되도록 하겠다는 박근혜 전 대통령

    2012년 10월 박근혜 대통령이 대학생과의 간담회를 통해 실질이자가 0%가 되도록 하겠다고 언급한 '든든학자금' 대출이라는 게 있다. 든든학자금이란, 한국장학재단에 의해 학자금은 물론 생활비까지 대출할 수 있는 제도다. 소득분위에 따라 무이자 대출도 가능하다. 이에 든든생활비를 무이자로 대출받아 학자금을 갚는 식의 일명 '돌려막기'가 학자금 대출 상환 팁(TIP)으로 대학생 사이에서 떠돌기도 했다. 그런데 이 상품은 의무상환이 개시되기 전에는 이자가 단리로 계산되지만, 취업을 한 순간부터 복리로 전환돼 사회초년생에게 큰 부담을 지우는 문제를 안고 있었다.

학자금대출의 높은 이자부담과 관련해 그동안 정치권은 여러 가지 대안을 제시했다. 2016년 총선 당시 더불어민주당은 학자금 대출이자를 무이자로 전환하자고 했다.[60] 국민의당은 대출이자를 1.5%로 인하하자고 주장했다. 새누리당도 2.7%에서 2.5%로 인하하자고 한 데 반해 정의당은 국가표준등록금제도를 도입하겠다고 했다. 하지만 정도의 차이만 있을 뿐, 학자금에 대한 정치권의 제안은 하나 같이 이자를 깎아주겠다는 것에 국한됐다. 정작 학생을 위한 학자금 지원이 '투자'라는 인식전환은 어디서도 찾아볼 수 없었다. 하지만 정치인과 공무원 모두 학자금 지원을 투자로 인식할 때, 비로소 미래세대인 청년이 대출 상환에 따른 빚의 굴레에서 벗어날 수 있다.

학업을 위해 국가에서 빌린 대출금이 단순히 이자와 원금을 모두 상환하는 것으로 마무리된다면, 그건 정부가 단지 이자 장사 한 것에 지나지 않는다. 반대로 대출한 학생 입장에서는 원리금을 갚기 위해 공부할 시간을 포기하고 아르바이트를 하지 않을 수 없어, 그만큼 사회진출이 늦어지거나 양질의 일자리를 잡지 못하는 결과를 낳을 수 있다. 더 큰 문제는 사회생활을 시작하기도 전에 빚의 굴레에 빠져든다는 것이다.

하지만 가난으로 학업을 할 수 없던 학생이 국가 지원을 받아 훌륭한 일꾼으로 성장해 창의력과 잠재력을 발산하며 경제발전에도

---

60 「문화일보」, 2016. 4. 1.

기여한다면, 이것이 바로 진정한 의미의 '빚 상환'이라 할 수 있다. 아니 이것이야말로 국가가 얻을 수 있는 최고의 투자수익이자 대출 이자다. 아울러 이처럼 가난한 청년이 우리 사회 동력으로 자라날 수 있도록 지원하는 게 정부가 학자금 대출제도를 운영하는 진짜 목적이라 할 수 있다.

그런데 현실은 어떤가? 갈수록 양질의 일자리는 줄어들고 청년은 실업의 늪에서 헤어나지 못하고 있다. 더욱이 빚은 그대로 남아 최저임금이나 계약직으로 사회생활을 시작하는 많은 청년이 국세에 준하는 의무로 학자금을 갚고 있다. 국민의 4대 의무 중 하나인 교육받을 권리가 오히려 빚을 양산하는 기제(機制)로 작동하는 현실을 우리는 언제까지 그냥 두고 봐야 할까? 교육비가 부족한 가정의 학생이 자신의 미래를 담보로 대출을 받을 게 아니라 사회복지 차원에서 해결할 때, 비로소 복지국가라 얘기할 수 있을 것이다.

III

채권 유통시장, 그 플레이어와 작동원리

1장

대출도 사고 팔린다, 유통되는 '좀비채권'

유명무실한
채권 소멸시효제도

| 채권이 좀비화 된다?

'좀비채권'이라는 말은 일반인에게는 무척 생소한 표현이다. 이 책을 통해 처음 접한 사람도 있을 것이다. 국어사전에도 없는 말이다. 그럼 좀비채권이란 무슨 말이며, 나아가 "채권이 좀비화 된다"는 건 무슨 뜻일까?

국어사전에 좀비채권이라는 말은 없지만, '좀비'라는 단어는 있다.[61] 여기서 좀비는 3가지 의미를 갖고 있다. 첫째, 숙식이나 컨디션에 지장이 있어 비실거리며 다니는 사람 둘째, 슈팅 게임에서 분명히 총으로 맞혔는데 캐릭터가 살아있는 유저 셋째, 온라인 게임에서 시스템이나 서버의 오류로 아무리 때려도 죽지 않는 몬스터, 다시 말

---

61 네이버 오픈사전 참고.

하면 죽어야 할 컨디션인데 죽지 않고 계속 살아남아 생명을 지지부진하게 연장하고 있는 시체 같은 존재를 의미한다. 한마디로 좀비란, 어떻게든 죽지 않고 살아 있는 존재다.

그렇다면 채권 앞에 좀비라는 단어는 왜 붙이는 걸까? 또 붙이면 무슨 의미가 될까? 좀비가 사람이 아니라 채권이라고 가정하면, '죽었어야 마땅한 채권이 죽지 않고 계속 살아서 돌아다니는 채권'을 말하는 것이라고 유추할 수 있다. 그럼 채권이 죽는다는 건 또 뭐고, 죽어야 하는데 죽지 않고 돌아다닌다는 건 또 무슨 뜻일까?

'채권이 죽는다'는 말은 법적 용어인 '시효'(時效)를 쉽게 설명하기 위해 사용하는 표현이다. 일반인이 시효와 관련해 가장 쉽게 이해하는 사례는 바로 범죄에 대한 '공소시효'일 것이다. 특정 범죄에 대한 가해자에게 '죗값'을 물을 수 있는 기간은 영원하지 않다. 법에서 정한 일정 기간 안에서만 가능한데, 법에서는 이 기간을 공소시효로 규정하고 있다. 국민의 법 감정 변화에 따라 2015년 살인죄에 대한 공소시효가 폐지되기 전까지, 관련한 기간은 25년이었다. 아무리 전 국민의 분노를 사는 천인공노할 살인범이라도 살인사건이 일어난 지 25년이 지나면, 그때부터는 범인을 처벌할 수 없었다.

채권에도 시효가 있다. 바로 '채권의 소멸시효'라는 것이다. 빚을 갚지 않는 사람에게 갚으라고 독촉할 수 있는 기간을 말한다. 통상 금융기관의 채권인 상사채권의 소멸시효는 5년이다.[62]

---

62 「민법」 제162조 제①항에 따르면, "채권은 10년간 행사하지 아니하면 소멸시효가 완성한다"고 돼 있다. 또 「상법」 제64조에 의거하면, "상행위로 인한 채권은 본법에 다른 규정이 없는 때에는 5년간 행사하지 아니하면 소멸시효가 완성한다"고 규정돼 있다.

다시 말해 5년이 지나면 채권자는 채무자에게 돈을 갚지 않은 것에 대한 책임을 물을 수 없다. 하지만 5년 동안 돈을 갚지 않았다고 해서 5년이 지나자마자 곧바로 빚에서 해방되는 사람은 거의 없다. 좀비가 된 채권이 계속 살아 숨 쉬고 있기 때문이다.[63]

| 법원 지급명령 통해 채권 회수기간 무한정 연장

그럼 어떻게 해서 이런 일이 벌어지는 것일까? 법에는 분명 5년이 지나면 금융기관에 의한 채권이 소멸된다고 하는데도 좀비가 돼 계속 살아나는 건 무엇 때문일까? 채권시장에서는 「민법」과 「상법」에 규정돼 있는 소멸시효 기간을 얼마든지 연장할 수 있다. 요컨대 「상법」에 규정돼 있는 5년이라는 기간을, 채권자가 마음먹기에 따라 10년이고 20년이고 계속 늘릴 수 있는 것이다. 과연 이게 어떻게 가능한 걸까?

채권에 대한 시효연장, 즉 채권이 좀비화 되는 건 법에 명시된 시효 연장에 관한 조항 때문이다. 「민법」은 채권의 소멸시효를 일정한 요건만 갖추면 얼마든지 연장할 수 있도록 관련 규정을 두고 있다. 우선 시효 연장 전에 시효 진행을 중단 시킬 수 있는데, 그 절차

---

63 채권에도 공소시효가 있다는 사실을 아는 사람은 생각보다 많지 않다. 이유는 간단하다. 돈을 받아야 하는 채권자가 돈을 갚아야 하는 채무자에게 이를 알리지 않기 때문이다. 그렇다고 학교나 사회에서 채무자 보호를 위해 이런 내용을 교육하는 것도 아니다.

는 상당히 간단하다. 채권자들이 선호하는 방식은 지급명령이다. 지급명령이란, 법원이 채무자에게 "이 채무가 당신 것이 맞느냐?" 또 "당신이 진 빚이라면 이 금액이 틀림없느냐?"는 걸 물어보는 행위다. 채무자가 2주 동안 이의를 제기하지 않으면 채무는 그대로 확정된다. 채권자들이 지급명령을 선호하는 이유는 청구 소송을 제기하는 것보다 간단하고 비용도 적게 들기 때문이다. 법원 전자소송을 통해 신청할 수 있고 인지대와 송달료만 부담하면 된다. 지급명령은 채권자의 신청만으로 진행되는 약식절차이고 채무자가 이의제기를 하지 않는다면 대부분 확정된다. 지급명령은 신청과 동시에 시효진행이 중단된다. 또한 지급 명령이 확정된 후 채권자는 새롭게 10년 동안 원금과 이자를 돌려받을 권리를 확보한다.

지급명령을 한 번 더 거치면 소멸시효는 20년으로 늘어난다. 지급 명령 외에도 가압류와 가처분 신청, '승인'의 방법으로 시효를 중단시키거나 연장할 수 있다. 여기서 승인이란 채무자가 채무 상환의 일부를 상환하거나 상환의사를 명시적으로 표시할 경우 잔존 채무를 상환하겠다고 승인한 것으로, 소멸시효 중단의 사유가 된다. 승인의 방식은 채무자에게 연락이 닿을 경우 채권자가 손쉽게 소멸시효를 연장할 수 있는 수단으로 활용된다. 이러한 방식으로 죽어야할 채권이 새롭게 생명을 얻어 좀비가 된다.

다음으로 금융기관은 이렇게 살아난 채권을 대부업체나 신용정보회사에 매각한다. Ⅱ부제1장에서 살펴본 것처럼, 통상 3개월 이상 연체되면 '기한이익'이 상실된다. 대출과 관련해 3개월이라는 기간 및 기한이익 상실이라는 개념은 대단히 중요한 의미를 갖는다. 높은 연체 이자를 내야 하는 금융기관의 관리대상이 되기 때문이다. 그런데 채무를 감당하지 못해 1년 정도 더 연체되면, 결국 상각(償却)처리 된다. 여기서 '상각'이란, 금융사가 자신의 채권을 '장부에서 지워버리는 것'을 말한다. 왜 이런 일이 벌어질까? 금융사가 연체상태인 부실채권을 많이 갖고 있을수록 각종 건전성 지표(재무건전성 비율)가 악화되기 때문이다. 재무건전성 비율이란, 금융사가 갖고 있는 전체 채권 중에서 되돌려 받지 못할 '위험'이 큰 채권이 차지하는 비중을 뜻한다. 이처럼 되돌려 받을 가능성이 낮은 부실채권을 많이 갖고 있을수록 건전성 지표는 계속 악화된다. 그렇게 되면 자금조달이나 주가(株價) 등에도 연쇄적인 영향을 미치기 때문에, 결국 금융사는 이를 매각해 장부를 깨끗하게(?) '조작'[64]한다.

그럼 장부에서 사라진 채권은 어떤 운명에 처할까? 금융사가 회수를 포기했으니 채무자는 더 이상 갚지 않아도 되는 걸까? 절대 그렇지 않다. 기한이익이 상실되면 대출만기는 의미가 없어진다. 소멸시효 연장으로 대출원금을 전액 상환해야 하고 갚을 때까지 높은 연체이자도 부담해야 한다. 한마디로 기한이익 상실→소멸시효 연장→채권추심→소멸시효 재연장→계속된 채권추심이라는 악순환이 반복되는 것이다.

단, 이를 위해서는 첫째, 금융기관이 연체자 한 명 한 명에게 우

---

64 금융사가 제대로 된 신용평가를 통해 우량한 고객에게 대출해줌으로써 원금과 이자를 제때 상환 받을 때, 건전성 지표는 지켜질 수 있다. 반대로 신용에 기반 하지 않고 대출을 남발할 경우 이의 부실화로 자연 건전성은 떨어지기 마련이다. 하지만 대출을 남발하고도 연체 가능성이 높은 대출을 장부에서 없애버려 결과적으로 건전성 지표를 담보하는 것은 부정한 것에 지나지 않는다는 점에서 '조작'으로 표현했다.

편을 보내고 전화해 채무를 받아내는 수고를 감내해야 한다. 둘째, 앞서 설명한 건전성 지표 때문에라도 시간을 두고 연체금을 회수하는 데는 무리가 따른다. 그래서 결국 이 같은 두 가지 점 때문에 상각을 통해 부실채권을 매각한다. 부실채권은 통상 제1금융권 혹은 여신전문기관에서 대출금리가 최고로 높은 대부업체로 넘어간다. 한마디로 부실채권도 물건처럼 금융시장에서 사고 팔리는 것이다. "채권이 좀비가 돼 돌아다닌다"는 건 바로 이를 두고 하는 말이다.

　물론 부실채권이라고 해서 무조건 다 매각되는 건 아니다. 이를 처리하는 방법은 크게 3가지로 나눠진다. 첫째, 채무자에게 상환능력이 생길 때까지 기다려주거나 채무를 조정해준다. 하지만 현재 이 방법은 거의 사용되지 않으며, 소득이 일정 수준보다 아주 낮을 경우에만 제한적으로 적용된다. 둘째, 정상적인 추심을 통해서는 되돌려 받는 게 쉽지 않은 사람들이라 상정하고, 추심을 전문으로 하는 금융기관에게 잠시 맡긴다. 이를 추심위탁이라고 하는데, 주로 추심 강도가 센 신용정보회사가 그 역할을 대신한다. 이 경우 채권추심만 맡긴다는 점에서, 채권은 아직 대출해준 금융기관이 갖고 있다. 셋째, 채권을 포기하고 매각한다. 앞서 살펴봤듯, 금융사가 채권을 포기하고 대손충당금을 쌓은 뒤 매각을 통해 부실채권을 장부에서 지워버리는 것이다. 마치 내가 쓰던 컴퓨터를 약간의 돈을 받고 중고시장에 내다 팔듯 채권 또한 똑같은 과정을 거친다. 이렇게 되면 최초로 대출을 실행한 A금융사는 더 이상 채권자가 아니다. 이제 채권은 B금융사에 넘어가고 동시에 마치 자신이 대출해준 양 채권을 상환 받을 권리를 갖는다. 아울러 기한 제한도 없다. 마음만 먹는다면 채무자가 죽을 때까지, 아니 채무자가 죽은 후에도 추심을 통해 원금과 이자를 모두 회수할 수 있다.

채무자 가운데 이 같은 사실을 잘 아는 사람은 많지 않다. 대부분은 어느 날 갑자기 듣도 보도 못한 채권자로부터 채권회수에 대한 안내장이 날아온 뒤에라야 비로소 "이게 뭐지?" 혹은 "난 이 기관에서 대출 받은 적이 없는데 왜 추심을 하겠다는 것이지?"와 같은 의문을 갖는다. 나에 대한 채권이 언제 어디로 팔렸는지도 알 수 없고, 관련한 고지(告知)도 받지 못해 그저 어안이 벙벙할 뿐이다. 물론 개중에는 소멸시효를 훨씬 넘긴 것도 있지만, 애초 채권에 대한 소멸시효가 있는지조차 잘 알지 못하니, 그저 배보다 배꼽이 더 커진 현실만 한탄할 뿐이다.

폭행, 사기, 절도, 횡령 등 웬만한 범죄에는 모두 다 공소시효가 있다. 단지 살인죄를 비롯해 내란죄, 반란죄, 13세 미만 아동 및 장애인 대상 성폭력과 같이 사회적으로 용서되지 않는 몇몇 특정 범죄에 한해서만 공소시효가 없다. 그렇다면 사실상 채권에 대한 시효가 없다는 건 이것이 살인죄나 내란죄만큼이나 국민 정서상 수용되지 않는 범죄이기 때문이란 말인가? 채권-채무자 관계가 공정하거나 평등하지 않고 늘 일방적으로 '기울어져 있다'고 하는 이유도 바로 여기에 있다. 채권에 대한 소멸시효 완성은 대단히 중요한 의미를 갖는다. 금융기관이 지급명령을 통해 10년이고 20년이고 소멸시효를 연장하지 못하도록 우리 사회가 하루 빨리 나서야 한다.

| 부실채권은 얼마에 사고 팔릴까?

이제 부실채권을 누가 얼마에 사고 파는지 좀 더 자세히 알아보자. 2017년 8월 말 기준으로 상위 20개 대부업체가 보유하고 있는 부실채권 244만 건을 분석해보았다.[65] 먼저 244만 건과 관련해 대부업체에 매각한 최초 채권자를 살펴보면, 같은 대부업체가 118만 건으로 가장 많았고 카드와 캐피탈 등 여신금융기관이 41만 건, 저축은행 37만 건 순이다.

그럼 대부업체는 이 많은 채권을 얼마에 구입했을까? [표 35]에서 채권의 액면가액은 원금을 말하고, 원리금은 원금과 이자를 합한 것이며, 매입액은 대부업체가 원채권자로부터 채권을 사온 금액을 말한다. 대부업체가 은행에서 사온 채권을 예로 들면, 원금이 3.8조 원인 부실채권을 단돈 1285억 원에 샀다는 것을 알 수 있다. 매입가율은 3.4%(1285억/3.8조)에 지나지 않는다. 중고 물품을 원가의 3.4%에 사온다는 건 거의 '땡처리'나 다름없다. 그런데 여기서 3.4%는 원금 대비 매입가만을 의미할 뿐이다. 만약 이자까지 더한 원리금 대비 매입액을 기준으로 계산하면, 실질 매입율은 이보다 훨씬 더 낮아진다. '공짜'(?)라도 해도 과언이 아니다.

---

65 여기서 부실채권 규모를 5년 전 지표로 설명하는 이유는 다음과 같다. 2017년 당시는 장기연체부실채권에 대한 문제가 처음으로 공론화 돼 대규모로 처리되기 직전으로, 규모가 가장 크고 추심이 극대화됐던 시기다. 물론 2017년 이후 부실채권이 어느 정도 정리됐지만, 당시 부실채권의 매입가율, 채권 연령 등의 특성은 현재도 비슷할 것으로 추측된다. 특히 2021년 이후 급증한 가계부채가 또다시 장기연체부실채권을 대거 양산할 가능성이 크다는 점에서, 2017년 부실채권의 특성을 분석하는 것은 큰 의미가 있다.

표 35. 2017년 8월 말 기준 상위 20개 매입채권추심사 채권매입현황

(단위: 건, 백만 원)

채권매입처	채권 건수	액면가액(A)	매입채권 원리금	매입액(B)	매입가율(B/A)
은행	360,756	3,818,630	10,061,271	128,511	3.4%
저축은행	374,565	2,416,789	6,158,105	335,070	13.9%
여신전문 금융회사	411,250	2,129,344	6,139,952	287,394	13.5%
보험사	10,922	90,996	158,227	11,655	12.8%
증권 및 종금사	189	221,399	504,802	328	0.1%
대부업체	1,187,673	4,315,645	11,642,117	496,113	11.5%
기타	102,139	7,438,957	8,919,743	51,715	0.7%
소계	2,447,494	20,431,762	43,584,220	1,310,789	6.4%

(출처: 한국장학재단)

* 20개사: 나이스대부, 디에스엔피엘인베스트먼트대부, 디에이치대부, 비케이자산관리대부, 엠메이드대부, 엠씨아이대부, 예스자산대부, 와이케이대부, 와이티에프앤아이대부, 웰릭스F&I대부, 유진대부금융, 제일호더블류홀딩스자산대부, 채권추심전문엘씨대부, 케이씨알자산관리대부, 케이아이코아즈대부, 하이대부자산관리유한회사, 한빛자산관리대부, 한울가람대부, 해진에셋대부, 브라보캐피탈앤드대부

　그럼 땡처리 부실채권은 대체 얼마나 오랜 동안 연체된 것일까? 244만 건 중 연체기간 5년 미만 채권은 96만 건, 5년에서 15년 미만 채권은 97만 건, 15년 이상 25년 미만 채권은 51만 건이다. 무려 25년 이상 된 채권도 3,500건이나 됐다. 금융채권의 소멸시효가 5년이라는 점을 고려할 때, 대부업체가 갖고 있는 대부분의 채권이

소멸시효 완성[66]기간의 몇 배를 넘겼다는 걸 알 수 있다. 심지어 이 가운데는 소멸시효가 완성된 채권도 약 16만 건에 달했다. 이는 마치 공소시효가 끝난 범죄와 관련해 검찰이나 경찰이 혐의자를 계속 수사 선상에 두고 있는 것과 하등 다를 게 없다.

이렇게 채권연령이 오래된 이유는 부실채권이 여러 차례 매각과 정을 거치며 지급명령을 통해 좀비화 된 데 따른 것이다. 244만 건 중 1회 매각된 채권은 133만 건, 2회 매각된 채권은 56만 건, 3회 매각된 채권은 23만 건이다. 이게 끝이 아니다. 매각 횟수를 파악할 수조차 없는 채권이 9만3000건이고, 6회 이상 매각된 채권도 1만3000건에 달했다. 채권자가 6차례나 바뀐 상황을 상상이나 할 수 있을까? 이 정도 되면 보통 사람은 내 채권이지만 이게 처음에 몇% 금리로 어디서 빌린 것이고, 그동안 얼마를 갚았고 또 못 갚은 건 얼마나 되며, 이자가 얼마나 쌓였는지를 파악하는 것조차 불가능한 일이 되고 만다. 매각 과정에서 이자율도 높아지고, 장기간 이자가 계속 쌓이면 원금 대비 이자만 100~200% 이상 늘어난 경우도 다반사다. 채무자는 거의 자포자기 상태에 놓이지 않을 수 없다.

가장 큰 문제는 이 과정에서 부과되는 이자율이 웬만한 소득으로

---

66 '소멸시효가 완성됐다'는 건 채권자가 소송을 통해서도 더 이상 시효를 연장하지 않아 말 그대로 소멸시효가 다 지난 걸 말한다. 이 경우 소멸시효가 완료되면 추심을 할 수 없지만 현행법상 명확히 추심을 금지하는 조항이 없는 데 따라 채권자들은 소멸시효 완성채권에 대해서도 관행적으로 추심을 해왔다. 다만 2017년 금융감독원 가이드라인을 통해 소멸시효 완성채권이 모두 소각처리 돼 더 이상 관련한 추심이 이뤄지지 않는 일이 있었다(2018. 8. 23. 금융감독원 「전 금융권 소멸시효 완성채권 소각현황 및 향후 계획」). 하지만 이건 어디까지나 일회성에 지나지 않았다. 법 개정이 뒷받침되지 않는 데 따라 소멸시효가 완성된 채권이라고 해도 지금도 계속해서 채무자를 괴롭히고 있기 때문이다.

는 감당하기 어려운 고율이라는 점이다. 대부업체가 갖고 있는 채권의 평균 연체기간이 10년 정도라고 가정했을 때, 그 기간 동안 쌓였을 일반 및 연체 이자는 10년 전 고율의 이자로 계산된다. 앞선 논의를 통해 해가 갈수록 법정최고금리가 낮아졌다는 걸 확인했는데, 이 말은 곧 시간을 거슬러 올라갈수록 이자율이 높았다는 뜻이다. 만약 10년 전 이자율을 적용해 연체이자가 10년간 쌓였다면, 이자가 원금보다 적게는 몇 배에서 많게는 수십 배까지 불어났다는 것을 상상하는 건 별로 어려운 일이 아니다. 생각만으로도 실로 아득할 지경이다. 이렇게 되면 이미 담보로 잡힌 집을 날리는 건 물론 그러고도 평생 채권추심에 시달려 인생 전체가 망가질 수 있다.

실제로 244만 건 채권 중 35% 이상의 이자를 물고 있는 채권은 65만 건이고, 27.9~35% 미만 채권은 72만 건에 달했다. 절반가량이 2017년 당시 이미 법정최고이자인 27.9% 이상을 적용받고 있었던 것이다. 어림잡아 이자율을 30%라고 가정해도 3년만 경과하면 이미 원금을 넘어선다. 이 상태로 10년을 보냈다면 원금 대비 300% 이상의 이자가 쌓였을 거라고 계산할 수 있다. 이 경우, 어느 날 갑자기 복권에 당첨되거나 10년 사이 갑자기 소득이 3배 이상 뛰지 않는 한 도저히 갚을 수 없다는 건 초등학생도 아는 사실이다. 모두 다 부실채권이 장기적으로 표류하면서 이자가 계속해서 누적돼 발생한 일이다.

집계조차 되지 않았던
소멸시효 완성채권

| 소멸시효 완성채권을 집계하기 시작했다

그동안 금융기관에서 '소멸시효 완성채권'은 금기(禁忌)나 다름없었다. 대부분 관심이 없거나 잘 알지 못했고, 설혹 알았다 손치더라도 얘기할 필요도 없었기 때문이다. 금융기관 입장에서는 다음과 같은 두 가지 이유 때문에라도 채무자가 소멸시효 완성채권에 대해 아는 게 싫었을 것이다. 첫째, 소멸시효가 완성될 때까지 채무자가 돈을 상환하지 않고 버틸 가능성이 높기 때문이다. 둘째, 소멸시효가 완성된 채권이 계속해서 추심되고 있는 사실이 알려져서는 안 되기 때문이다.

상황이 이와 같을 때 금융사가 소멸시효 완성채권을 별도 관리하거나 관련한 통계를 갖고 있을 리 만무했다. 실제로 국회에서 소멸시효 완성채권에 대해 최초로 자료를 요구한 2016년 6월 당시, 이를 관리하고 있는 금융사는 단 한 곳도 없었다. 그동안 누구도 소멸시효 완성채권에 대해 관심을 갖거나 자료를 요구하지 않았으니, 어찌 보면 너무나 당연한 결과였다.

자본력이 있는 금융사(채권자)의 논리를 그대로 답습하는 금융당국과 언론 모두 그동안 소멸시효 완성채권이 무엇인지, 또 그것이 채무자에게 어떤 의미를 갖는지조차 관심을 두지 않았다. 자연 관련한 교육도 없었고 정책도 수립되지 않았다. 국회에서 수많은 금융사건 사고를 다루면서 금융소비자를 보호하기 위한 정책이 쏟아졌지만, 소멸시효 완성채권이라는 개념이 제대로 조명 받은 적은 없었다. 지금도 사정은 크게 다르지 않다. 그러다보니 일반 금융소비자가 소멸시효라는 어려운 법적 용어를 아는 것부터 쉽지 않은 과제였다. 더욱이 소멸시효가 완성될 경우 채무를 독촉할 수 없다는 걸 알고 적절히 대처하는 건 불가능에 가까웠다.

표 36. 2017년 6월 말 기준 금융권 소멸시효 완성채권 현황

(단위: 건, 억 원)

구 분	기업대출		개인대출		합 계	
	건 수	금 액	건 수	금 액	건 수	금 액
은 행	39,062	97,635	36,632	7,014	75,694	104,649
증 권	18	421	813	111	831	532
보 험	461	584	75,617	2,935	76,078	3,519
상호금융	32,390	4,996	6,367	1,081	38,757	6,077
여 전	255,925	5,301	24,356	3,864	280,281	9,164
저축은행	10,204	3,988	14,548	923	24,752	4,911
합 계	338,060	112,925	158,333	15,928	496,393	128,852

(출처 : 금융감독원)

관련한 몇 차례 자료요구가 이어지자 2017년 6월 들어 비로소 금융권 전체에 걸친 소멸시효 완성채권이 집계됐다. 전체 규모는 49만 건에 금액으로는 약 12.9조 원에 달하는 것으로 조사됐다. 49만여 건 중 개인대출이 15만 건, 기업대출이 33만 건이었으며, 업역별로는 여신전문금융업이 28만 건으로 압도적으로 많았다. 금액상으로는 12조 원 중 은행이 10조 원[67]을 차지했다.

| 소멸시효 완성채권으로 가기 전 단계, 특수채권

채권이 소멸시효 완성 단계까지 이르는 건 쉽지 않은 일이다. 이유는 크게 두 가지다. 첫째, 소멸시효가 완성되기까지는 복잡한 여러 단계를 거쳐야 한다. 둘째, 금융기관은 법원의 지급명령 말고도 꼼수를 통해 얼마든지 소멸시효를 연장할 수 있다.

소멸시효가 완성되기 전, 즉 시효가 지속되는 상태의 채권을 '특수채권'이라고 하는데, 먼저 이 특수채권의 개념부터 살펴보자. 채무자가 금융회사에서 돈을 빌리면 채권-채무관계가 성립된다. 제대로 잘 갚으면 이 채권은 '정상채권'이다. 그런데 3개월 연속 연체되면 '부실채권' 혹은 '정리여신'으로 분류된다. 이때부터 금융사는 채무자에게 기존이자와는 별도로 높은 연체이자를 적용한다. 회수가

67 이 가운데 9.7조 원이 법인채권이다.

능성이 없는 부실채권을 재무상태표에서 제거하는 절차를 '대손상 각'이라고 하고 대손상각 된 부실채권을 상각채권이라 하는데, 상각 채권은 금융회사 장부에서 지워지고 특별계정에서 별도 관리된다. 이를 통상 특수채권이라고 한다.[68]

이렇게 채권이 상각되면 소멸시효 완성 날짜가 확정된다. 최초 연체일로부터 5년이 경과한 날이 바로 그것이다. 그런데 소멸시효는 채무자에게 연락이 되지 않거나 상환 의지를 확인할 수 없을 때만 경과된다. 다시 말해 소멸시효가 도래하기 전 채무자가 어떤 방식으로든 '상환 의지'를 표현하면, 그 때부터 소멸시효는 중단된다. 예를 들어 금융사가 1년간 연락이 닿지 않던 채무자에게 전화해 "본인이 맞나?", "언제 갚을 것이냐?" 라고 물었을 때 "곧 갚겠다"고 의사를 표현하면, 소멸시효는 중단된다. 대개 채무자는 갚을 수 없는 처지임에도 불구하고 금융사가 전화 하면 일단 갚겠다고 답한다. 금융사(특히 대부업체 등 추심업체)는 이렇게 전화로 상환의지를 확인하는 것과 같은 간단한 방법만으로도 소멸시효를 계속 연장할 수 있다.

한편 전화로 채무자의 상환의지를 확인해 소멸시효를 5년 이상 무한정 늘릴 수 있는 환경 속에서 우여곡절 끝에 겨우 완성일이 도래하면, 금융사는 전자소송이라는 간편한 절차를 통해 소멸시효를 일괄 연장한다. 전자소송은 간단하고 큰 비용이 들지 않아 금융사는 일단 소멸시효를 연장해놓고 보자는 생각을 하는 것이다.

---

68 금융위원회 금융용어설명자료 참조.

물론 금융사는 대외적으로 소멸시효가 도래하면 연장할지 여부를 판단한다고 설명한다. 만약 추심 비용보다 회수의 실익이 높다고 판단, 요컨대 채무자가 재산도 좀 있는 것 같고 추심을 하면 얼마라도 더 받아낼 수 있겠다는 판단이 들 때 비로소 소송을 통해 소멸시효를 연장한다는 것이다. 하지만 이건 교과서적인 답변에 지나지 않는다. 채권별로 건건이 회수실익을 따지는 게 쉽지 않고, 또 그렇게 하기 위해서는 노동력과 비용도 많이 들기 때문에 결국 수천에서 수만 건의 채권에 대해 한꺼번에 전자소송이라는 간단한 절차를 거쳐 소멸시효를 연장한다.

다양한 방법을 통해 쉽게 채권 시효를 연장할 수 있지만, 그럼에도 간혹 채권자가 시효 연장을 포기하는 경우가 있다. 채무자에 대한 재산 조사 등 법적으로 가능한 모든 조사를 했음에도 불구하고 더 이상 받아낼 게 없다고 판단될 때가 바로 그런 경우다. 이때 금융사는 비로소 시효 연장을 포기하고 시효를 '완성'시킨다.

하지만 실제로 금융사가 이처럼 자체적으로 시효를 완성하는 건 매우 드물기 때문에 금융당국은 강제로 시효를 포기하게 할 수 있는 최소한의 기준을 마련했다. 금융감독원과 협의를 통해 은행권이 마련한 「소멸시효 포기기준 및 소멸시효 완성채권의 소각기준 모범규준」에 따르면, 소멸시효를 연장할 수 없는 채권은 △200만 원 이하의 소액채권 △채무자와 연락이 두절된 채권 △채무자의 재산이 전혀 없는 채권 △채무자가 사망했거나 고령자인 채권 등이다. 최근 들어 일부 금융사는 이 기준에 부합하면 더 이상 소멸시효를 연장하지 않는다. 다만 이를 지키지 않아도 처벌조항이 없다 보니 실효성을 담보하는 데 한계가 있다. 더욱이 준수여부에 대한 금융당국의 감독이 뒷받침되지 않아 악덕 대부업체가 채권 시효를 연장하거나 추심하는 사례도 많다.

이와 관련, 시효완성 조건에 부합하는 채권인데도 지켜지지 않는 사례가 주빌리은행 같은 시민단체에 접수된다. 그러면 시민단체는 이를 금융감독원에 전달하고 구제를 요청하는데, "처벌조항이 없다보니 해당 금융사를 제재할 도리가 없다"는 답변만 돌아올 뿐이다. 소멸시효 완성이라는 지침이 갖는 한계가 아닐 수 없다.

한편 소멸시효가 완성된 후에도 채권자는 '꼼수'를 통해 얼마든지 부활시킬 수 있다. 이는 소멸시효에 대한 채무자의 무지(?)를 악용하는 방식으로 이뤄진다. 가령 우여곡절 끝에 소멸시효가 모두 완성되면 채무자는 이에 대해 빚을 갚지 않아도 된다. 하지만 채권자는 "일부만 납부하면 원금을 대폭 감면해 주겠다"고 유혹, 소멸시효를 무력화시킨다. 다시 말해 소멸시효가 완성됐다고 해도, 채무자가 일부 빚을 갚으면 채무가 부활한다는 점을 악용하는 것이다. 하지만 이런 사실을 알 리 없는 채무자는 빚을 탕감해준다는 꼬드김에 넘어가 갚지 않아도 될 빚을 다시 떠안게 된다. 결국 소멸시효 완성에 대해 알지 못하다보니, 또다시 빚의 굴레에 빠져드는 것이다. 채무자가 소멸시효에 대해 잘 알고 있어야 하고, 금융관련 지식으로 무장해야 하는 이유도 바로 여기에 있다.

금융사가 시효연장을 포기하면 채권은 비로소 그 수명을 다한다. 좀비처럼 살아서 돌아다니던 채권이 정말 죽는 것이다. 그럼 이것으로 모든 게 끝난 것일까? 실은 그렇지 않다. 금융사는 시효 연장을 포기한 채권에 대한 관련 정보를 5년간 보유한다. 좀비채권은 죽었지만 관련기록은 5년 더 금융사에 살아있는 것이다. 동시에 이렇게 남겨진 채무 관련 정보는 채무자의 자유로운 경제생활을 어렵게 만든다. 가령 새롭게 대출을 받으려고 해도 시효가 완성된 채권과 관련한 기록이 신용점수를 갉아먹는 요소로 작용해 경제생활의 발목을 잡는 것이다. 5년간의 정보 보유 기간마저 모두 지나면 그때서야 채권은 이 세상에서 완전히 사라진다. 실로 기나긴 여정이 아닐 수 없다.

그런데 글쓴이가 이처럼 특수채권(상각된 채권이 좀비화 되는 것)을 포함해 소멸시효 완성이라는 전 과정을 길게 설명하는 건 앞서 언급한 12.9조 원에 달하는 민간 금융사의 소멸시효 완성채권이 좀비채권의 전부가 아니기 때문이다. 실제로 소멸시효가 완성된 채권만 파악해서는 부실채권이나 좀비채권에 대한 전체 규모를 알 수 없다. 소멸시효 완성채권으로 가기 전 단계에 머물러 있는 채권, 즉 특수채권도 모두 파악할 때 비로소 전체 부실채권 규모를 알 수 있다. 아울러 특수채권은 소멸시효 완성채권으로 가는 길목에서 죽지 않은 채 존재하며 지속적으로 채무자를 괴롭힌다는 점에서 더 큰 관심이 필요하다.

| 1800조 가계부채에 포함되지 않는 특수채권

2017년 3월 말 기준 민간 금융사가 보유한 전체 특수채권 규모를 분석해봤다. 당시 특수채권 전체 규모는 20조1542억 원(원금 11조 9660억, 이자 8조1882억)이나 됐다. 이 가운데 소멸시효가 1회 이상 연장 된 채권은 총 8조2085억 원으로 전체의 40%를 차지했다. 이는 채 권 10건 중 4건이 법정 소멸시효 5년을 채운 후에도 소송 등의 방 법으로 계속해서 소멸시효가 연장되고 있다는 의미다. 특히 이 구간 에 속하는 채권은 최소 5년 이상, 최대 10년 가까이 연체상태에 있 는 것들이다. 더 큰 문제는 금융사가 시효연장을 포기하지 않는 데 따 라 향후 얼마나 더 죽지 않고 살아있을지 가늠조차 되지 않는다는 것 이다.

표 37. 2017년 3월 말 기준 민간 금융사 특수채권 현황

(단위: 건, 백만 원)

구 분	잔액	최초소멸시효 미도래	소멸시효 1차 연장	소멸시효 2차 연장	소멸시효 3차 이상 연장
차주수	1,144,317	768,875	331,843	40,142	3,457
원 금	11,966,084	8,074,690	3,493,464	371,699	26,230
이 자	8,188,209	3,871,008	3,654,537	616,311	46,353
원리금 합계	20,154,293	11,945,701	7,148,003	988,010	72,583

(출처: 금융감독원 자료 재구성)

소멸시효가 연장된 채권은 오랜 연체로 인해 이자가 원금을 초과 한 경우가 많다. 앞서 언급한 20.1조 원 규모의 특수채권을 업역별 로 분석해보면, 은행의 특수채권은 총 11조2539억 원 중 원금이 7 조981억 원, 이자가 4조1558억 원으로 이자가 원금을 초과하진 않 았다. 그러나 제2금융권 중에서는 이자가 원금을 초과하는 사례가

많았다. 상호금융은 원금 2조5450억 원에 이자 2조6046억 원으로, 원금대비 이자 비중은 102%였다. 저축은행은 원금 5630억 원에 이자 7844억으로 이자비중은 139%나 됐다. 중금리 이상을 취급하는 제2금융권의 특수채권에서는 이자가 원금을 초과했다는 걸 알 수 있다. 다만 여신업은 원금 9937억 원에 이자 4472억 원으로 그렇지 않았다.

[표 37]에서 알 수 있듯 5년이 경과하지 않은 특수채권은 보통 이자가 원금의 절반 수준인데, 소멸시효가 1회 연장된 후부터는 이자(3,654,537원)가 원금(3,493,464원)을 초과해 급기야 소멸시효가 3차례 연장된 채권에서는 이자가 원금의 170% 이상 상승한 것을 알 수 있다.

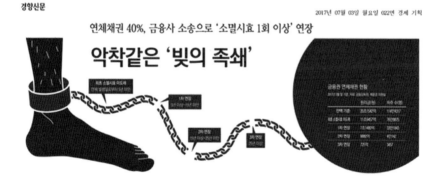

금융사는 간단한 전자소송을 거쳐 채권의 소멸시효를 연장한다.

특수채권 또한 다른 것과 마찬가지로 채무자에게 고통을 주는 건 물론 지금 이 순간에도 이자는 계속 늘어난다. 그런데 더 큰 문제는 한국은행이 집계하는 가계부채 통계에는 전혀 포함되지 않는다는 것이다. 그래서 우리는 이걸 '그림자 채권'이라고 한다. 정부가 발표하는 가계부채 통계에는 여기서 설명하는 특수채권과 소멸시효 완성채권 모두 포함되지 않는다. 1800조 원은 단지 정상채권만을 의미할 뿐이다. 흔히 너나 할 것 없이 1800조 원에 달하는 가계부채가 우리 경제의 발목을 잡는 위험요인이라고 말한다. 하지만 수십조 원에 달하는 진짜 악성채권은 그 어디서도 언급조차 하지 않으니 큰일이 아닐 수 없다. 채무자가 갚아야 할 의무가 존재하고 추심도 계속되는 채권이지만 금융사 장부에서 지워졌다는 이유로 국가 부채 통계 어디에도 집계되지 않는 게 바로 특수채권과 소멸시효 완성채권이다.

'재산권'보다
'인권'이다

| 채무자의 신체마저 구속할 수 있는 채권자 권리

「헌법」에는 인간이라면 누구나 누려야 할 기본권에 대한 내용이 있다. 우리는 이것을 '인권'이라 부른다. 신체의 자유, 직업선택의 자유, 주거의 자유가 바로 그것이다. 이 가운데는 재산권도 있다. 그런데 만약 인권의 여러 범주 가운데 '생명권'과 '재산권'이 충돌한다면, 둘 중 어느 것을 우선해야 할까?

우리는 2003년 이래 약 20여 년간 OECD 자살률 1위 국가다.[69] 자살은 사망원인 중 4위를 차지한다. 정말 안타까운 일이 아닐 수 없다. 극심한 경쟁사회, 낮은 복지수준, 양극화와 빈부격차 등에서 자살 이유를 찾을 수 있지만, 그 첫 번째 이유는 단연 '돈'이다. 쉽게

---

[69] 우리나라는 2003년부터 자살률 1위였다가 리투아니아가 OECD 회원국으로 가입하면서 2016~2017년 순위가 하락했지만, 2018년부터 다시 1위에 올랐다. 「국민일보」, 2022. 6. 14.

말해 지금 이순간도 '빚' 때문에 스스로 목숨을 끊는 일이 벌어진다.

그렇지 않아도 극심한 현금만능주의 세태, 생명이나 인격보다 재산권을 중시하는 현실은, 때때로 평범한 소시민의 목숨을 위협하는 요인으로 작용한다. 그런데 여기에 "빌렸으면 갚아야 한다"는 논리 아래 인격을 무시한 채 개인의 삶을 절벽으로 내모는 채권추심은 더 많은 자살을 촉발한다. 이는 생명권과 인권을 지키려는 채무자와 자신의 재산권을 지키려는 채권자 사이에서 후자를 더 우선시하는 우리 법체계와 밀접한 관련을 맺고 있다.

「민사집행법」은 그 대표적인 예라 할 수 있다. 「민사집행법」 제61조에 따르면, 채권자는 채무자가 연체할 시 재산명시[70]를 요구할 수 있다. 만약 이에 응하지 않으면 채무자는 20일간 감치(監置)[71]될 수 있다. 여기서 신체적 자유를 구속하는 감치 대상에는 기초생활수급자, 장애가 있는 사람, 심지어 임신한 여성까지 포함된다. 한마디로 채권자의 재산권을 위해서라면, 몸이 아프거나 장애가 있는 사람, 임신한 사람까지도 신체의 자유를 속박하거나 나아가 생명권이 침해당할 수 있다는 것이다.

이를 실제 사례를 통해 좀 더 자세히 살펴보자.[72] 부천에 사는 59세

---

70 채무자에게 본인이 가진 재산을 모두 법원에 신고하라는 명령을 뜻한다. 평균적으로 한 해에 채무자 감치결정을 받는 사람은 2만 명이 넘는다.

71 「민사집행법」 제68조제1항에 따르면, "채무자가 정당한 사유 없이 △명시기일 불출석 △재산목록 제출 거부 △선서 거부 가운데 어느 하나에 해당하는 행위를 한 경우에는 법원은 결정으로 20일 이내의 감치(監置)에 처한다"고 규정돼 있다.

72 2018. 1. 23. 「인권위의 재산권, 채무자 감치제도 이대로 괜찮은가」 국회 토론회 중.

김 모 씨는 암 투병 중이었다. 당시 다중 채무자인 남편은 김 씨 명의 카드를 다수 사용했다. 몇 년 후 남편과 이혼한 김 씨는 암 투병에 이혼으로 인한 공황장애까지 겹쳐 생활고로 딸(고3)과 함께 자살을 시도했다. 그러나 자살시도는 실패했고 기초생활수급자로 근근이 생계를 이어갔다. 그러던 어느 날 카드빚에 대한 추심 전화가 걸려왔다. 이와 관련, 김 씨는 "자신이 기초생활수급자로 전산에 등록돼 있지 않느냐?"고 물었더니, 추심회사로부터 "아니다"라는 답변을 들었다. 이에 김 씨는 기초생활수급자 증명서를 팩스로 보내 추심중지를 요청했다.[73]

채무자 감치제도와 관련한 국회 정책토론회

이로써 김 씨는 모든 게 다 끝났다고 생각했으나, 얼마 뒤 법원에

---

73 법률상 기초생활수급자의 생계급여는 압류나 추심할 수 없다. 다만 금융회사나 추심업체가 이를 사전에 알기 어려워 피해가 발생한다.

서 재산명시 불출석을 이유로 감치명령을 받았다. 김 씨가 받는 기초수급비까지 추심하기 위해 채권자가 행동에 나선 데 따른 것이다. 그런데 불행하게도 김 씨는 재산명시 불출석으로 감치명령을 받았다는 것이 어떤 의미이고 또 자신이 무엇을 어떻게 해야 하는지조차 알지 못했다. 뒤늦게야 이를 알게 된 김 씨는 파출소에서 언제 자신을 연행하러 올지 몰라 불안감에 하루 하루를 보냈다고 한다. 특히 당시 김씨는 질병으로 인해 혼자 힘으로는 거동조차 할 수 없었다. 김 씨는 마침내 주변의 도움을 받아 금융복지상담센터에 자신이 처한 상황을 알릴 수 있었고, 센터의 법적 조력을 통해 감치명령 취하 조치로 비로소 감치될 수 있다는 불안에서 벗어날 수 있었다. 아울러 자신이 기초생활수급자로 빚 상환이 불가능하다는 것을 알리는 조치도 병행해 똑같은 일이 벌어지지 않도록 했다.

이 책을 읽는 독자 가운데는 여전히 김 씨 사례가 영화 혹은 드라마에서나 볼 수 있는 극히 드문 일이라고 생각하는 사람도 있을지 모르겠다. 하지만 이는 한 해에 평균 2만 건 넘게 발생하는 일이다. 김 씨는 2018년 1월 국회에서 개최된 「인권위의 재산권, 채무자 감치제도 이대로 괜찮은가?」라는 토론회에 참석, 자신에게 있었던 일을 직접 낭독하며, "자살을 시도할 때 딸에게 정말 미안했다"며 눈물을 쏟았다.

이 같은 사례를 통해 우리는 생명권, 신체의 자유권과 재산권이 충돌할 때 후자인 재산권이 존중되는 법의 냉정함을 확인할 수 있다. 물론 개중에는 "빚 갚는 게 애들 장난이냐?", "아프면 빚 안 갚아도 되는 것이냐?", "그럼 채권자가 손해 보는 게 맞단 말이냐?"며 채무자를 탓하는 사람도 있을 것이다. 하지만 김 씨에게 닥친 불행이 온전히 김 씨 혼자만의 잘못일까?

| "자살은 사회적 타살이다"

살다보면 경제적 어려움에 처해 빚을 갚을 수 없는 상황은, 누구에게나 또 언제든 닥칠 수 있다. 당장 뜻하지 않게 코로나19라는 전세계적인 재앙으로, 울며 겨자 먹기로 영업을 제한하지 않을 수 없었던 자영업자가 대표적 사례다. 은퇴 후 새롭게 자영업자의 길에 들어섰건 혹은 매장과 규모를 확대하기 위해서건, 이들이 대출 받은 이유는 장사를 잘 해 돈을 벌어보자는 단 하나의 생각 때문이었다. 하지만 코로나19가 전 세계로 퍼지면서 3년 동안 장사는 고사하고 가게 문을 닫아야 하는 날이 많아지자 결국 대출은 생계를 위협하는 커다란 빚으로 되돌아왔다. 이건 자영업자가 영업을 잘못 해서도 또 게으르거나 낭비벽이 심한 데 따른 것도 아니다. 코로나19는 누구도 예측할 수 없었고, 자영업자라면 결코 피해갈 수 없는 '재난'과 같은 것이었다. 여기서 대출 받은 자영업자가 책임져야 할 건 하나도 없다. 코로나19 발생이 자영업자 때문도 아니고, 장사를 못 하거나 가게 문을 일찍 닫아야 했던 게 자영업자가 원한 데 따른 결과도 아니기 때문이다. 이처럼 코로나19 상황에서 자영업자가 책임져야 할 귀책사유는 하나도 없지만, 이들은 영업을 제대로 하지 못한 탓

에 결국 빚을 갚기 어려운 처지로 내몰렸다.[74]

자영업자에게만 이 같은 일이 벌어지는 것도 아니다. 성실히 그리고 누구보다 더 열심히 직장을 다녔지만 회사 사정이 어려워 몇 달간 월급을 받지 못해 대출로 어려움을 넘기려 했으나, 종내 회사가 망해 빚에 내몰리는 일도 우리 주변에는 많다. 어느 날 갑자기 회사에서 잘려 재취업이 될 때까지 대출로 연명하려 했으나 실업이 길어지다 끝내 재취업에 실패해 삶의 터전인 집을 날리는 일 또한 어렵지 않게 접할 수 있다.

이렇게 볼 때, 김 씨 개인만의 불행이라거나 김 씨가 초래한 일이니 스스로 감당해야 한다고 치부하는 건, 기나긴 인생에 대한 지나친 오만(?)이 아닐까? 한편 그동안 채무자 감치제도의 위헌성은 지속적으로 제기됐다. 실제 김 씨와 비슷하게 감치를 당했던 한 채무자가 감치제도에 대해 위헌소송을 제기했다. 그러나 박근혜 정부 시절 합헌[75]으로 결정 나면서, 감치제도를 둘러싼 존폐논쟁은 다시 수면 아래로 가라앉았다.

그런데 이 과정에서 국가인권위원회(이하 인권위)는 어떤 입장도 표

---

74 코로나19로 월세를 연체한 세입자가 대폭 늘면서 상가 임대차 계약을 둘러싼 문제도 자영업자가 떠안아야 할 빚이다. 일정 액수의 임대료가 밀리면 계약갱신청구 등 세입자를 위한 보호장치는 무용지물에 지나지 않기 때문이다. '낙후된 도시 정비'라는 명목으로 추진되는 재개발 사업 또한 결국 권리금과 시설투자비를 보상받지 못한 세입자에게는 빚으로 돌아올 뿐이다.

75 헌법재판소는 "채무자는 재산명시기일에 출석해 재산목록을 제출하고 선서를 하기만 하면 감치의 제재를 받지 않고, 감치는 최대 20일을 초과할 수 없다"며 "감치 중이라도 채무자가 재산명시의무를 이행하거나 채무를 변제하면 즉시 석방되므로 과잉금지원칙에 위반되지 않는다"고 결론내렸다(2014. 10. 2. 민사집행법 68조 헌법재판소 합헌결정 참조).

명하지 않았다. 과거 인권위는 다양한 인권침해에 대한 의견을 표출했다. 특히 물리적 폭행과 감금 등 인권 유린 사태에는 단호한 입장을 견지했다. 따라서 '채무자는 죄인'이라는 인식하에 벌어지는 다양한 인권침해와 차별, 뒤이은 각종 경제적 폭력이 「헌법」 제10조의 존엄성을 침해하는 조치라는 인식을 인권위가 갖고 있지 않은 것은 참으로 애석한 일이다. 인권위는 2001년 설립 이래 '채무자'에 대한 인권침해에 대해서는 어떤 활동도 하지 않았다. 심지어 2017년 국정감사에서 한 의원실에 제출한 자료에는 "채권-채무 관계에서는 오로지 채권자의 재산권만이 헌법에서 명시한 기본권"이라고 답했다.

그러나 이제는 물리적 폭력을 넘어 경제적, 정신적 폭력에도 관심을 가져야 한다. 직접적인 폭력은 아니지만 채권추심이라는 경제적 폭력은 채무자의 인격을 무시하고 나아가 인권을 침해하며, 때로는 자살의 한 원인으로 작용하기 때문이다.[76] 흔히 자살이라고 하면 스스로 선택한 측면만을 강조해 개인 차원의 문제로 치부하는 경향이 강하다. 물론 결과만 놓고 본다면, 자살은 본인의 선택에 따른 것이 맞다. 하지만 여기에는 자살에까지 이르게 한 사회적 원인과 과정이 존재한다는 점에서, 결코 선택의 측면만을 강조할 수 없다. '자살이 사회적 타살'인 이유도 바로 여기에 있다. 가령 강한 빚 추심으로 결국 빚의 악순환에서 벗어나기 위해 스스로 목숨을 끊었다면, 이를 가능케 한 사회적 구조는 당장 고쳐야 할 우리 사회 질병이다.

----

76 우리나라 법체계는 채권자에게는 과도한 권한을 부여하는데 반해 상대적으로 채무자 보호에는 소홀한 특성을 갖고 있다. 이는 결국 가혹한 빚 독촉과 갚아도 갚아도 헤어날 수 없는 악순환의 고리를 죽음으로써 회피하게 만드는 결과를 초래하기도 한다.

2장

신용정보회사는
당신의 신용을
관리하는 회사가 아니다

신용정보회사는
무슨 일을 하는 회사일까

| 신용정보회사와 채권추심업

　신용정보회사가 무슨 일을 하는 회사인지 정확히 아는 사람은 많지 않을 것 같다. 대학에서 금융을 전공하고, 한때 금융권 취업을 준비했던 글쓴이에게도 신용정보회사는 한동안 낯선 이름이었다. '신용정보회사'라는 글자로만 유추해보면 NICE신용평가나 한국기업신용평가처럼 개인이나 법인의 신용정보를 다루고 가공하는 빅데이터 회사 같은 느낌을 준다. 말 그대로 신용에 대한 정보를 취급하는 회사로 보인다. 특히 'KB신용정보'처럼 거대 금융지주의 이름을 단 회사도 있어 왠지 모를 신뢰를 안겨주기도 한다. 추측컨대 거대 금융지주 계열사 중 하나로 금융 데이터를 다루는 IT회사가 아닐까라는 게 과거 KB신용정보에 대한 글쓴이의 생각이었다.

　그런데 나중에 실상을 알고 몹시 부끄러웠다. 모름지기 금융을 전공한 사람인데도 신용정보회사가 뭐 하는 곳인지 알지 못했고, 사회생활을 하면서도 한동안 잘못된 추측을 갖고 있었기 때문이다. 한편 특별히 신용정보회사를 접촉해본 적 없는 일반인이라면, 이에 대한 이해도는 글쓴이와 별반 다르지 않을 것이다.

결론부터 말하자면 신용정보회사는 단순히 신용과 관련한 데이터를 다루는 IT회사가 아니다. 신용정보회사는 「신용정보의 이용 및 보호의 관한 법률」(이하「신용정보법」) 제4조에 따라 금융위원회로부터 허가받은 금융회사다. 이와 함께 「신용정보법」은 신용정보회사의 주요 업무로 △신용정보업 △본인신용정보관리업 △채권추심업 등의 3가지를 규정하고 있다.

신용정보업은 [표 38]에서처럼 다시 △개인신용평가 △개인사업자신용평가 △기업신용조회 △신용조사업무 4가지로 나눠진다. 본인신용정보관리업은 개인의 신용관리를 지원하기 위해 일정한 신용정보를 통합하여 당사자에게 제공하는 업을 말한다. 여기까지는 얼핏 앞서 얘기했던 데이터회사와 비슷한 느낌을 준다. 그러나 여기서 우리가 다루고자 하는 신용정보회사의 주요 업무는 바로 '채권추심업'이다. 채무자가 대출 상환이 여의치 못할 때 신용정보회사를 접한다면, 그건 신용정보업이나 본인신용정보관리업 때문이 아니다. 그때 만나는 신용정보회사의 업무는 '채권추심'이다. 마치 무슨 큰 죄라도 짓고 쫓기는 것과 같은 무서운 추심에 직면할 때 비로소 신용정보회사를 만나게 되는 것이다.

표 38 2021년 5월 말 기준 신용정보회사 현황

회사명		설립일	대표자	납입자본(억원)	조사	추심	개인신용평가	개인사업자신용평가	기업신용조회	주요주주(지분율%)
채권추심회사(22)	고려신용정보	91.06.27	윤태훈	72	●	●				윤의국(15.1), 신예철(14.8), 고려휴먼스(9.4), 윤태훈(8.5)
	KTB신용정보	99.07.26	윤종범	44	●	●				KTB투자증권(100.0)
	나이스신용정보	10.03.05	성기동	100	●	●				NICE평가정보(100.0)
	DGB신용정보	00.07.05	박대면	30	●	●				DGB금융지주(100.0)
	미래신용정보	98.05.21	변현석	30	●	●				신한카드 하나캐피탈(각 19.0), 변현상(15.0)
	BNK신용정보	03.06.17	성동화	52	●	●				BNK금융지주(100.0)
	새한신용정보	68.08.20	지광윤	35	●	●				지광윤(29.3), 지승환(29.0), 김순녀(21.7)
	세일신용정보	99.09.15	전수현	50	●	●				전영호(47.0), 새마을금고중앙회(15.0), 삼성카드(10.2)
	SM신용정보	99.11.02	김병기	62	●	●				에스엠하이플러스(21.1), 삼라(20.0), 국민은행(11.1), 한국캐피탈 농심캐피탈(각 9.7)
	신한신용정보	02.07.08	이기준	30	●	●				신한금융지주(100.0)
	제이엠신용정보	08.03.24	전성수, 엄문용	30	●	●				제이엠캐피탈(63.0), 농심캐피탈(17.0)
	IBK신용정보	00.01.18	김창호	30	●	●				중소기업은행(100.0)
	오케이신용정보	08.12.12	이윤수	40	●	●				오케이캐피탈(51.0), 아프로파이낸셜대부(49.0)
	SGI신용정보	04.01.08	이득영	60	●	●				서울보증보험(85.0), 삼성카드(15.0)
	A&D신용정보	02.02.28	조일래	50	●	●				삼성생명·교보생명·한화생명(각 19.5), 흥국생명(14.5)
	F&U신용정보	98.12.23	김웅기	50	●	●				SK텔레콤(50.0), 하나카드(40.0), 신한카드(10.0)
	MG신용정보	10.11.05	송호선	200	●	●				새마을금고중앙회(100.0)
	우리신용정보	91.03.15	조수형	50	●	●				우리금융지주(100.0)
	중앙신용정보	99.07.26	박철수, 최호선	30	●	●				박철수(30.0), 한빛인베스트먼트(20.0), 동양생명(15.0)
	KB신용정보	99.10.09	김해경	63	●	●				KB금융지주(100.0)
	KS신용정보	10.07.16	최기의	40	●	●				한국고용정보(44.0), 우리종합금융(12.5), 애큐온캐피탈 MG손해보험 오케이캐피탈(각 10.0), 신한캐피탈(7.5)
	코아신용정보	99.10.08	최병철	95	●	●				메이슨캐피탈(40.0), 오대강(20.0), SK증권·상상인플러스저축은행·임정민(각 10.0)

신용조회회사(6)	나이스디앤비	02.10.12	노영훈	77	●		●	●	●	NICE홀딩스(35.0), Phillip Capital Pte Ltd(26.6)
	나이스평가정보	85.02.28	신희부	304			●	●	●	NICE홀딩스(43.0), APYAPG EMERGING(4.6)
	SCI평가정보	92.04.23	강욱성	178	●	●	●	●	●	진원이앤씨(51.2), 박중양(5.2)
	이크레더블	01.08.06	이진옥	61			●	●	●	한국기업평가(67.8), 피델리티 매니지먼트(6.26)
	코리아크레딧뷰로	05.02.22	황종섭	100	●		●	●	●	한국기업평가(11.0), 코리아크레딧뷰로(9.2), 서울보증보험(9.0), 국민 농협 하나 우리은행(각 9.0)
	한국기업데이터	05.02.22	송병선	692	●		●	●	●	신용보증기금(15.0), 기술보증기금(9.0), 한국산업 중소기업 농협 국민 신한 우리 하나은행(각 9.0)
신용조사회회사	한국TDB신용정보	04.01.05	신환균, 오오타니 히로유키	50	●					데이코쿠데이타뱅크(100.0)
겸영신용정보회사(4)	농협자산관리	02.08.01	오경석	99	●	●				농협중앙회(70.6)
	신용보증기금	76.05.24	윤대희	279		●		●	●	정부출연기관
	한국무역보험공사	92.07.07	이인호	-	●	●				정부출연기관
	한국자산관리공사	62.04.06	문성유	9,500		●				기획재정부(76.8), 수출입은행(13.9)
합계 (겸영신용정보회사 4개사 제외)					27	23	06	07	07	

(출처: 금융감독원)

추심업무를 남에게 맡기는
신용정보회사

| "떼인 돈 받아드립니다"

채권추심이란, 채권자의 채권을 '위임' 또는 '위탁' 받아 추심(推尋)
하는 것을 말한다. 길거리에서 심심치 않게 볼 수 있는 "떼인 돈 받
아드립니다"와 같은 광고에서, '돈 받아주는 역할'이라고 하면 쉽게
이해할 수 있을 것이다. 위임이나 위탁이라는 표현을 쓰는 이유는,
채권자는 그대로 있고 채권자를 대신해 신용정보회사가 추심이라는
행위만 수행하기 때문이다. 예를 들어 B가 A에게서 돈을 빌렸는데
이를 갚지 않을 때 A는 두 가지를 할 수 있다. 첫째, C에게 B가 갚
지 못한 부실채권을 판다. 둘째, C에게 돈을 주고 채권 추심을 대행
케 한다. 만약 C가 B에게서 상환 받지 못한 100만 원 중 20만 원을
추심해서 가져오면, A는 그에 대해 2만 원 정도의 수수료를 주는 식
이다. 결과적으로 A는 100만원을 잃을 위기에서 추심을 통해 18만
원이라도 회수하는 것이다.

현재 신용정보회사는 채권매입을 할 수 없고, 채권 추심을 위탁 또는 위임 받아 수행한다. 이에 따라 매년 채권자와 계약을 맺고 추심해야 할 채권을 받아온다. 일정 계약기간 동안 추심한 후 계약 기간이 지나면 채무자에게서 회수한 돈을 채권자에게 돌려준다. 그러면 채권자는 신용정보회사에 일정액의 수수료를 나눠준다.[77]

신용정보회사에 일거리를 주는 채권자는 다양하다. 금융사만 있는 것도 아니다. 정수기와 침대, 비데 등을 빌려주는 각종 렌탈업체, 통신요금을 징수하는 통신사, 보증이나 대출을 해준 공공기관, 기타 돈을 떼일 가능성이 있는 수많은 채권자가 신용정보회사에 채권추심을 의뢰한다. 물론 이 가운데 금융사 채권이 가장 많다. 이에 거대 금융지주사는 아예 신용정보회사를 자회사로 둔다. 지주회사 산하 금융사의 부실채권을 계열 신용정보회사에 독점해서 맡기는 것이다. 예를 들어 KB지주에 있는 KB국민은행, KB카드, KB캐피탈은 KB신용정보회사에 자사 부실채권을 위탁해 추심한다.[78]

---

77 2020년 1월 「신용정보법」이 개정되기 전까지만 해도 신용정보회사는 채권매입을 할 수 없었다. 법에서 이를 할 수 없도록 규정했기 때문이다. 하지만 개정안이 국회 본회의를 통과하면서 할 수 없도록 규정된 조항이 삭제돼 이제는 금융위원회로부터 '허가를 얻으면' 채권매입업에 진출할 수 있도록 바뀌었다. 관련한 내용은 뒤에서 자세히 설명하겠다.

78 이렇게 하는 것은 여러모로 효율적이다. 예를 들어 채무자 정보가 계열사 간 서로 통합되고 교류될 수 있기 때문에 추심이 한결 수월해진다.

| 위임직 채권추심인

「신용정보법」제27조에 따르면, "채권추심회사는 다음 각 호의 어느 하나에 해당하는 자를 통하여 추심업무를 하여야 한다"고 규정돼 있다. 여기서 말하는 '어느 하나에 해당하는 자'는 채권추심회사의 임직원 및 위임직 채권추심인을 의미한다. 다시 말해 채권추심회사에 채용된 직원이거나 위임직 채권추심인만 채권추심업무를 수행할 수 있다.

신용정보회사의 추심인력은 크게 △정규직(자사직원) △계약직(자사직원) △위임직 채권추심인(계약직 성격을 가진 '개인사업자'로, 회사에 소속된 직원이 아니다)으로 구성돼 있다. 여기서 특이한 점은 정규직과 계약직은 실제 추심업무의 일부만 담당하고 오히려 개인사업자 신분인 위임직 채권추심인이 추심업무의 상당 부분을 담당하고 있다는 것이다. 통상 일반 회사의 경우, 기획이나 재무와 같은 기업 핵심 업무는 우수 인재로 선발된 정규직이 담당한다. 반면 지원업무나 일반 관리업무처럼 난이도가 낮거나 단순 반복 업무는 계약직이나 인턴을 활용해 처리한다. 그런데 채권 추심과 관련해 신용정보회사는 정반대로 인력을 운용한다.

이렇게 볼 때, 채권추심회사의 가장 본질적 업무인 '채권추심'을 자사 직원 대신 타인이 수행한다는 건 대단히 특이한 인력운용이자영업방식이라 할 수 있다.[79] 2020년 말 기준 17개 신용정보업체 전체 종사자 9267명 가운데 위임직 추심인은 4288명이다. 이는 신용정보업계 전체 종사자 중 절반이 위임직 채권추심인이라는 걸 의미한다.

그럼 신용정보회사에서는 왜 각종 지원과 관리업무를 정규직 직원이 담당하고 정작 가장 중요한 본업인 채권추심업무의 절반을 위임직 채권추심인이 수행하는 것일까? 이유는 크게 세 가지[80] 인데, 이에 앞서 위임직 채권추심인이 누구인지 또 「신용정보법」은 왜 이들에게 채권추심업무를 맡겼는지부터 알아보자.

위임직 채권추심인은 관련 시험을 통과해 자격증을 획득한 사람을 말한다. 법률에 이렇게 따로 채권추심을 할 수 있는 사람을 규정해놓은 건 채권추심이라는 일이 아무나 해서는 안 되는 법률행위인 것과 밀접히 관련돼 있기 때문이다. 만약 추심과 관련한 법적 지식이 전혀 없는 아르바이트생 혹은 채권추심회사가 책임질 수 없는 임시직원이 단지 돈을 받아낼 욕심에 채무자에게 강압 또는 협박을 동원한다면 어떻게 될까? 돈을 받아내기 위해 어떤 수단과 방법이든 다 이용함으로써 채무자는 인권 침해를 받지 않을 수 없을 것이다. 따라서 사전에 이런 일을 예방하기 위해 채권추심을 할 수 있는 사람과 그 행동 범위를 법률로 규정하고 있는 것이다.

---

79 최근 배달업체 라이더들을 통해 기업이 왜 특수고용직을 고용하는지, 이들을 고용할 때의 문제점이 무엇인지가 사회적으로 많이 알려졌다. 채권추심회사의 노동구조 또한 배달업체와 똑같은 문제를 안고 있다.

80 비용절감과 성과 독촉 그리고 가장 중요한 법률적 책임 회피가 그것인데, 자세한 건 뒤에 설명하겠다.

| 누구나 될 수 있는 위임직 채권추심인

앞서 설명했다시피, 추심과 관련된 법률[81]은 추심을 위해 채무자에게 하루에 걸 수 있는 전화 횟수부터 채무자에게 해서는 안 되는 행위(예컨대 미행이나 스토킹 등), 관계자나 직장동료 또는 가족에게 당사자의 채무를 알리지 않을 의무 등을 자세히 규정하고 있다. 이는 채권추심 과정에서 채무자의 인권을 최대한 보호하기 위한 데 따른 것이다. 따라서 추심은 법률과 규정에 의거해 합법적으로 인정된 범위 내에서만 이뤄져야 한다.

이렇게 볼 때 위임직 채권추심인은 아무나 될 수 없으며 관련한 법률 지식을 충분히 갖추어야 한다. 특히 신용정보협회에서 주관하는 시험에 합격하고 정부조직인 금융위원회에 등록해야 비로소 관련 업무를 할 수 있다는 점을 감안하면, 최소한의 양식과 지적 능력이 없다면 합격할 수 없는 특별한 '자격증'처럼 느껴진다.

그럼 위임직 채권추심인의 실제 현실은 어떨까? 관련한 법률 지식을 갖춘 자격증이라는 것이 주는 느낌과 달리 신용정보회사는 우선 무작위로 예비(?) 채권추심인[82]을 뽑은(채용한 건 아니다) 뒤 이들을 위임직 채권추심인으로 만들어 등록시킨다. 예를 들면 이런 식이다. A라는 신용정보회사가 추심인을 뽑는다며 몇몇 중년 여성을 선발한 뒤 신용정보협회가 출제하는 위임직 채권추심인 시험 문제와 답을

---

81 「민법」, 「채권의 공정한 추심에 관한 법률」, 「민사집행법」, 채권추심 가이드라인 등이 법적 뒷받침을 하고 있다.
82 여기서 '예비'란, 이미 채권추심인의 자격을 갖춘 사람을 뽑는 게 아니라는 의미다.

알려주며 달달 외우게 한다. 이런 과정을 거친 중년 여성들은 손쉽게 시험을 통과해 자격증을 취득, 위임직 채권추심인으로 등록된다. 신용정보협회는 매번 유사한 문제를 출제하기 때문에 신용정보회사의 이 같은 관행도 매년 반복된다.[83]

위 임 계 약 서

신용정보 주식회사(이하 '회사'라 한다)와 _____(이하 '추심인'이라 한다.)은(는) 아래와 같이 위임계약(이하 '본 계약'이라 한다)을 체결한다.

제1조 (목적).
본 계약은 회사와 추심인 간의 위임관계에 있어 추심인의 신분, 위임업무의 내용 및 양 당사자의 권리·의무, 기타 필요한 사항을 정함에 그 목적이 있다.

제2조 (추심인의 신분)
① 추심인은 신용정보의 이용 및 보호에 관한 법률 제27조 제2항 제2호에 의거하여 채권추심업무를 하도록 하는 독립사업자로서 본 계약에 의하여 회사로부터 위임받은 업무를 수행한다.
② 추심인은 회사의 근로자가 아니며, 추심인에 대하여는 근로기준법이 적용되지 않음은 물론 회사 정규근로자에게 적용되는 취업규칙 및 제반규정 등이 적용되지 않는다.

수 있다.
② 추심인은 본 계약을 해지하고자 하는 경우, 채권배정일 기준으로 15일 전에 회사에 서면으로 해지의사를 통보하여야 한다.
③ 회사가 본 계약을 해지하고자 하는 경우, 해지하고자 하는 날의 15일 전에 추심인에게 서면으로 해지의사를 통보하여야 한다.
④ 회사는 추심인이 다음 각 호에 해당하는 경우에는 동조 제3항의 절차를 거치지 않고 본 계약을 해지할 수 있다.
1. 위임계약시 회사에 제출한 서류 등 위임업무 관련 문서를 위조·변조하거나 허위로 작성한 경우.
2. 고의 또는 과실로 본 계약, 관련법령, 규정, 가이드

위임직 추심인 위임계약서 예시

　이렇게 신용정보회사의 필요에 의해 '만들어진' 위임직 채권추심인은 개별적으로 신용정보회사와 업무계약을 체결한다. 일종의 특수 고용직인데, 추심원은 개인사업자신분으로 신용정보회사와 추심위탁 계약을 맺고 일을 한다. 이는 정규직 혹은 무기계약직으로 고용 피고용의 관계를 맺는 것과 전혀 다른 계약이다. 예시된 것과 같이,

---

83 해외에서는 채권을 추심할 수 있는 사람과 관련된 자격요건이 우리보다 훨씬 까다롭고 엄격해 주로 변호사가 이를 수행한다.

위임직 채권추심인의 위임계약서에는 "근로기준법이 적용되지 않고", 또 "회사 정규근로자에게 적용되는 취업규칙도 적용되지 않는다"고 명시돼 있다. 단지 위탁 추심이라는 업무를 수행해줄 사람과 회사 간의 서비스 계약을 체결할 뿐이다.

| 도입 취지 무색하게 비용절감 수단으로 활용

위임직 채권추심인에는 40~50대 생계형 중년이 많다. 그러다보니 이들에게 채권 추심은 단지 생계 이상의 의미를 갖지 못한다. 자연 채무자 인권까지 고려한 채권추심은 기대난망이다. 오로지 최대한의 회수와 그에 따른 최대한의 수익만이 위임직 채권추심인의 유일한 목표다.

표 39. 채권추심인 고용계약서 제4조 예시

제4조(위임업무) 회사가 위임직 채권추심인에게 위임하는 업무는 다음 각 호와 같다.	
1	수임사실의 통보 및 그 밖의 변제 독촉 문서의 발송
2	채권의 회수, 변제독촉 및 상담
3	채무관련인의 소재추적, 방문 및 재산조사
4	채권서류의 관리
5	상환계획서 및 사후관리일지의 작성, 관리
6	채권추심 수임업무의 유치 및 접수
7	민원업무의 유치 및 접수
8	신용조사업무의 유치 및 접수
9	그밖에 일반채권의 추심업무와 관련된 사항

신용정보회사는 이처럼 생계에 내몰린 위임직 채권추심인의 경제상황을 악용해 불공정 계약을 강요하기도 한다. [표 39]는 한 위임직 채권추심인이 신용정보회사와 맺은 고용계약서의 일부다. 위임직 채권추심인은 신용정보회사가 추심만을 위탁하기 위해 별도로 계약 맺은 사람으로, 본업은 '채권 회수', '변제독촉 및 상담'이다. 그런데 실제 고용계약서 제4조에는, 채권 회수는 물론 다양한 업무까지 추심인의 의무로 규정돼 있다. 가령 서류 관리, 민원 업무가 그것이다. 이처럼 신용정보회사는 정규직 직원을 고용해 처리해야 할 업무를 위임직 추심인에게 떠넘겨 비용을 절감하고 있다.

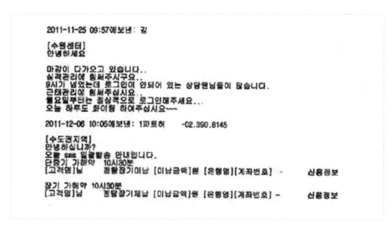

신용정보회사의 렌탈채권 추심인 근태관리 예시

한편 신용정보회사는 정규직원에게 하는 것처럼 추심인에게 일상적인 업무를 지시하는 것과 함께 근태도 관리하고 있다. 당초 전문인에게 추심을 맡기기 위해 도입된 위임직 채권추심인 취지는 퇴색한 채 회사는 비용절감 수단으로 위임직 채권추심인제도를 활용하고 있는 것이다. 특히 위임직 채권추심인은 신용정보회사와 단순 서비스 계약을 체결했다는 점에서, 회사는 4대보험과 퇴직금을 비롯해 정규직 직원에게 제공해야 하는 모든 의무로부터 자유롭다. 바로 여기서 신용정보회사의 '경비절감'이 정규직 대신 개인사업자에 불과한 위임직 채권추심인에게 대부분의 추심 업무를 맡기는 첫 번째 이유인 걸 알 수 있다.

| "회수실적 없으면 한 푼도 가져갈 수 없다"

채권추심은 물론 잡다한 업무까지 나열된 불공정한 근로계약을 강요받는 위임직 채권추심인은 보수에 관해서도 불합리한 조건을 요구받는다. 채권추심인의 임금 구조는 기본급이 전혀 없는 완전 성과제다. 이는 위임직 채권추심인이 '특수고용직' 신분으로, 신용정보회사에 소속된 '직원'이 아닌 것과 밀접히 관련돼 있다. 마치 건당 배달비를 받는 라이더의 근로 조건과 유사하다.

그런데 기본급 없는 성과제라는 건 결국 실적이 없으면 수당 또한 전혀 없다는 것의 다른 말에 지나지 않는다. 동시에 이는 많은 돈을 벌고 싶으면 채권추심을 잘 해 회수 실적을 높이라는 말과 같은 뜻이다. 정규직은 노동법 때문에 쉽게 자를 수 없으며, 회수 실적이 없다고 해서 월급을 주지 않을 수 없다. 하지만 프리랜서나 개인사업자인 특수고용직 노동자라면 얘기가 달라진다. 신용정보회사의 판단에 따라 언제든 해고할 수 있고, 더 많은 실적을 강요할 수 있으며 반대로 이게 여의치 않으면 그에 상응해 수당을 주지 않을 수 있다. 그러므로 신용정보회사입장에서 볼 때, 실적을 강요하고 그에 따라 더 많은 성과를 얻는 데 특수고용직보다 더 좋은 조건은 없다. 마치 일반회사에서 비정규직이나 계약직이 잘리지 않기 위해 정규직보다 더 열심히 일하는 건 물론 궂은일도 감내하는 것과 같은 논리다. 결국 개인사업자는 누가 뭐라 하지 않아도 수당을 챙기기 위해 스스로 실적을 압박하지 않을 수 없다.

한편 신용정보회사는 추심인 간 경쟁을 부추기는 방식으로 더 많은 회수 실적을 꾀한다. 이는 위임직 추심인을 마치 정규직 직원처럼 관리하는 방식 아래 진행된다. 위임직 추심인은 개인사업자로, 신용정보회사의 정규직 직원이 아닌 건 앞서 살펴본 바와 같다. 하지만 일단 서비스 계약이 이뤄지고 나면, 신용정보회사는 추심인에 대한 세심한 업무지시를 통해 인력을 운용한다. 가령 추심인에게 신용정보회사의 인트라넷에 로그인 하도록 함으로써 출퇴근 이력을 관리한다. 나아가 예시한 관리표와 같이 '실적상황판'을 만들어 매일 추심인의 실적을 실시간으로 관리함으로써, 경쟁을 통한 성과 극대화를 추구한다. 보험회사가 보험 모집인 간 실적을 비교해 고성과자에게는 상을 주고 반대로 저성과자에게는 자극을 줌으로써 상호 경쟁을 부추기는 것과 똑같이 관리하는 것이다. 결국 더 많은 채권 회수와 수익 극대화가, 정규직을 놔두고 신용정보회사가 채권추심업무를 위임직 추심인에게 맡기는 두 번째 이유인 걸 확인할 수 있다.

신용정보회사(○○○○○ 추심센터)의 추심실적 관리표

| 불법·탈법 추심에 따른 부담 전가

　경쟁을 부추기며 실적이 미미할 때 수당을 지급하지 않는 조건은 추심인에게 어떤 영향을 미칠까? 회수 실적을 높이기 위해 더 많은 노력을 기울이게 만든다는 건 재론을 요하지 않는다. 하지만 이 경우 과연 법과 규정을 모두 잘 지키면서도 그렇게 할 수 있느냐 하는 문제가 제기된다. 요컨대 추심 과정에서 채무자의 사정을 봐가며 인간적으로 접근하거나 혹은 어떤 위협이나 협박도 동원하지 않는다면, 수당은 고사하고 추심인은 자기 돈만 써야 할지 모른다. 이는 곧 불법 혹은 편법을 동원한 추심을 하지 않을 수 없는 조건으로 작용

한다.[84]

그렇지 않아도 신용정보회사의 필요에 의해 만들어진 위임직 채권추심인은 자격 취득 후 회사로부터 제대로 된 현장 교육[85]도 받지 않는다. 업무와 관련된 전문성이나 실무력을 확보하는 건 불가능한 일이다. 그럼 결국 이들이 할 수 있는 건 불법추심밖에 없다. 그런데 아이러니하게도 바로 이 같은 불법추심에 대한 책임 면탈(免脫)이 신용정보회사로 하여금 위임직 채권추심인에게 추심이라는 중요업무를 맡기는 세 번째 이유가 된다.

신용정보회사는 추심과정에서 벌어지는 위법, 탈법행위와 관련해 위임직 채권추심인에게 모든 책임을 떠넘긴다. 신용정보회사는 추심인들과 서비스 계약을 체결할 때 "추심과정에서 일어나는 불법사항에 대해서는 추심인이 책임진다"는 각서를 쓰게 한다. 그러면 신용정보회사는 각서 한 장으로 추심과정에서 발생하는 모든 법적 책임에서 자유로울 수 있다. 반대로 위임직 채권추심인은 스스로 모든 책임을 져야 한다.

혹자는 추심인이 신용정보회사의 제안을 받아들이고 동의했으니, 탈법 및 불법추심에 따른 법률적 책임을 감당하는 건 당연한 일 아

---

84 추심업무에서 채권 회수 가능성이 낮을수록 추심 강도는 반비례한다. 신용도가 낮아 상환 가능성이 떨어지는 제2금융권 채권에 대한 추심 강도가, 신용도가 높은 고객이 이용하는 제1금융권 채권에 비해 더 센 건 당연한 이치다. 그런데 추심 강도를 높인다는 건 결국 불법·편법추심을 한다는 것으로, 이는 동전의 양면과 같은 논리다.

85 통상 자격증 소지자는 취득 후 고유사무와 관련한 현장 실무교육을 받는다. 가령 공인중개사는 부동산 중개를 위해 창업 준비부터 취득세, 종부세, 재산세, 양도세 같은 세금관련 지식, 그리고 블로그 운영을 통한 고객 관리와 같은 실무교육을 이수한다. 글쓴이가 현재 하고 있는 행정사 또한 마찬가지다. 행정사협회 차원에서 진행하는 실무교육을 이수하지 않으면 아예 창업을 할 수 없도록 관련법에 규정돼 있다.

니냐고 주장할 수도 있을 것이다. 하지만 각서를 쓰지 않거나 제안을 거부하면 추심인으로 활동할 수 없는 건 물론 종내에는 신용정보업계에서 퇴출될 수 있다. 따라서 이런 현실을 감안할 때, 추심인이 각서를 쓰는 건 사실상 자의에 의한 선택이 아니라 회사의 강요에 의한 결과라고 할 수 있다.

그럼에도 실제 추심과정에서 벌어진 탈·불법은 이를 저지른 추심인 개인의 책임이 되고, 적발된 추심인은 해고된다. 반대로 신용정보회사는 노동시장에서 새로운 추심원을 공급받아 계속 사업을 영위한다. 탈·불법을 부추기고 종용했던 신용정보회사는 아무 문제없이 추심인만 바꿔가면서 계속 수익을 창출하는 것이다. 많은 채무자가 위임직 채권추심인의 탈·불법에 노출돼 오늘도 고통 받고 있지만, 끝내 악습이 근절되지 않는 이유도 바로 여기에 있다.

이로써 법적 지식을 갖춘 자에게만 추심을 맡겨 채무자를 보호하고자 했던 위임직 채권추심인 제도는 애초 도입 취지와 정반대로 신용정보회사의 인건비 절감, 실적 압박, 법적책임 회피수단으로 전락했다.

불법·탈법은 물론
편법과 꼼수까지 자행

| "불법은 절대 없다"는 공염불

그럼 여기서는 신용정보회사와 위임직 채권추심인이 어떤 불법과 탈법을 저지르는지 좀 더 구체적으로 살펴보자. 과거 주빌리은행에서 일했던 위임직 추심인 출신 상담사에 따르면, 정부에 의해 공공기관이 보유하고 있던 소멸시효 완성채권에 대한 소각(消却)정책[86]이 마련되자 채권 소각 전에 최대한 채권을 회수하려는 신용정보사의 탈·불법추심이 기승을 부렸다고 한다.

2017년 당시 국민행복기금 대상 1000만 원 미만, 소멸시효가 완

---

86 시효가 소멸된 채권은 채무자의 변제 의무가 없어지지만 채무자가 빚 일부를 상환하면 다시 부활해 부당한 채권추심행위에 노출되는 경우가 많았다. 이에 정부는 채권 자체를 소각해 장기 연체자가 된 서민과 취약계층의 피해를 원천봉쇄하겠다며 2017년 7월 소멸시효가 지난 장기연체 채권 25.7조 원을 소각, 채무자 214만3000명의 빚을 탕감해 주는 「소멸시효 완성채권 처리 방안」을 발표했다. 채권이 소각되면 연체 기록, 시효 완성 여부 등의 과거 기록이 모두 삭제돼 빚의 부활이 불가능하기 때문에 채무자는 추심에서 완전히 벗어나 다시 금융거래를 할 수 있다.

성된 채권에 대해 소각을 검토한다는 보도가 있었다. 그러자 채권 추심인은 자신이 관리하는 채권이 소각되면 추심을 할 수 없어 수입이 줄어들 걸 우려해 소각 전에 최대한 회수하기 위해 추심에 열을 올렸다고 한다. 주빌리은행이 상담과정에서 획득한 신용정보회사의 안내문을 보면, 소멸시효가 이미 완성돼 추심할 수 없는 채권임에도 자신에게 연락하면 채무조정이 되는 것처럼 유인해 채권 추심을 하고 채무자와 연락하기 위해 보낸 미끼 서류다. 주빌리은행이 공개한 또 하나의 사진을 보면, 소각 대상자로 선정돼 한국자산관리공사에 의해 추심이 중지된 채권을 대상으로 신용정보회사가 발송한 가집행 안내문이다. 가집행우편물에 기재된 '보조자산관리자'라는 표현은 일반적으로 사용되지 않는 건 물론 법률적 용어도 아니다. 따라서 이처럼 보조자산관리자라는 표현을 동원한 추심 또한 불법이다. 정부의 소각 정책 때문에 기승을 부리는 이와 같은 꼼수 불법 추심에 대해 캠코와 해당 신용정보회사는 "자신들은 모르는 일"이라며 모든 걸 채권추심원의 '개인적 일탈'로 떠넘겼다.

물론 개중에는 수당을 더 받으려는 추심원의 개인적 일탈도 있을 것이다. 하지만 공공기관인 캠코가 불법추심과 관련해 원채권자로서 책임질 일을 하지 않았다고 자신 있게 말할 수 있을까? 특히 추심인 못지않게 많은 수익을 올려야 하는 입장인 신용정보회사는 두말 할 것도 없다. 불법 추심에 단호하고 명료한 입장과 조치를 취해야 할 공공기관이 불법추심의 원인을 추심인에게 떠넘기니 신용정보회사 또한 같은 답변과 태도로 일관한다고 해도 무리는 없을 것이다.

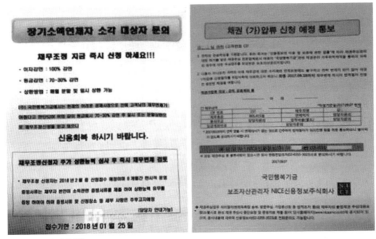

(출처: 주빌리은행)

신용정보회사의 불법 추심 독촉서류[87](좌) 및
1차 소각대상자로 추심을 중지해 놓은 채권을 추심하겠다는 가집행우편물(우)

캠코를 비롯한 금융공기업은 "추심과정에서 불법은 절대로 없다"
며 "신용정보회사의 불법추심이 발견될 시에는 계약을 해지하는 등
다양한 수단으로 엄격히 관리하고 있다"고 주장한다. 그러나 실상
불법행위의 책임은 추심인 개인 선에서 끝나니 신용정보회사에 불
법추심에 대한 책임을 물을 일은 전혀 없으며, 추심과정에서 일어난
불법행위가 근절되는 건 도저히 불가능한 일이다. 불법추심을 한 개
인의 행위에 연동해 회사도 함께 책임을 묻는 양벌규정이 적용되지

---

87 국민행복기금의 위탁추심회사인 H신용정보회사가 장기소액 연체자 탕감에 대한 정부의 보도자료를 역이용해
채무자에게 개별적으로 발송한 우편물이다. 내용대로라면 우편물을 받은 채무자가 자신을 탕감 대상으로 착
각하기에 충분하다. 이는 결국 채무자 스스로 신용정보회사에 전화하도록 유도하기 위한 데 따른 것이다.

않는다면, "불법추심은 절대로 없다"는 금융공기업의 말은 '공염불'
이 되고 말 것이다.

|채무자 개인정보 편법 이용

　신용정보회사는 명백한 탈·불법추심 뿐만 아니라 합법을 가장한
틀 내에서 온갖 편법과 꼼수를 동원해 추심효과를 높인다. 이와 관
련해서는 '채무자 개인정보 편법 이용'이 대표적 사례다.
　신용정보사는 여러 기관에서 채권 추심을 위임받는다. 추심을 위
임하는 기관은 채권을 넘기면서 추심에 활용할 수 있는 채무자의 개
인정보도 함께 넘긴다. 이 경우 「신용정보법」상 A회사 보유인 B채무
자의 채권을 추심할 때, 신용정보사는 A회사로부터 받은 정보만 활
용해 B를 추심해야 한다. 하지만 현실에서는 B와 관련해 다른 채권
자에게서 받은 개인정보도 함께 활용하는 편법을 통해 추심 효과를
높이는 문제가 발생한다.
　예를 들어 설명해보자. 가령 여기 '홍길동'이라는 채무자가 있다.
A통신사와 B캐피탈뿐만 아니라 C저축은행과 D대부업체도 홍길동
에 대한 채권을 갖고 있다. 홍길동은 '다중채무자'로, A채권은 10년
이 넘었고, B채권은 5년 됐으며, C는 3년 그리고 D채권은 4개월 됐
다. 추심을 위해 A부터 D까지의 채권자는 'K신용정보회사'에 채권
을 넘겼다. 이 때 A부터 C까지의 채무는 시간이 오래된 터라 채무자
인 홍길동의 개인정보, 즉 주소와 연락처가 모두 맞지 않는다. 그동

안 홍길동은 채권 추심을 피하기 위해 몇 차례 이사한 건 물론 휴대폰번호도 수시로 바꿨다. 이 경우 K신용정보회사는 홍길동과 관련해 A부터 C채권자에게서 넘겨받은 개인정보로는 채권 추심이 불가능하다. 몇 년 사이 주소와 휴대폰번호가 바뀐 건 물론 채권 추심을 피하기 위해 직장마저 옮겼기 때문이다. 이렇게 채무자에게 연락이 닿지 않는 상황에서 오랜 시간이 지나면, 소멸시효가 완성돼 채권자는 더 이상 빚을 받아내지 못할 수 있다. 그런데 단 연체가 몇 달 되지 않은 D채권으로부터 받은 홍길동에 대한 개인정보는 가장 최근 것이라 이를 활용하면 채무자와 연락이 닿을 수 있었다. 법에 따르면, 이 경우 K신용정보사는 오로지 D채권과 관련해서만 채권을 추심할 수 있다. 하지만 현실은 그렇지 않아 결국 K신용정보사는 D채권 관련 개인정보를 활용해 나머지 A~C에 대한 채권까지 모두 추심했다. 이는 K신용정보회사가 홍길동과 관련한 개인정보를 '통합관리'한 데 따른 결과다. 다시 말해 K신용정보사는 A부터 D까지의 채권사로부터 홍길동에 대한 추심을 위임받으면, 홍길동에 대한 개인정보를 통합관리한다. 컴퓨터에서 홍길동이라는 이름과 주민등록번호를 치면, A부터 D까지의 채권에 대한 자세한 설명과 함께 관련한 개인정보가 모두 구현되는 것이다. 이렇게 되면 A부터 C채권까지의 개인정보가 틀렸다고 해도 D채권과 관련된 정보가 맞다보니 이를 활용해 결국 나머지 채권도 모두 추심할 수 있는 것이다.

그런데 이처럼 D금융사로부터 받은 홍길동에 대한 개인정보를 A~C회사의 채권 추심에 활용하는 것은 「개인정보법」 위반소지가 있다.[88] 행정안전부는 신용정보사의 개인정보 공동이용과 관련, "개인정보법 제15조에 따라 목적 외 사용에 해당할 소지가 있다"고 밝혔다. 「신용정보법」 제15조에도 "신용정보의 제3자 공유 금지, 목적 외 사용 금지 등"의 조항이 있어 위 행위가 「개인정보법」 위반이라면 같은 논리로 「신용정보법」을 위반한 것이다. 특히 개인사업자로 개인적 실적에 따라 수당을 받는 위임직 채권추심인이 신용정보회사가 갖고 있는 개인정보를 통합적으로 활용해 추심하는 건 또 다른 문제를 야기한다. 직원도 아닌 사람이 신용정보회사의 내부 정보를 통합적으로 활용하는 건 엄연한 불법의 영역이기 때문이다. 더 기막힌 건 다중채무로 연락이 두절되거나 개인정보가 말소된 채무자를 어떻게든 찾아내기 위해 신용정보회사 간 채무자 개인정보를 사고 팔기도 한다는 것이다.

탈·불법과 편법 및 꼼수만 사라져도 채무자의 인권은 상당 정도 보호될 수 있다. 그런데 채무자는 법률적 지식이 없다보니, 신용정보회사나 채권추심인의 행태가 탈·불법 또는 편법 내지 꼼수인지도 모른 채 매번 손해만 보거나 이들에게 당하지 않을 수 없다. 한편 관리감독권한을 갖고 있는 금융당국은 국민이 위임한 권한을 행사하지 않는 건 물론 온갖 탈·불법과 꼼수가 자행되는 현실을 외면하는 데 따라, 결국 인권의 사각지대에 놓인 채무자만 고통 속에

---

88 여기서 위반소지가 있다고 표현한 것은, 신용정보회사의 신용정보 통합관리가 「개인정보법」 위반인지에 대해 법원의 판단이 나온 적은 없고 행정부가 유권해석 한 것이 전부이기 때문이다. 법원의 판단은 채무자가 이러한 신용정보회사의 행위에 대해 「개인정보법」 위반이라는 소송을 제기해 확인해야 한다.

지내고 있다. "권리 위에 잠자는 자는 법의 보호를 받을 수 없다"는 격언이 있다. 채무자가 스스로 자신을 지킬 수 있도록 공부해야 하는 이유다.

알고도 모르는 척,
금융당국의 외면

| 관리감독권 방치하는 금융감독원

　채권추심 현장이 이렇게 무법지대가 된 데는 무엇보다 정부(감독당국)의 책임이 크다. 앞서 캠코 같은 금융공기업 사례를 통해 알 수 있듯, 신용정보회사가 모든 책임을 위임직 채권추심인에게 떠넘기는 한 불법추심은 절대 근절될 수 없다. 불법이 드러난 채권추심인은 금융감독원에 과태료를 내고, 회사는 '꼬리자르기' 식으로 추심인과의 계약을 해지한 뒤 새로운 추심인을 통해 계속 영업할 수 있기 때문이다.

　그동안 국회와 시민단체는 이 같은 추심시장의 문제점을 금융당국에 계속 전달했다. 하지만 금융당국의 반응은 한결같았다. "신용정보회사의 추심이 옛날처럼 그렇게 막가파식으로 이루어지지 않는다"는 것이다. 그럼 금융당국은 도대체 무슨 근거로 이런 얘기를 하는 것일까? 금융당국 직원이 이렇게 당당하게 말하는 이유를 국정감사 참고인으로 출석한 위임직 추심인의 진술에서 찾을 수 있다. 불법추심이 근절되지 않는 이유를 묻자 참고인은 "금융감독원 조사가 나온다고 하면 다 숨기니 사실 걸릴 게 별로 없죠"라고 했다. 이 말은 곧 신용정보회사에 의한 고객 개인정보 불법유용이 근절되지 않는 건 금융당국에 의한 단속이 형식에 그치기 때문이라는 의미를 갖고 있다.

국정감사에 참고인으로 출석한 추심인의 진술을 더 옮겨보면, 사태의 전말을 알 수 있다. 참고인의 말에 따르면, 평소에는 사무실에 출근해 신용정보회사 시스템에 접속하면 자신이 추심해야 할 채무자 개인정보를 모두 볼 수 있다고 한다. 그런데 가끔 이 같은 정보를 전혀 접할 수 없는 날이 있다는 것이다. 처음에는 시스템에 문제가 있는 거라 생각했는데, 알고 보니 이처럼 추심해야 할 채무자 개인정보를 접할 수 없는 날에 신용정보회사에 대한 금융감독원 현장조사가 이뤄진다고 한다. 특히 심한 경우 금융감독원 조사가 이뤄지기 일주일 전부터 신용정보회사 정규직 관리자가 추심인 컴퓨터를 통째로 가져가 하드에 저장됐던 과거 자료마저 깨끗이 지운다고 한다. 그러다 현장조사가 끝나면 바로 다음날부터 다시 이전처럼 채무자 개인정보를 볼 수 있다는 것이다. 따라서 바로 이런 점 때문에 금융감독원이 신용정보회사에 대한 현장 조사를 몇 번 하는 것과 무관하게 절대 고객정보 유용을 잡아낼 수 없다는 게 진술인의 주장이다.

그럼 어떻게 해서 이런 일이 벌어지는 것일까? 이는 금융감독원이 피감기관을 불시에 점검하지 않기 때문이다. 금융감독원의 현장조사는 불시에 이뤄지지 않고 오히려 감사 대상 기관에 사전에 미리 조사 계획이 고지된다. 한마디로 신용정보회사는 언제 현장조사가 이뤄질지 알고 있으니 이에 대해 대비할 수 있고, 그래서 금융당국은 절대 탈·불법이든 혹은 편법과 꼼수든 그 어떤 것도 잡아낼 수 없다는 것이다.

점검이든 단속이든 또는 출동이든 부지불식간에 이뤄져야 효과를 볼 수 있다는 건 누구나 아는 상식이다. 그런데 단속이나 현장점검이 대상자에게 사전에 통지된다니 이건 또 무슨 말인가? 원인은 「금융기관 검사 및 제재에 관한 규정」에 있다. 규정 제8조의2에 따르면, "금융감독원은 검사목적 및 검사기간 등이 포함된 검사 사전예고통지서를 검사착수일 1주일 전까지 검사대상 금융기관에 통지해야 한다"고 규정돼 있다. 물론 "검사의 사전통지에 따라 검사목적 달성이 어려워질 우려가 있는 경우에는 그렇지 않다"라는 예외규정이 있다. 하지만 2008년부터 2017년 9월까지 10년 동안 단 한 차례도 예외규정이 적용된 적이 없다.[89] 그런데 금융감독원은 이처럼 미리 고지된 검사결과를 근거로, "신용정보회사의 추심과정에서 불법이나 편법 소지는 없었다"고 주장한다. 사전 고지로 얼마든지 문제가 은폐될 수 있는데, 단지 드러난 현상만 갖고 아무 문제가 없다고 하는 건 난센스일 뿐이다.

[표 40]에서 알 수 있는 것처럼 2008년부터 2017년 9월까지 금융감독원이 신용정보회사에 대한 개인신용정보와 관련한 검사를 통해 지적한 사항은 총 11건에 불과하다. 10년 동안 현장에서는 매일

---

89 10년 동안 단 한 차례도 예외조항이 적용되지 않았다고 한다면, 사실상 이는 사문화 돼 규정으로서의 의미를 가질 수 없다고 보는 게 맞을 것이다.

표 40. 신용정보회사에 대한 금융감독원의 개인신용정보 관련 제재 현황

(대상기간: 2008. 1. 1. ~ 2017. 9. 30., 개선 이상, 조치요구일 기준)

금융회사	검사 구분	주요 지적사항	조치결과	조치 요구일
에프앤유 신용정보	부문	- 개인신용정보관리 관련 시스템 개선 - 추심직원에 대하여 담당 채권 정보만 접근이 가능하도록 개선	개선	'10.3.12.
씨티크레딧 서비스신용정보	부문	- 개인신용정보 관리시스템 불합리 - 추심직원에 대하여 담당 채권 정보만 접근이 가능하도록 개선	개선	'10.8.31.
SCI평가정보	부문	- 본인 동의 없이 개인신용정보 부당 제공	직원문책 2명 (면직 1명, 감봉 1명)	'12.9.26.

IBK신용정보	부문	- 개인신용정보 조회기록에 대한 보안대책
		  미흡
		- 개인신용정보 조회기록에 대한 체계적인
		  점검방안을 마련하는 등 보안대책을 개선
			개선	'13.4.11.

SGI신용정보	부문	- 개인신용정보 암호화 및 관리절차 개선	개선	'14.9.19.
나이스신용정보	부문	- 개인신용정보 암호화 미흡	개선	'15.2.16.
		- 개인신용정보 조회기록의 적정성 여부 점검 미이행	개선	'15.2.16.
MG신용정보	부문	- 개인신용정보 송·수신시 암호화 보완	개선	'15.4.3.
IBK신용정보	부문	- 개인정보 보호대책 개선 - 개인정보 검색시스템 운영 방법 및 관리 절차를 개선	개선	'15.5.29.
KTB신용정보	부문	- 개인신용정보 오남용에 대한 제재기준 보완	개선	'16.1.29.
신한신용정보	부문	- 개인신용정보 오남용에 대한 제재기준 보완 필요	개선	'16.2.4.
KB신용정보	부문	- 개인신용정보 부당 이용	기관주의 직원문책 2명 (정직 1명, 감봉 1명)	'16.12.20.

(출처: 금융감독원)

신용정보 탈·불법 및 편법 활용이 반복되는 것과 달리 금융감독원은 10년에 걸친 검사에서 고작 11건의 문제점만 적발한 것이다. 더욱이 11건 가운데 탈·불법 및 편법 활용과 관련한 내용은 고작 2건에 지나지 않으며, 이로 인한 조치는 감봉과 정직 3명에 1명이 면직되는 것으로 끝났다. 나머지 9건은 단지 암호화 미흡이나 보안대책 미흡 같은 내용이었다. 이에 따라 관련 조치내역 또한 '개선'에 그쳤다. '개선'이야 절차나 과정을 바꾸면 되는 것이라 사실상 징계라고 할 수도 없다. 이것 하나만으로도 신용정보회사에 대한 금융감독원의 검사가 얼마나 형식적이고 무의미한 것인지 알 수 있다. 지금 이 순간도 채무자 개인정보가 신용정보회사 간 거래의 대상이 되거나 통합관리 되는 게 현실이다. 그런데 10년 간 적발된 것이 고작 11건이고, 이 중 처벌받은 것은 단 2건에 지나지 않으며 나머지 9건은 제도개선에 불과한 결과를 어떻게 해석해야 할까? 알고도 모르는 척 하는 것일까?

아니면 우리나라 금융당국이 본시 무능하기 때문일까?

신용정보회사도
채권을 살 수 있게 됐다

| 법 개정 통해 숙원사업 해결한 신용정보회사

신용정보회사의 탈·불법추심과 이로 인한 채무자의 인권 침해가 이어지고 있는 현실에서, 신용정보회사의 업무 영역을 넓혀주는 법안이 2020년 국회를 통과하는 일이 벌어졌다. 2018년 11월에 발의돼 2020년 1월 국회 본회의를 통과한 더불어민주당 김병욱 의원의 「신용정보법」 개정안이 그것이다. 이 법안은 형식적으로는 김병욱 의원에 의해 대표발의 됐지만, 법률 조항은 금융위원회가 입안했다는 점에서 사실상 금융당국의 의지가 담긴 정부입법이다.

개정안은 개인신용정보의 활용을 통한 데이터산업 발전이라는 목적으로 만들어진 일명 '데이터 3법'[90] 중 하나다. 그러다보니 법률

---

90 「개인정보 보호법」, 「정보통신망 이용촉진 및 정보보호 등에 관한 법률」, 「신용정보의 이용 및 보호에 관한 법률」을 의미한다. 이는 4차 산업혁명 시대를 맞아 핵심 자원인 데이터의 이용 활성화를 통한 신산업 육성이 국가적 과제로 대두된 것과 밀접한 관련을 맺고 있다.

개정 작업을 금융위원회 안에서도 신용정보회사가 아닌 데이터 관련 업무를 수행하는 데이터관리과(課)에서 담당했다. 개정안의 주요 내용을 살펴보면, 개인정보를 암호화한 '가명정보' 개념을 도입해 개인 동의 없이도 금융회사가 상업적 목적으로 이용할 수 있도록 허용함으로써, 각기 흩어진 신용정보를 한곳에 모아 관리하는 '마이데이터 산업'을 신설할 수 있는 기반을 만들자는 것이다. 개정안의 주요 골자만 중심으로 한다면, 언뜻 보기에도 데이터산업을 발전시키기 위한 것으로, 그동안 신용정보회사가 그토록 원하던 채권추심업 진출과는 무관한 것처럼 보인다. 의원들의 법안심사과정에서도 신용정보회사의 채권매입과 관련한 문제제기는 없었다.

이 법안은 원문만 무려 240쪽[91]에 달할 정도로 방대해 법안에 대한 의원들의 이해가 충분치 않은 상황에서 졸속으로 처리된 감이 없지 않다. 법안심사과정에서 그나마 제기된 문제점이라곤 개인정보의 무분별한 유출을 우려한 목소리 정도였다. 하지만 아무도 주목하지 않았던 '독소조항'은 개정안 중 제11조 '신용정보회사의 겸업'에 관한 내용에 담겨 있었다.

기존의 「신용정보법」 제11조와 비교함으로써 개정안이 갖고 있는 문제점을 살펴보도록 하자. 개정되기 이전 법에 따르면, 신용정보회사는 제11조1항의 제1조부터 제4조까지에 근거해 부실채권 매입과 소송대리 업무를 비롯해 가공한 신용정보를 제공하는 것을 할 수 없었다. 단지 채권추심과 관련해 다른 금융사로부터 위임 또는 위탁받

91 법안 원문은 국회 의안정보시스템 홈페이지에서 확인할 수 있다.

표 41. 2020년 2월 개정 전 「신용정보법」

제11조(겸업) ①신용정보회사는 다음 각 호의 업무 외에는 금융위원회에 미리 신고하고 허가받은 업무와 관련된 업무를 겸업할 수 있다.

1 개인에 대하여 타인의 신용정보 및 신용정보를 가공(加工)한 신용정보를 제공하는 업무
2 다른 회사 채권에 대한 부채증명서 발급 대행 업무
3 부실채권 매입, 채권추심 등 타인의 권리실행을 위한 소송사건 등의 대리업무 등 신용정보회사의 업무 범위를 벗어난 업무
4 그 밖에 신용정보주체 또는 사회에 명백하게 해악을 끼칠 수 있는 업무

은 업무만 수행할 수 있었다. 그런데 개정안 제11조에는 신용정보 회사가 채권매입을 할 수 있는 근거조항이 포함됐다.

그동안 신용정보회사는 「신용정보법」상 부실채권 매입업까지 업무영역을 넓히기 위해 금융당국을 상대로 지속적인 로비를 해왔다. 여기서 신용정보회사가 원하는 부실채권 매입사업이란, 앞서 살펴본 것처럼 제1금융권에서 발생한 부실채권을 사들여 직접 추심하는 것을 말한다. 이미 우리는 대부업체가 다른 금융기관에서 상각처리 된 채권을 땡처리에 버금가는 값싼 가격으로 사들여 추심을 통해 많은 수익을 내는 것을 알고 있다. 신용정보회사는 자신들도 바로 이를 할 수 있도록 해달라고 금융당국을 졸랐던 것이다. 다시 말해 법 개정 이전에는 다른 금융사로부터 위임 또는 위탁 받아 채권추심을 대행함으로써 그에 따른 약간의 수수료만 받을 수 있었는데, 이제는 채권을 직접 매입할 수 있게 해달라는 것이다.

한편 이와 관련, 그동안 금융당국은 △이미 채권추심업을 영위하

표 42. 2020년 2월 개정된 「신용정보법」

제11조(겸영업무) ①신용정보회사, 본인신용정보관리회사 및 채권추심회사는
총리령으로 정하는 바에 따라 금융위원회에 미리 신고하고 신용정보주체 보
호 및 건전한 신용질서를 저해할 우려가 없는 업무(이하 "겸영업무"라 한다)를
겸영할 수 있다. <1~4 삭제> 이 경우 이 법 및 다른 법률에 따라 행정관청의 인
가·허가·등록 및 승인 등의 조치가 필요한 겸영업무는 해당 개별 법률에 따라
인가·허가·등록 및 승인 등을 미리 받아야 할 수 있다.
⑦ 채권추심회사의 겸영업무는 다음 각 호와 같다. <신설 2020. 2. 4.>

1 신용정보업
2 「자산유동화에 관한 법률」 제10조에 따른 유동화자산 관리 업무
3 그밖에 신용정보주체 보호 및 거래질서를 저해할 우려가 없는 업무로서
　　대통령령으로 정하는 업무

는 대부업체가 수천 개 존재하는 데 따라 채무자의 인격을 침해하는
고강도 추심이 사회적 문제를 야기하는 점 △이로 인해 부실채권 유
통시장이 비대해진 점 △이런 상황에서 만약 신용정보회사까지 가
세하면 경쟁이 더 심화돼 채권자 피해가 더 커질 것이라는 점 등에
서 신용정보회사의 채권매입업 진출 요구를 무시해왔다.

　그런데 개정안은 과거 제11조1항의 제1조부터 제4조까지에 걸
친, 다시 말해 신용정보회사가 겸업할 수 없도록 규정한 4가지 업무
를 모두 삭제함으로써, 결과적으로 부실채권 매입이나 소송사건 대
리업무를 할 수 있는 길을 열어줬다. 뿐만 아니라 추가된 제11조7
항의 제1조부터 제3조까지를 통해 신용정보업 및 유동화자산업무
는 물론 그 외에 다른 업무가 무엇이든 금융위원회에 신고하고 허가
를 받으면 겸영(兼營)할 수 있도록 해줬다. 한마디로 예전에는 A, B,
C, D 4가지는 절대 안 되고, 나머지는 신고를 통해 허가를 얻어야

할 수 있었다. 그런데 개정안은 절대 안 되는 A, B, C, D 4가지를 모두 삭제함으로써 허가를 받을 경우 이를 할 수 있는 길을 열어준 건 물론 다른 것도 허가받아 할 수 있도록 해준 것이다. 신용정보회사 입장에서는 개정안이 통과됨으로써, 그동안 간절히 바랐던 숙원사업이 드디어 실현되는 결과를 맞았다.

| 개정안 제11조와 관련한 지적사항 무시한 금융당국

물론 개정안 제11조와 관련한 문제제기가 전혀 없었던 것은 아니다. 채권매입업에 대한 신용정보회사의 의지를 익히 잘 알고 있던 시민단체는 이와 관련한 문제를 제기했다. 한 시민단체의 보도자료에 따르면, "채권추심업체인 신용정보회사가 소송을 남발하여 과잉추심이 발생하거나, 부실채권을 매입·추심함으로써 부실채권 시장의 폐해가 확대될 가능성이 높다"고 주장했다.[92] 또한 "부실채권 시장에 직접 참여하여 채권을 매입할 수 있는 권한을 정부의 시행령 등을 통하여 얻게 될 경우 현재로서도 불법추심과 과잉추심으로 물의를 일으키고 있는 추심사에 날개를 달아주는 독소조항으로 작용할 우려가 있다"고 개정안 제11조와 관련한 문제를 지적했다.

그럼에도 개정안은 정부의 신용정보 선진화 및 데이터 산업 육성이라는 명분 아래 신속하게 국회를 통과했다. 개정안은 2019년 3월 18일 국회 정무위원회 법안소위원회에 상정된 뒤 마치 지금 당장

---

92 주빌리은행 홈페이지 「신용정보법 개악 반대 운동」 참조.

'데이터 3법'을 통과시키지 않으면 대한민국 데이터산업이 멈춘다는 식의 과장된 호들갑 속에 제대로 된 공론화과정도 거치지 않고 통과됐다. 법안의 찬반 내용은 물론 조문별로 문제점이나 관련한 단체의 입장을 적시하여 의원의 올바른 법률안 심사를 돕는 수석전문위원 검토보고서조차 제11조 조문에 대한 내용을 담고 있지 않았다. 심지어 개정안을 대표발의 한 의원실조차 제11조가 갖는 독소조항의 의미를 제대로 인지하지 못했다.

이와 관련, 당시 여당의 한 의원실이 뒤늦게 문제를 제기하자 금융위원회는 제11조는 "신용정보회사에 매입추심업을 열어주기 위한 조문이 절대 아니다"라고 서면을 통해 답변했다. 단지 제11조를 개정한 건 "다른 금융업법에 있는 겸업에 대한 조문과 형식적 통일성을 갖추기 위함"이라는 것이다.

개정안 제11조가 신용정보회사에 매입추심업을 할 수 있는 길을 열어주기 위한 의도였는지 아닌지는 시간이 지나면 알 수 있을 것이다. 그러나 과거 법으로 금지됐던 신용정보회사의 부실채권 매입업 진출이 개정안을 통해 금융위원회 판단 영역으로 넘어갔다는 점에서, 신용정보회사가 큰 성과를 얻은 건 부인할 수 없는 사실이다. 과거에는 절대 할 수 없었는데, 금융위원회로부터 '허가를 받으면' 신용정보회사 또한 채권매입업에 진출할 수 있기 때문이다. 금융위원회와 금융감독원 등 두 금융당국은 신용정보회사의 채권추심이 그리 가혹하지 않다며 일관되게 '신뢰'(?)를 보내고 있다. 이런 상황 속에서 채권 매입을 허용해주는 것이 시간문제라는 생각은 글쓴이만의 과도한 노파심일까?

3장

국가도
국민을 추심한다

정부도
국민의 채권자다

| 채권 보유한 9개 금융공공기관

우리는 앞서 Ⅲ부 제1장에서 민간이 보유하고 있는 좀비채권(특수채권) 및 그와 연동돼 움직이는 채권추심이 개인에게 미치는 약탈성을 자세히 살펴봤다. 좀비채권에 대해 알고 나면, 정부가 발표하는 1800조라는 가계부채 통계에서 이 부분이 빠져있다는 걸 알 수 있다. 특히 문제는 누구도 이에 대해 언급하지 않고 정확한 규모조차 제대로 파악되지 않는다는 것이다. 그런데 좀비채권은 민간에만 있는 게 아니다. 이른바 공공기관도 좀비채권을 갖고 있다. 따라서 민간은 물론 공공분야에서 갖고 있는 것까지 모두 파악할 때, 비로소

좀비채권의 전체 규모를 알 수 있다.[93]

개인을 상대로 한 채권자는 민간 금융기관만 해당되지 않는다. 정부도 다양한 이유로 국민을 상대로 한 채권자가 된다. 당장 세금은 말할 것도 없고 전기료나 수도와 가스요금을 내지 못하면, 개인은 정부에 대한 채무자로 전락한다. 뿐만 아니다. 정부는 경제적으로 어려운 취약계층을 상대로 자금을 빌려주거나 보증을 통해 채권자의 지위를 확보한다. 가령 개인이 민간 금융사에서 빌렸으나 갚지 못해 생긴 부실채권을 대위변제[94] 해주고 채권자가 된다. 또 민간 금융사의 부실채권을 매입해 대신 관리하기도 한다. 한마디로 정부가 매입채권추심업체(2차 채권자) 같은 역할을 하는 것이다.

바로 이런 점에서, 금융공공기관 또한 민간 금융사와 마찬가지로 특수채권을 관리하고 있다는 것을 알 수 있다. 여기서 금융공공기관이란 개인의 부실채권을 갖고 있는 주택금융공사, 신용보증기금, 신용보증재단중앙회, 예금보험공사(파산재단보유+KR&C), 한국자산관리공사(자체보유+국민행복기금), 농림수산업자신용보증기금, 중소기업진흥공단, 무역보험공사, 기술보증기금 등 9개 기관을 말한다.

그럼 우선 9개 금융공기업이 어떻게 특수채권을 관리하고 있는지 구체적인 사례를 통해 알아보자. 먼저 한국자산관리공사(이하 캠코)를

---

93 앞서 III부 제1장에서 살펴본 것처럼, 민간이 갖고 있는 부실채권의 전체 규모를 정확히 알기 위해서는 다음과 같은 3가지가 필요하다. 첫째, 정부가 공식적으로 발표한 1800조 원이 넘는 민간부채 둘째, 상각처리 돼 특수채권으로 전락하고 또 이에 대한 시효를 늦춘 데 따라 죽지 않고 살아있는 좀비채권 셋째, 소멸시효가 완성된 채권이 그것이다.

94 가령 A라는 채무자가 정부의 보증을 받아 빌린 B은행의 빚을 갚지 못한 경우, 정부는 A를 대신해 B은행에 먼저 빚을 갚고 A에 대한 채권자 지위를 넘겨받는다. 그러면 A는 앞으로 정부에 빚을 갚아야 한다.

살펴보자. 캠코는 국가의 자산을 관리하는 공기업이다. 여기서 자산이라 함은 주로 채권과 부동산을 가리킨다. 예를 들어 국민이 세금을 내지 않아 발생하는 국세체납(채권)을 대신 회수하거나, 국공유지를 관리(부동산 임대 등)하는 업무가 그것이다. 이 밖에 캠코는 국민행복기금을 관리하는데, 특수채권은 주로 이와 관련돼 있다.

'국민행복기금'은 채무불이행자의 신용회복 지원 및 서민의 과다채무부담 완화를 목표로 정부가 운영하는 기금이다. 가령 캠코는 일반 금융회사가 보유한 장기연체채권을 매입해 채무감면 또는 상환기간 연장과 같은 채무조정 그리고 대부업체의 20% 이상의 고금리 채무를 10% 내외의 저금리 은행 대출로 전환하는 업무를 수행한다. 한마디로 캠코는 정부가 조성한 기금을 기반으로 채권 매입, 회수, 금융채무 연체자의 채무조정과 같은 매입채권추심회사의 역할을 수행한다.[95] 이에 따라 9개 공기업 중 캠코가 보유하고 있는 특수채권 규모가 가장 크다.

예금보험공사(이하 예보)는 폐업이나 파산한 금융사가 이전에 대출해준 것을 대신 받아내는 일을 한다. 예를 들어 A라는 저축은행이 폐업한 경우 예보는 파산한 A저축은행의 청산과정에 참여하여 법적으로 파산관재인 지위를 획득, A저축은행이 갖고 있는 대출채권(A

---

95 캠코는 채무자의 신청을 받아 협약에 가입한 금융회사로부터 해당 채권을 매입해 채무를 조정한다. 금융회사 중 신용회복 지원협약에 가입한 기관에서 1억 원 이하의 신용대출을 받고 6개월 이상 연체가 이뤄진 사람은 신청을 통해 채무를 조정할 수 있다. 다만 미등록대부업체나 사채 채무자 또는 담보부 대출 채무자 및 채무 조정을 이미 신청해 진행 중인 채무자는 지원대상에서 제외된다. 해당 신청자의 상환 능력이 부족한 경우 채무자 연령, 연체기간, 소득 등을 고려해 최대 50%(기초수급자는 70%)까지 채무가 감면되고 최장 10년까지 분할상환 하도록 상환기간을 조정한다.

저축은행이 대출해준 것)의 채권자가 되어 구상권(求償權)을 행사한다. 다시 말해 A저축은행에서 대출받은 채무자에게 대출금을 회수하는 것과 함께 A저축은행이 보유하고 있는 부동산 등 각종 자산을 현금화 하는 한편 A저축은행 경영진의 재산을 몰수하는 절차 등을 통해 최대한 현금을 확보하는 것이다. 예보는 이렇게 회수한 돈으로 A저축은행의 예금자뿐 아니라 다른 금융사의 잠재적 도산 위험으로부터 예금자를 보호[96]한다. 예보가 파산한 금융사의 특수채권을 많이 보유한 이유도 바로 여기에 있다.

신용보증기금(이하 신보)과 기술보증기금(이하 기보), 농림수산업자신용보증기금(이하 농신보)은 말 그대로 보증기관이라 대출채권이 많다. 예를 들어 창업을 계획한 C가 자본이 부족한 상태라면, 창업할 회사의 사업계획서를 제출하고 심사를 통해 신보에서 보증을 받을 수 있다. 신보의 보증서를 받은 C는 이를 담보로 시중은행에서 대출을 받는다. 그런데 만약 C가 대출금을 제대로 상환하지 못하면 신보는 C를 대신해 은행에 상환(이를 대위변제라 한다)하고, C에 대한 채권자 지위를 획득(이를 구상권이라 한다)한다. 이제는 C가 신보에게 대출금을 갚아야 하는 상황이 된다. 기보 또한 마찬가지다. 신보와 똑같은 절차와 방식을 통해 대출채권을 갖는다. 결국 신보와 기보는 대위변제에 따른 구상권으로 인해 자연 다량의 특수채권을 갖는다. 비슷한 방식

---

96 특수채권 정리에 대한 지적이 있을 때마다 예보가 가장 미온적이고 보수적인 이유가 바로 여기에 있다. 다시 말해 채무자의 고통 감면과 경제적 재기를 위해 소멸시효 완성 채권을 포기하라고 했을 때, 만약 예보가 채권 회수를 포기하면 결국 폐업한 금융사에 저축한 고객만 손해를 본다는 논리로 거부하는 것이다.

으로 주택담보대출을 받는 사람들에 대한 보증과 함께 직접 주택담보대출을 공급하는 주택금융공사(이하 주금공)도 많은 양의 특수채권을 보유하고 있다.

| 수면 위로 드러난 공공기관 보유 좀비채권

공공기관의 좀비채권 처리 및 추심과정의 약탈성은 민간 금융사의 그것보다 결코 덜하지 않다. 민간 금융사와 마찬가지로, 공공기관들도 2016년 이전에는 좀비채권에 대한 통계를 관리하지 않았다. 오로지 연체 채권의 회수율[97]만 관리했다. 공공기관의 부실채권 좀비화는 민간보다 더 심하다. 민간 금융사는 1년 이상 연체된 부실채권에 대해 추심을 위탁하거나 빠른 상각처리를 통해 매각해버린다. 쌓아둘수록 재무건전성만 악화되기 때문이다. 이에 반해 공공기관은 다르다. 공공기관은 민간 금융사처럼 재무건전성을 지키는 것이 최우선과제는 아니다. 당장 손실이 나도 정부 세금으로 메꿀 수 있다. 재무건전성이 좋지 않다고 해서 주가가 급락하는 것도 아니다. 한마디로 좀비채권이 공기업 '생존'과 직결되는 건 아니라는 것이다.

공공기관이 가장 크게 신경 쓰는 건 "국민 세금을 낭비했다"는 언론과 국회의 비판이다. 세금으로 나간 대출을 반드시 회수해야 한다

---

97 이는 전적으로 공공기관 탓이라고 보긴 어렵다. 감사원, 국회, 기획재정부 등에서 수시로 정부가 갖고 있는 채권에 대한 회수율을 점검하는 것과 함께 재정관리지침에도 엄격한 회수를 명시하고 있기 때문이다.

는 원칙 때문에 부실채권이 장기간 연체돼도 상각하지 않은 채 그냥 쌓아둔다. 부실채권을 '포기'하는 순간 국민 세금을 허투루 썼다는 비판에 직면할 것을 우려하기 때문이다. 자연 공기업의 소멸시효 연장 비율은 민간보다 더 높고, 그래서 갖고 있는 특수채권 규모도 더 크다.

물론 공공기관도 3개월 이상 연체되면 추심을 위탁하거나 상각할 수 있는 내부 규정을 두고 있다. 하지만 실제로 적용된 사례는 극히 일부에 지나지 않는다. 오히려 대다수 공공기관은 상환 가능성이 거의 없어 휴지조각이나 다름없는 부실채권도 소송을 통해 시효를 연장, 결과적으로 대량의 '좀비채권'을 양산한다. 소송에 드는 비용보다 회수액이 더 많을지, 그래서 정말 세금을 효과적으로 사용하는지는 아예 검토대상이 아니다.[98] 단지, "세금을 써놓고 정부가 아무 것도 하지 않은 채 손 놓고 있다"거나 "부실채권을 그냥 포기해 채무자의 도덕적 해이를 부추겼다"는 비난을 피하는 데만 급급할 뿐이다. 비용대비 회수액을 보면 포기하는 것이 마땅한 채권임에도 불구하고, 정부가 '포기'하는 건 절대 할 수 없는 일 인양 계속 끌고 가는 것이다. 마치 마지막까지 최선을 다해 받아내기 위해 '노력하는 게' 책임을 완수하는 일이자 공공기관의 본분을 지키는 것이라 생각하는 것 같다. 특히 실익을 따지지 않고 사용되는 소송비용 또한 결국

---

98 2016년 글쓴이가 산업통상자원위원회에서 활동할 때의 일이다. 당시 한국전력은 전기요금 10원을 걷기 위해 392원(우편료 276원+인쇄비 116원)을 들여 고지서를 발송하고 있었다. 한전은 5년간 10만301가구에 10원짜리 전기요금 통지서를 발송했다. 속칭 '배보다 배꼽이 더 큰 일'을 한 것인데, 공공기관의 무사안일이라 하지 않을 수 없다.

똑같이 아껴 써야 할 세금임에도 불구하고, 주어졌으니 다 쓰고 보자는 식의 집행은 적지 않은 문제를 양산하고 있다.

표 43. 2016년 말 기준 금융공공기관 보유 중
소멸시효 미완성 부실채권 규모

(단위: 조 원, 만 명)

구 분		보 증				매 입		합 계
		주금공	신보	기보	농신보	캠코	예보	
부실채권		2.2	3.1	1.0	5.3	10.9	2.3	24.9
	미상각	1.4	0.9	0.3	0.5	8.8	1.7	13.7
	소멸시효 완성	0		0	13억		85억	
	미완성	1.4		0.3	4,714억		1조7068억	
	상각	0.8	2.2	0.7	4.8	2.1	0.6	11.2
	소멸시효 완성	0		0	1.9조		522억	
	미완성	0.8		0.7	2.8조		5458억	
채무자수		12.8	8.0	1.0	11.9	14.4	23.3	71.8

(출처: 금융위원회, 금융공공기관 부실채권 관리 제도개선 방안, 2017. 3.)

그렇다면 과연 금융공기업은 얼마나 많은 부실채권을 갖고 있을까? 우선 2014년부터 2016년까지 3년간 6개 공공기관[99]이 보유한 소멸시효 완성채권 잔액 규모를 살펴보면, 2014년 약 4.1조 원, 2015년과 2016년 각 4.3조 원에 달했다. 이 가운데 규모가 가장큰 곳은 농신보로, 2016년 기준 1조9406억 원에 달했다. 주금공은

....

99 금융위원회가 6개만 집계한 이유는 9개 공공기관 중 3개는 중소벤처기업부 소관이라 금융위원회의 집계 대상
이 아니기 때문이다.

266

9482억 원, 캠코가 6460억 원으로 그 뒤를 이었다. 소멸시효 완성 채권은 추심 가이드라인상 추심을 할 수 없는 채권이다. 공공기관이 이처럼 추심을 할 수 없는 채권을 정리하지 않고 쌓아 두는 건 큰 문제가 아닐 수 없다. 왜냐하면 이와 관련된 수많은 국민이 장기간에 걸쳐 정상적인 경제생활을 하지 못하는 건 물론 재기조차 어렵게 만들기 때문이다.

비단 소멸시효 완성채권만 문제가 되는 건 아니다. 아직 소멸시효가 완성되지 않았지만 연체기간이 상당한 좀비채권도 무시할 수 없는 규모이기 때문이다. 2016년 말 기준으로 소멸시효가 완료되지 않은 좀비채권을 살펴보면, 주금공 2.2조 원, 신보 3.1조 원, 기보 1조 원, 농신보 5.3조 원, 캠코 10.9조 원, 예보 2.3조 원 등 6대 금융공기업이 보유한 좀비채권은 약 25조 원에 채무자는 약 72만 명이나 됐다.

그런데 금융위원회가 2017년 3월에 이처럼 통계를 발표하기 전까지 관련된 숫자는 단 한 번도 공개되지 않았다. 아니 더 정확하게 말하면 집계조차 되지 않았다. 그 결과 누구도 관심 갖지 않았지만, 이는 몇 십 년을 좀비처럼 생존하며 국민을 추심하고 있었다.

| 평균 90% 시효연장 되는 공공기관 특수채권

채권의 소멸시효가 완성되기까지는 보통 2회 이상 연장이 이루어진다. 「민법」상 금융채권의 소멸시효는 5년이지만, 시효가 1회 연장되면 10년이 추가된다. 만약 추가로 1회 더 연장되면 채권연령은 25년을 훌쩍 넘긴다. 쉽게 말해 소멸시효 완성채권은 최소한 25년 이상 연체된 채권이라는 뜻이다. 이는 한 사람이 경제생활을 영위하는 대부분의 시간에 해당하는 기간이다.

공공기관의 좀비채권 처리 및 추심과정의 약탈성은 민간 금융사의 그것보다 결코 덜하지 않았다.

그럼 금융공기업이 상각처리 된 채권 시효를 얼마나 연장하고 있는지 구체적으로 알아보자. 2017년 3월 말 기준 8대 금융공기업이 보유한 특수채권 규모는 무려 60조8157억 원(원금 28조320억 원, 이자 32조7837억 원)에 달했다.[100] 이를 기관별로 구분해보면, 캠코 21조520

----

100 「파이낸셜뉴스」, 2017. 7. 25.

억 원(자체보유+국민행복기금), 예보 16조9522억 원(파산재단+KR&C), 신보 9조 4804억 원, 기보 4조8977억 원, 주금공 3조7305억 원 순이다.

앞서 설명했듯 8개 공기업은 주로 보증상품을 많이 취급하는데, 채무자가 일정 기간 금융사에 상환하지 못하면 정부가 대신 상환해주고 채무자에게 구상권을 청구한다는 의미에서 구상채권이라고 한다. 만약 구상채권 상태에서 채무자가 빚을 갚지 못해 일정 기간이 지나면, 공기업은 이 채권을 상각처리한다. 이를 특수채권이라 한다. 특수채권이 된 후에도 공기업은 상환이 아예 불가능할 것으로 보이는 최소한의 채권만 포기하고, 나머지는 소송이나 채무승인 등을 통해 계속 시효를 연장하며 추심한다. 따라서 8대 금융공기업이 갖고 있는 특수채권이 60조라는 건, 이처럼 시효가 계속 연장되면서 죽지 않고 좀비화 돼 채무자인 국민을 상대로 계속 추심이 이뤄지는 금액이 60조라는 의미를 갖고 있다. 동시에 이는 언제 소멸시효가 완성될지 모르는 가운데, 정부가 국민을 상대로 이자의 이자를 낮게 만드는 특수채권을 60조나 갖고 있다는 뜻이기도 하다.

금융공기업은 민간 금융사보다 소멸시효를 연장하는 비율이 월등히 높다. 2017년 3월 기준 공기업이 보유하고 있는 특수채권을 소멸시효 연장건수별로 구분해보면, 소멸시효가 도래(5년 미만)하지 않은 채권은 전체 특수채권 중 10.99%에 불과했다. 나머지 채권 중 1회 이상 연장(대위변제 후 6년~15년 사이)된 것은 53.22%, 2회 이상 연장(대위변제 후 16년~25년 사이)된 것은 34.63%나 됐다. 3회 이상 연장돼 대위변제 후 최소 25년 이상 된 채권도 6971억 원이나 됐다.

표 44. 2017년 3월 기준 8개 금융공기업 특수채권 소멸시효 연장 현황

(단위: 백만 원)

구 분	① 잔액기준 [①=②+③+④+⑤]	② 최초소멸 시효 미도래 [D (연체발생일) +5년미만]	③ 소멸시효 1회 연장 [D+5년이상~ D+15년미만]	④ 소멸시효 2회 연장 [D+15년이상~ D+25년미만]	⑤ 소멸시효 3회 이상 연장 [D+25년이상]
차주수	1,179,245	50,889	846,948	278,873	2,535
원금	28,032,052	6,108,038	15,414,566	6,282,531	226,917
이자	32,783,714	580,258	16,952,409	14,780,775	470,271
원리금 합계	60,815,765	6,688,296	32,366,975	21,063,307	697,189
총 특수채권 잔액대비 비중	100%	10.99%	53.22%	34.63%	1.14%

(출처: 8개 공기업 각 사 제출자료 재구성)

개인 법인 포함 대상: 주택금융공사, 신용보증기금, 신용보증재단중앙회, 예보(파산재단보유 + KR&C), 캠코(자체보유+국민행복기금), 중소기업진흥공단, 무역보험공사, 기술보증기금

D(연체발생일) : 보증의 경우 공기업이 금융사에 대위변제한 날 기준

결국 금융공기업이 보유한 좀비채권 가운데 대략 90%가 이미 한 차례 이상 소멸시효가 연장된 것이다. 그런데 민간 금융사의 소멸시효 연장 비율이 전체 특수채권의 40%대임을 감안하면, 금융공기업이 채권 시효를 얼마나 보수적(받아낼 수 있을 것이라 가정하고 계속 놔두는 것)으로 관리·운영하고 있는지 알 수 있다.

정부 정책과
따로 노는 금융공기업

| 연체가 족쇄로 작용해 빚의 악순환 초래

9개 금융공기업이 보증한 중소기업 또는 자영업에 종사하는 채무자가 민간 금융권을 이용한다면, 신용 문제로 다소 높은 금리를 지불해야 할 수도 있다. 그래서 정부는 다소간의 위험을 부담하면서 이들에게 저리로 금융을 지원한다. 한마디로 이들은 정부의 금융비용 보조가 필요한 계층인 것이다. 이런 상황에서 공기업이 채권 소멸시효를 계속 연장한다면, 이들은 장기간에 걸친 연체로 경제적 어려움에서 벗어나지 못할 수 있다. 이는 곧 낮은 금융비용으로 취약계층을 돕겠다는 정부의 금융지원 취지가 무색해지는 결과로 이어진다. 오히려 연체가 족쇄로 작용해 빚의 악순환에 빠지고 마는 것이다. 실제 금융공기업이 보유한 특수채권 총 60조 원 중 원금은 28조 원인데 반해 이자는 32조 원을 차지했다. 금융비용을 낮추려고 공기업을 찾아간 채무자는 이제 원금보다 더 많은 이자를 갚아야 한다.

혹자는 공기업이 이렇게 오랜 기간에 걸쳐 채권을 회수하는 게 채무 금액이 많아서 그런 건 아닐지 궁금해할 수도 있다. 왜냐하면 고액의 국세 체납자가 언론에 오르내리면서 이를 제대로 회수하지 않는 정부 또한 비판의 대상이 되는 모습을 떠올리며, 이 같은 의문을 갖는 사람도 있을 것이기 때문이다. 물론 공기업이 보유한 채권 중 고액의 채권도 있을 수 있다. 하지만 실제로는 소액 채권도 적지 않다. 구체적으로 살펴보면, 2017년 6월 말 기준 9개 금융공기업의 10년 이상 연체된 장기연체채권 27조5402억 원 중 1000만 원 이하의 소액채권은 3조2772억 원(21만1358건)으로 전체의 12%를 차지했다.[101] 다시 말해 공기업 채무자 중 12%에 달하는 20여만 명이 1000만 원도 안 되는 금액 때문에 10년이 넘는 세월 동안 채무 족쇄에 묶여 지내고 있는 것이다.

이와 관련, 혹자는 또 "왜 고작 1000만 원을 10년 넘도록 갚지 못할까"라고 의문을 가질 수 있는데, 이런 경우는 보통 3가지로 추측할 수 있다. 첫째, 보통 원금을 채 갚기도 전에 불어나는 이자를 감당하기 어려워 어느 순간 상환을 포기한 것을 들 수 있다. 둘째, 신용불량자 등 남겨진 연체기록으로 인해 제대로 된 직장을 잡기 어려워 소득이 없는 경우다. 셋째, 고령이거나 몸이 불편해 노동을 하기 어려워 단기적인 노력으로는 빚을 상환하기 어려운, 즉 구조적 어려움에 빠져 채무가 장기화된 경우다.[102]

....

101 「한국금융신문」, 2017. 9. 26.

102 개인파산 업무를 다루는 법조계 한 관계자는 "파산 가구의 사례를 보면 실질적 적자가구인 소득 1분위에 해당하는 경우가 많은데, 1분위 중 가장 많은 비중을 차지하는 것이 노령층·단독가구"라며 "무리한 사업 등에 따른 어려움보단 생활고에 밀려 비교적 소액인 1000만~2000만 원의 빚을 갚지 못해 파산하는 경우도 많다"고 전했다. 「아시아경제」, 2022. 7. 11.

법률적인 잣대로만 따진다면, 10년 이상 된 연체채권은 이미 5년이라는 소멸시효 완성기간을 훌쩍 넘긴 것들이다. 만약 25년 이상 된 것이라면, 한 사람이 대학을 졸업하고 30세쯤 취업한 뒤 50세 중반에 은퇴하기까지 전생애에 걸쳐 경제활동을 할 수 있는 시간과 맞먹는 기간이다. 꼭 그게 아니라고 해도 이미 10년을 넘긴 연체채권이라면, 계속 추심한다고 해서 쉽게 상환이 완성될 가능성은 그리 높지 않다. 마치 무슨 큰 죄라도 지은 양 추심을 당한다고 할 때, 정상적 사회생활이 불가능한 건 차치하고라도 언제 전화나 사람이 찾아올지 몰라 불안에 떨어야 하는데, 이를 감내하며 있는 돈을 감춘 채 10년 넘게 버틸 사람은 생각처럼 많지 않기 때문이다. 따라서 이 경우에는 추심보다 오히려 일자리 연계나 사회복지를 통한 지원 같은 방법을 통하는 게 오히려 더 실질적인 효과를 낳을 수 있을 것이다.

바로 이런 점에서 오랜 기간 채무를 갚지 않았다는 이유 하나만으로 무조건 도덕적으로 해이한 사람으로 간주하거나 여러 이유로 소액조차 갚지 못한 채 평생 고통 받는 20여만 명을 그대로 방치하면서, 단지 세금을 낭비했다는 비판을 피하는 것만이 진정 정부가 할 수 있는 최선이자 가장 옳은 역할일까?[103] 우리 모두 고민해볼 문제가 아닐 수 없다.

---

103 이러한 문제의식 때문이었을까? 2017년 7월 26일 당시 최종구 금융위원장은 기자간담회에서 국민행복기금을 비롯한 6대 금융공기업이 보유한 "10년 이상 1000만 원 미만 소액장기연체채권을 정리하겠다"고 밝혔다.

| 공적 역할과 사적 이익 사이에서 방황하는 공기업

공기업 대표가 국회에서 "국민 세금을 지키겠다"며 채권 회수를 약속하는 건 '양가적(兩價的) 의미'를 갖고 있다. 세금을 낭비하지 않는다는 측면에서 보면, 연체된 채권을 열심히 회수하는 것이 국민을 위한 길이다. 반대로 열심히 회수하는 대상 역시 국민이라는 점에서 보면, 결국 공기업의 채권 추심에 따라 고통 받는 것 또한 국민이다. 특히 공기업이 대출이나 보증을 서는 대상은 자력으로 대출을 받을 여력이 거의 없는 중소상공인이다. 그런데 이들에 대한 채권 소멸시효가 계속 연장되면서 연체이자가 쌓이고 이를 모두 회수할 때까지 보유한다는 것은, 결국 빚을 상환할 능력이 없는 상황에서 연체기록으로 인해 채무자의 경제적 재기 또한 불가능할 뿐이라는 의미를 갖는다. 한마디로 세금을 낭비하지 않겠다는 목적 아래 세금을 내는 주체인 국민의 삶과 경제생활을 장기간에 걸쳐 계속 짓누르는 셈이다. 아이러니가 아닐 수 없다.

바로 이런 점에서 무조건 채권을 모두 회수하는 것만이 '지고지선'이라는 사고가 실제 맞는 것인지 검토해볼 필요가 있다. 혹 이처럼 경직된 획일적 사고가 국민 경제차원에서 오히려 더 큰 부작용을 양산하는 건 아닌지 판단해봐야 한다는 것이다. 더욱이 공기업 존재의미는 수익보다 공공의 목적을 실현하는 데 있다. 그렇다면 영리추구를 목적으로 하는 사기업과 똑같이 인권마저 무시한 채 채권 추심에 충실한 게 과연 공기업이라는 존재의미에 부합하는 것인지도 살펴봐야 할 과제다.

물론 공기업의 채권회수 활동은 정당한 것이고, 국민 세금에 기반한 것인 만큼 성실히 수행돼야 한다. 하지만 이건 소멸시효 기간 내에서만 이뤄져야 할 것[104]이다. 가령 회수의 실익이 없다고 판단된 사람에게조차 계속 시효를 연장해 더 강한 추심으로 대응하는 게 과연 옳은 일이냐 하는 것이다. 오히려 이 경우에는 일자리나 채무조정 혹은 빚 탕감 같은 사회복지와 연계해 채무자가 하루빨리 정상적인 경제활동을 할 수 있도록 돕는 게 전체 국민경제 차원에서 더 좋을 것이다. 계속 추심을 하더라도 실익이 없을 것으로 판단되는 채무자를 계속 압박하면, 그 끝이 어떤 모습일지 짐작하는 건 별로 어려운 일이 아니다.

이제 채무자의 삶과 인생을 고려하지 않은 채 계속되는 채권추심을 통한 완전한 회수, 반대로 일정한 시점에서의 신속한 채권 정리와 일자리나 사회복지와의 연계를 통한 경제생활 복귀 중 어느 게 사회비용 차원에서 더 효과적인지 제대로 따져봐야 한다. 그리고 이를 통해 회수와 재기의 적절한 시기와 방법을 찾는 게 국가의 존재 의미이자 지금 우리에게 주어진 과제일 것이다.

----

104 소멸시효가 완성되기 전까지는 회수에 매진해야 한다는 전제 또한 국민행복기금과 같은 2차 채권자에게는 적용되지 않아야 한다. 신용보증기금과 같은 보증기관들은 세금이 투입된 데 따라 정부가 1차 채권자의 지위를 갖는다. 반면 국민행복기금의 경우에는 금융사가 1차 채권자로서 부실채권 발생 시 금융사가 일차적으로 손실을 본다. 그러므로 세금은 거의 투입되지 않았기에 이를 끝까지 받아내겠다는 것은 결국 금융사에 수익만 안겨줄 뿐 '세금을 지키기 위해 회수에 매진해야 한다'는 명제와는 맞지 않는다. 그러므로 국민행복기금 채권에 대해서는 소멸시효가 완성되기 전이라도 더 적극적으로 채무조정 혹은 탕감책을 펴야 한다.

IV

당신은
'죄인'이 아니다

1장
_____

좀비채권 탈출 대작전

45조 원의
좀비채권이 사라졌다

| 소멸시효 완성채권을 소각하다

그동안 누구도 관심 갖지 않고 거론조차 하지 않은 채 단지 금융사 창고에 쌓여 있던 수십조 원 규모의 소멸시효 완성채권이 최근에서야 세상에 알려졌다. 2016년 5월 제20대 국회 출범과 함께 민·관을 막론하고 소멸시효 완성채권에 대한 소각이 이루어진 데 따른 결과다. 그동안 소멸시효 완성채권을 매입해 소각하는 작업을 진행한 비영리단체인 주빌리은행 외에도 채권자인 금융사가 자체적으로 좀비채권을 소각하는 일도 벌어졌다. 여기서는 앞서 언급된 문제들이 해결됐던 과정을 서술하고, 그럼에도 불구하고 남아있는 과제도 소개하고자 한다.

우선 채권을 소각한다고 할 때, 이 '소각'이라는 말이 어색하게 들리는 사람이 있을 것이다. 글쓴이 또한 이 말을 처음 들었을 때, "왜 소각이라고 할까?", "소각한다는 것의 정확한 의미는 무엇일까?"

라는 의문을 가졌다. 소각의 사전적 정의는 "불에 태워 없애버리는 것"이다. 사실 무언가를 없애려고 할 때 가장 확실한 방법은 형체를 알아볼 수 없도록 불에 태워버리는 것이다. 그래서 우리는 더 이상 기억하고 싶지 않은 물건을 직접 태워 없앤다. 이런 행동을 채권과 연관지어 설명해보면, 소멸시효가 완성된 채권을 흔적이 남지 않게 없애는 것이 바로 '채권 소각'이다. 요컨대 채권 소각이란, 과거의 채무 기록으로 재차 발목 잡히는 일이 없도록 완전히 없애버리는 상징적 의미를 담고 있다.

2016년부터 시작된 일련의 좀비채권 소각은 '기적'과 같았다. 채권자가 자발적으로 소각을 실행했다는 사실 외에도 규모 또한 적지 않았기 때문이다. 이로 인해 2016년부터 2018년까지 단 3년 동안 총 45조 원 규모에 300만 명에 달하는 채무자의 빚이 사라졌다. 그 시작은 제20대 국회가 새롭게 출범한 것과 궤를 같이 했다.

2016년 4월 총선에서 새롭게 선출된 각 당의 국회의원 당선자 300명은, 5월 30일부터 시작되는 제20대 국회를 기념하는 의미 있는 행동을 준비했다. 더불어민주당의 경우, 의원 123명은 5월 30일 ~31일 이틀 치 세비(歲費)[105]를 모아 123억 원에 달하는 부실채권을 탕감하기로 결정했다. 이는 채무자 2525명을 구제할 수 있는 금액

---

105 제20대 국회의원 임기는 2016년 5월 30일부터 2020년 5월 29일까지 4년이다. 그런데 5월 30일과 31일 단 이틀 때문에 국회의원들은 5월 세비를 받는다. 이에 따라 그동안 "국회의원은 단 이틀 일하고 월급 받는다"는 비난이 비등했다. 사실 5월 30일부터 임기가 시작될 뿐, 원구성이 되지 않은 데 따라 국회의원은 이틀 동안 어떤 일도 하지 않는다. 그래서 과거에도 5월분 세비를 반납하거나 기부하는 일이 종종 있었다. 가령 제16대 국회가 시작된 2000년 5월 세비와 관련해 당선자 대부분은 이를 국고에 반납하거나 자선단체에 기부했다.

이다. 이에 소요된 세비는 1230만 원이었다. 123억 원 어치의 좀비 채권을 매입하기 위한 필요자금은 고작 원금의 0.1%면 충분했다.

당시 소각행사에는 실제 악성 추심으로 고통 받은 채무자가 나와 자신이 입은 피해를 증언했다. "저는 15년 전 신용카드 빚 60만 원 때문에 어린 딸 앞에서 경찰에 끌려간 엄마"라며 "대부업체에서 빚 독촉을 받았고, 60만 원 빚은 불어나 230만 원이 됐다"고 피해사례를 의원들 앞에서 직접 설명했다. 이 채무자는 "저처럼 가혹한 빚 독촉 때문에 일어설 희망이 짓밟히는 분들이 더는 생기지 않도록 해달라"고 호소했다. 한편 채권이 소각됐다는 의미를 담아 더불어민주당 의원들은 채무증서를 불에 태우는 퍼포먼스를 벌였고, 제20대 국회를 민생 국회로 만들겠다는 결의를 다지기도 했다.[106]

더불어민주당 의원 총회 당시 채권 소각 퍼포먼스

106 「프레시안」, 2020. 5. 30.

국회의 이 같은 움직임에 뒤이어 민간 금융사도 채권을 소각했는데, 2016년 10월 국정감사가 그 촉매 역할을 했다. 제20대 국회 첫 국정감사에서 정무위원회 최대 이슈는 고금리 대출 영업을 하는 대부업체와 관련한 것이었다. 당시 러시앤캐시와 산와머니 회장이 국정감사 증인으로 출석했다. 의원들은 여야를 가리지 않고 한목소리로 과도한 고금리 대출에 따른 문제점을 지적했다. 우선 최윤 아프로파이낸셜그룹(러시앤캐시) 회장[107]을 상대로는 "이용자 중 35% 이상 고금리를 적용받는 대출자의 1인당 평균 대출금액이 600만 원이 넘고, 원금대비 이자가 180% 이상"이라는 점을 지적하며, 과도하게 높은 금리 책정과 함께 장기간에 걸친 대출로 서민이 고통 받고 있는 문제가 제기됐다. 최 회장이 OK저축은행을 인가받는 과정에서 계열사 대부업체를 누락해 거짓 신고한 점도 폭로됐다. 이에 최 회장은 "법정금리 초과 고금리 대출자에 대한 금리 인하방안과 소멸시효 완성채권 추심 문제에 대한 적극적인 해결방안을 내놓겠다"고 답했다. 이에 따라 아프로파이낸셜그룹은 국정감사 이후 소멸시효 완성채권을 시민단체에 무상으로 넘겨 탕감하는 것을 골자로 한 '서민금융지원방안'을 발표했다. 그 결과 2016년 11월 22일 아프로파이낸셜그룹의 대부업체 브랜드인 러시앤캐시가 갖고 있던 3174억 원(1만9187건, 원금 471억) 상당의 소멸시효 완성채권이 소각됐다.

---

107 아프로파이낸셜그룹은 OK저축은행을 인가받은 이후 사명을 OK금융그룹으로 변경했다. 현재 OK금융그룹은 러시앤캐시를 비롯해 OK저축은행, OK캐피탈, OK뱅크, OK신용정보, OK데이터시스템 등 20여 개의 계열사를 거느리고 있다.

의원들은 산와머니에 대해서도 비슷한 문제를 제기했다. 법정최고금리가 계속 낮아지는데도 불구하고 이를 소급적용 하지 않아 상당수 채무자가 법정최고금리 이상의 고금리 채권에 시달리고 있는 점을 지적한 것이다. 이에 산와머니 최상민 대표는 계열사인 YK대부업체가 갖고 있는 1063억 원 상당(1만2207건, 원금 167억)의 소멸시효 완성채권을 소각하기로 했다. 이밖에도 2016년 3월 법정최고금리가 34.9%에서 27.9%로 낮아진 만큼, 과거 35% 이상 이자율을 적용받고 있던 개인 채무자의 이자율을 법정최고금리 이하로 인하해주기로 했다. 이로 인해 1만8000여 명이 900억 원 규모의 이자 감면 혜택을 볼 수 있었다.

여기서 끝이 아니었다. 2016년 국정감사에는 SBI저축은행 임진구 사장도 증인으로 출석했는데, 2조 원 규모의 소멸시효 완성채권이 과도하다는 지적을 받았다. 이에 대해 임 사장은 의원들에게 소각을 약속했고, 2016년 12월 23일 9521억 원에 해당하는 11만8996건의 소멸시효 완성채권이 소각됐다.

결국 2016년 국정감사에서 러시앤캐시와 산와머니 그리고 SBI저축은행에 대한 의원들의 질의로 약 1.3조 원가량의 소멸시효 완성채권이 사라졌고, 이로 인해 고통 받던 채무자들은 빚에서 해방될 수 있었다. 동시에 이로써 소멸시효 완성채권에 대한 소각이 본격화됐다.

아프로서비스그룹 서민금융지원 방안

1. '저축은행 건전경영 및 이해상충 방지 계획'의 대부잔액 감축

- 렌트푸르크레디트대부는 아프로서비스그룹이 제출한 '저축은행 건전경영 및 이해상충 방지 계획(이하 이해상충 방지 계획)' 상 대부업 여신 축소대상 계열회사로 포함되지 않으나,

- 사회적 우려 등을 감안하여 대부잔액 감축 대상에 렌트푸르크레디트 대부를 포함하겠습니다.

- 이에 따라 우선, 2016년말까지 아프로파이낸셜대부(이해상충 방지 계획 상 대부잔액 축소 대상 법인 포함)의 <u>대부잔액 감축규모를 자산매각 등의 방법을 통하여 당초 감축기존 금액보다 약 1천억원 추가 감축</u>하겠습니다.

- 또한 아프로파이낸셜 및 계열회사는 렌트푸르크레디트에 대한 추가 대출은 실시하지 않겠습니다.

2. 소멸시효 완성 채권의 무상 양도

- 현재 아프로서비스그룹에 보유 중인 소멸시효 완성채권 약 2만건, 471억원을 시민단체에 무상으로 양도하는 방식으로 정리(탕감)하겠습니다.

3. 개인신용대출 금리 35% 이상 여신의 이자율 인하

- 2016년 9월말 현재 보유한 개인여신 중 금리 35% 이상을 적용 받는 고객에 대하여 2016년말까지 약 600~700억(고객수 약 2만명), 2017년 상반기까지 약 300~400억(고객수 약 1만명), <u>총 1,000억원 (이자수익 약 120억원), 3만명의 고객을 27.9% 이하 금리로 인하</u>하도록 하겠습니다.

4. OK저축은행 중금리대출 활성화

- OK저축은행은 2016년 5월부터 중금리 대출인 'OK스파이크론(최저 9.5%~19.9%)'을 출시하였으며, 최근까지 609억(100억/月) 을 신규 취급하였습니다.

- 앞으로도 중금리대출 활성화에 계속 노력하겠습니다.

아프로서비스그룹의 '서민금융지원 방안'

| 국회 지적에 앞서 아무도 모르게 이루어진 시중은행의 자발적인 채권 소각

러시앤캐시를 비롯한 3개 금융사의 자발적인 소멸시효 완성채권

소각은 반가운 일이다. 그러나 사실상 이는 국회와 시민단체의 압력에 의한 '반성문' 성격이 짙다. 그렇다고 3개 업체가 크게 손해 보는 것도 아니다. 이미 소멸시효를 완성한 좀비채권을 소각하는 것은 어차피 시동이 잘 걸리지 않는데도 공간만 차지한 채 한쪽 구석에 방치돼 있던 고장난 차량을 폐차한 것과 다를 것이 없기 때문이다.

바로 이 때문이었을까? 제1금융권은 국회 지적에 앞서 비록 소규모이지만 이미 자발적으로 소멸시효 완성채권을 정리하고 있었다. 박용진 의원이 공개한 자료[108]에 따르면, 국내 시중은행은 2014년에 1732명의 원리금 174억 원, 2015년에 2131명의 125억 원에 달하는 소멸시효 완성채권을 소각했다고 한다. 국내 은행 가운데 신한은행, 우리은행, SC제일은행, 농협, 산업은행은 2016년 국정감사에서 의원들의 지적이 있기 전까지 소멸시효 완성채권에 대한 소각 실적이 없었고, 국민은행과 KEB하나은행은 2016년에 처음으로 소각을 진행했으니, 기업은행을 비롯한 나머지 소규모 은행들이 매우 은밀하게 소각해온 셈이다.

이처럼 일부 은행에서 자발적으로 이루어진 소멸시효 완성채권 소각은, 2016년 가을 국회에서의 지적과 맞물려 급물살을 타기 시작했다. 그동안 소각 실적이 전혀 없던 신한은행은 2016년 말에서 2017년 초에 걸쳐 대규모 좀비채권을 소각했다. 하지만 웬일인지 신한은행은 이 같은 사실을 일체 홍보하지 않았다. 소멸시효 완성

----

108 「머니S」, 2017. 7. 12.

채권은 추심이 불가능한 건 물론 관리에 따른 비용을 지출해야 하기 때문에, 금융사 차원의 자발적인 소각은 악덕 추심을 하지 않는다는 긍정적 이미지를 얻는 계기가 될 수 있다. 그럼에도 불구하고 시중은행이 자체 소각 사실을 일체 홍보하지 않는 건 왜일까? 이는 무엇보다 소멸시효 완성채권 소각이 혹 채무자로 하여금 돈을 갚지 않았는데도 채권이 사라졌다는, 다시 말해 "안 갚고 버티면 되는구나"라는 도덕적 해이를 불러일으킬 것을 우려한 데 따른 것이다. 바로 이런 점에서 국내 시중은행이 소멸시효 완성채권을 일부 정리하긴 했지만, 그건 순전히 자신들의 필요에 의해 손해 보지 않는 선에서 이루어진 것일 뿐 채무자를 위해서거나 혹은 이들의 경제적 고통을 조금이나마 덜어주자는 선의(善意)에 의한 건 아니다. 소멸시효 완성채권에 대한 국회의 지적이 있기 전까지 소각은 철저히 비공개로, 그리고 아주 소극적으로 이루어졌다는 점에서 이 같은 사실을 확인할 수 있다.

한편 신한은행이 소각을 실시한 시기에 다른 금융사도 그 흐름에 동참했다. 2016년부터 2017년 사이 국내은행들은 총 9조5755억 원 규모, 18만여 명의 채권을 소각했다. 시중은행에서만 10조 원 가량의 소멸시효 완성채권이 소각됐다는 건 의도(?)를 불문하고 정말 의미 있는 수치가 아닐 수 없다.

| 통신채권 소각

채권은 비단 금융부문에만 한정되지 않는다. 상행위에 따른 채권을 의미하는 '상사채권'이라는 것도 있다. 상사채권은 어떤 서비스나 재화를 지급하고 그에 대한 대가를 받을 권리를 포함한다. 대출, 카드론 등의 금융상품은 물론이고, 스마트폰 화장품 등의 할부구입, 정수기 등의 할부계약, 학습지, 우유 등의 정기배달 계약 등도 상사채권에 포함될 수 있다. 상사채권을 갖고 있는 회사는 금융사가 아니기 때문에 추심에 대한 전문성과 인력 부족을 이유로 통상 관련한 업무를 신용정보회사에 위탁한다.

이 책을 읽는 독자 가운데는, 정수기나 통신비 등 고작 월 몇 만 원에 불과한 이용료를 최소 몇 백만 원 이상인 금융 대출과 똑같이 '채권'이라고 부르나 하고 의아하게 생각하는 사람이 있을지 모르겠다. 하지만 의외로 많은 사람이 정수기나 휴대폰 이용요금을 연체해 금융 채권과 마찬가지로 높은 이자와 추심에 시달리고 있다. 특히 통신비 연체의 주 대상은 사상 최대의 취업난을 겪고 있는 20대 청년이다. 청년세대는 그렇지 않아도 학자금 대출로 고통 받고 있는 가운데, 통신비 연체까지 더해져 사회생활을 시작하기도 전에 빚 독촉에 시달리고 있다.

2016년 7월 말 기준 미래창조과학부의 '통신3사 연령대별 통신비 연체현황' 자료에 따르면, 통신비 연체로 인해 이용을 정지당한 고객은 40만3494명에 연체 건당 평균 연체액은 32만2956원에 달했다. 총 연체액은 1303억 원이었는데, 이 가운데 미성년자부터 30대까지 청년층이 전체의 62.3%인 811억 원을 차지했다. 한편 연체된 지 3년 넘는 통신채권은 1조1915억 원이나 됐다.[109]

국정감사로 2016년 말부터 소멸시효 완성채권에 대한 언론 보도가 계속되자 통신사 차원에서의 행동도 뒤를 이었다. 2016년 말~2017년 상반기 사이에 SK를 시작으로 KT와 LG 등 통신3사가 총 1조1482억 원에 달하는 소멸시효 완성채권을 소각한 것이다.

같은 상사채권이라고 해도 정수기 렌탈 채권은 '특이한 구조'를 갖고 있다. 정수기를 사용하는 소비자 가운데는 직접 구매하는 대신 월 사용료만 내고 이용하는 사람이 많다. 그런데 영업과 함께 이 과정에서 정수기 렌탈을 중개·관리하는 존재가 있는데, 사람들은 흔히 이들을 '코디네이터'라 부른다. 이들은 직접 정수기 대여 계약을 체결하고 만약 자신이 체결한 계약 가운데 연체가 발생하면 연체금을 회수하는 역할도 수행한다. 문제는 연체금 회수가 원활하지 않을 경우 이들이 채무를 떠안아야 한다는 것이다. 실제로 과거 정수기 코디네이터 일을 하다 금융복지상담센터를 찾아온 한 상담자는, 자기 집에 이용료 연체로 회수한 정수기가 수십 대 쌓여있다고 하소연했다.

이에 따라 렌탈채권의 경우, 렌탈 제품을 이용하다 연체한 가구 뿐 아니라 가정경제에 도움이 될까 해서 뒤늦게 코디네이터로 취업 전선에 나선 중년의 가정주부 또한 채권추심에 시달리는 문제를 안

109 「이데일리」, 2016. 12. 23.

고 있다. 렌탈채권 추심현황 자료에 따르면, 2014년부터 2016년 말까지 3년간 신용정보회사가 보유하고 있는 렌탈 잔액은 총 4994억 원이었는데, 이 가운데 연체된 지 3년이 지나 소멸시효가 완성된 채권[110]은 1622억 원으로 전체의 3분의 1을 차지했다.[111] 렌탈채권은 신용정보회사에 위탁 추심되고 있으며, 아직까지 렌탈업체에 의해 채권이 자발적으로 소각된 적은 없다.

| 정부 과제로 등장한 부실채권 정리

2017년 정권교체는, 2016년 국정감사를 계기로 각 분야에서 자발적으로 소멸시효 완성채권을 소각하는 흐름을 가속화시키는 중요한 동인이 됐다. 탄핵을 계기로 집권한 문재인 정부가 오래된 부실채권 정리를 대선공약으로 내세우자 소멸시효 완성채권 소각이 정권 차원의 과제로 급부상한 것이다. 그 첫 출발은 이 글 모두에 언급한 이틀 치 세비를 모아 123억 원 상당의 소멸시효 완성채권을 소각한 것이다.

---

110 원래 상사 채권의 소멸시효는 5년이 기본이다. 하지만 「민법」 제163조 및 제164조에 의해 상인이 판매한 물품의 대가나 수공업자 및 제조업자의 채권은 3년, 여관·음식점 등의 채권은 1년이면 소멸시효가 완성된다. 이를 단기소멸시효채권이라고 하는데, 소송을 제기해서 승소하면 시효기간을 10년으로 '연장'할 수 있다.

111 「브레이크뉴스」, 2017. 2. 17.

표 45. 2017년 6월 기준 소멸시효 완성채권
1차 소각행사 당시 집계된 소각 규모

내 용		대상 건수	채권액(원리금)
이틀 치 세비		2525	123억
2016년 국정감사 지적사항	러시앤캐시(대부업체)	1만9187	3174억
	산와머니(대부업체)	1만2207	1063억(소각+이자율 하락)
	SBI저축은행	11만8996	9521억
통신채권(통신 3사)		-	1조1649억
국내은행		18만1259	9조5755억
합 계		33만4174건 이상	최대 12조1285억 원 규모

(출처: 금융감독원 자료 재구성)

2017년 7월 18일 더불어민주당 을지로 위원회와 원내대표단은 1차 소멸시효 완성채권 소각행사를 통해 그간의 소각 성과를 홍보하는 행사를 가졌다.[112] 이에 따르면, 2016년 말부터 2017년 6월 말까지 소각된 채권 총 규모는 약 12조1285억 원에 대상 국민은 33만 명에 달한다고 했다. 일반인이 감히 짐작하기조차 어려운 12조라는 소멸시효 완성채권이 정치권 노력으로 소각되면서 그동안 추심으로 고통 받던 33만 명이 빚의 구렁텅이에서 벗어날 수 있었다. 그런데 이처럼 기적 같은 일은 1차로 끝나지 않았다.

정권 교체와 함께 금융위원회 수장으로 취임한 최종구 전 위원장은 부실채권 및 가계부채와 관련된 정책을 잇달아 내놓았다. 최 위

---

112 「머니투데이」, 2017. 7. 18.

원장은 간담회나 기자회견 등 공식적인 자리에서 지속적으로 채권 소각의 필요성과 성과를 언급했다. 이에 따라 우선 정부 의지만으로 빠르게 정리할 수 있는 공공기관부터 장기 부실채권을 소각하기로 했다. 다시 말해 '세금 지키기'라는 미명하에 기계적으로 소멸시효를 연장하며 수십 년간 묵혀뒀던 공공기관 소멸시효 완성채권을 처리하기로 한 것이다. 금융위원회가 산하 금융공기업 6곳을 대상으로 발표한 정리 규모는 [표 46]에서처럼 약 21.7조 원(123만 건)에 달했다.

이 뿐만이 아니다. 정부가 나서자 민간 금융사가 다시금 반응했는데, 은행에 이어 이번에는 제2금융권도 소각행사에 동참했다. 2016년 말부터 2017년 초까지 보험사, 여신, 상호금융, 저축은행을 합해 총 5.4조 원 규모에 약 18만 명의 채권이 소각됐다. 이른바 2차 소각인데, 이로써 2017년 8월까지 금융공기업과 제2금융권에서 총

표 46. 공기업 채권 소각 현황

(단위: 만 건, 억 원, 가계·기업 포함)

기 업 명	건 수	채권액(원리금)
자산관리공사 (국민행복기금 포함)	95.1	125,747
신용보증기금	8.3	49,389
기술보증기금	0.9	4,346
농림수산업자 신용보증기금	4.3	17,108
예금보험공사	7.3	10,938
주택금융공사	7.3	9,557
합 계	123만1000건 이상	최대 21조7085억 원 규모

(출처: 금융위원회 자료 재구성)

27조 원 규모의 소멸시효 완성채권이 추가로 소각됐다. 이 밖에도 2차 소각 행사 후 여신금융협회도 2.4조 원에 약 72만 명의 부실채권 소각을 발표하면서 소각 물결에 동참했다.

표 47. 제2금융권 채권 소각 현황

(단위 : 억 원, 가계 · 기업 포함)

구분	소 각 시 점 별						합 계
	'16.1분기	'16.2분기	'16.3분기	'16.4분기	'17.1분기	'17.4.1. 이후	
보험사	175	107	2,023	61	98	56	2,520
상호금융	26	14	31	72	27	40	210
여신	285	278	232	1,038	3,363	287	5,483
저축은행	88	671	173	40,503	2,756	2,210	46,401
합계	574	1,070	2,459	41,674	6,244	2,593	54,614 (18만8626명)

(출처: 금융위원회 자료 재구성)

| 총 45조 원의 빚이 사라졌다

두 차례에 걸친 채권소각에 뒤이어 정부도 채무자 관련 정책을 쏟아냈다. 대표적인 것이 '장기소액연체자 지원대책'이다. 2017년 11월 29일 금융위원회는 소멸시효 완성채권을 넘어 소멸시효가 완성되기 전에도 부실채권을 정리할 수 있는 근거를 마련하는 정책을 발표했다. 소멸시효가 완성되지 않은 채권 중에서도 △연체한 지 10년이 넘은 장기채권 △1000만 원 이하 소액채권 △소득과 자산이 없어 상환능력이 없는 사람의 채권이라는 3가지 조건을 충족하는 것을 대상으로 일시적인 빚 탕감을 통해 채무자의 재기를 돕기로 한 것이다.

국민행복기금과 민간 금융사가 보유한 채권 가운데 3가지 조건을 충족하는 채권의 대상자는 총 159만 명으로 추산됐다. 특히 국민행복기금 장기소액연체자(미약정자)[113] 중 상환능력이 없다고 판단된 25만2000명의 채권에 대해서는 즉시 추심을 중단하고, 3년 이내에 소각하기로 했다. 국민행복기금과 약정을 체결한 사람들 중에서도 심사를 통해 상환능력이 없다고 판단될 경우 소각키로 했다. 이를 통해 2018년 1월 총 3.2조 원에 46만 명의 채권이 정리됐다.

표 48. 2016~2018년 1월까지 소멸시효 완성채권 소각 현황

1차	33만 명, 12조1285억 원(2016년)
2차	공기업 123만 명, 21조7085억 원(2017년)
3차	제2금융권 18만 명, 5조4614억 원(2017년)
4차	여신업 72만 명, 2조4571억 원(2017년)
5차	국민행복기금 상환불능자 46만 명, 3.2조 원(2018년 1월)
총 292만 명, 44조9555억 원	

2016년부터 2018년 1월까지 5차에 걸쳐 총292만 명에 해당하는

---

113 미약정자라 함은 캠코가 민간 금융사로부터 채권을 사오긴 했으나 채무자가 채무조정에 응하지 않아 국민행복기금이라는 이름으로 약정되지 않은 채권을 말한다.

부실채권 44조9555억 원이 정리됐다. 그동안 몇 십 년을 채무 노예로 고통 받아온 사람들이 불과 2년 만에 대규모 빚에서 해방된 것이다. 특히 주목할 것은 이처럼 커다란 규모의 채권 소각에도 불구하고 국민 세금은커녕 단 한 푼의 민간자본도 소요되지 않았다는 점이다.[114] 그동안 오랜 시간에 걸친 시민단체 차원에서의 채권 소각활동에도 불구하고, 그 규모는 1조 원이 채 되지 않았다. 그런데 정부 차원의 과제로 등장하면서 정권이 교체된 지 불과 2년 사이에 45조 원 규모에 300만여 명에 달하는 사람의 빚이 일거에 사라졌다. 놀라운 일이 아닐 수 없다.

| 그럼에도 남아 있는 200조 원의 '숨은 빚'

금융당국과 한국은행[115]이 발표하는 가계부채 지표인 가계신용 잔액은 2020년 말 1727조 원에서 2021년 말에는 1862조 원까지 상승했다. 언론에서는 가계부채가 거의 1900조에 달한다고 언급하고 있다. 2021년 말 기준 가구당 부채는 8,801만 원에 달한다(2021 가계금융복지조사)고 한다. 그런데 몇 년 전 1500조 원일 때도 또 1800

---

114 금융사가 더 추심하지 않고 포기해 채권을 정리했기 때문에 이를 비용으로 처리한다면 자본이 소요됐다고 볼 수도 있다. 그러나 이렇게 정리된 채권은 장기간 추심이 이뤄지지 않은 채 그저 '묵혀뒀던 것'이기 때문에 거의 비용이 들지 않았다고 봐도 무방할 것이다.

115 한국은행 가계신용 통계에는 금융감독원의 감독대상이 아니라서 이 책에서는 다루지 않은 우체국과 새마을금고의 대출까지 모두 포함돼 있다.

조 원이 넘은 지금에서도, 정부는 언제나 가계부채가 "우리 경제의 시스템 리스크로 확산될 가능성은 적다"는 입장을 앵무새처럼 반복하고 있다.

정말 그럴까? 정부 말을 곧이곧대로 믿어도 되는 것일까? 이와 관련, 두 가지 문제가 존재한다. 첫째, 정부가 발표하는 게 '전부'가 아니라는 것과 함께 둘째, '전부'가 아닌 나머지가 정부 정책에서 제외돼 있다는 것이다.

먼저 첫 번째 문제부터 살펴보자. 놀랍게도 지금까지 이 책에서 언급한 적지 않은 규모의 부실채권은 한국은행 가계신용에 포함되지 않는다. 정부가 발표하는 가계신용은 말 그대로 '살아있는 채권'만을 의미한다. 앞서 이 책에서 지적한 좀비채권과 소멸시효 완성채권은 이미 상각처리 돼 금융권 장부에 존재하지 않는 '죽은 채권'이다. 정치권 노력으로 제20대 국회에서 소각된 많은 채권이 바로 죽은 채권이다. 따라서 이는 정부의 어떤 통계에도 존재하지 않는다. 그 결과 앞서 언급한 채권 추심으로 고통 받고 있는 사람들의 '눈물'은, 정부가 발표하는 1800조 원에 포함되지 않았다.

둘째, '통계'는 정부가 정책을 수립하는 일차적인 기준임과 동시에 정부가 관리하는 대상이라는 의미를 갖는다. 그런데 이 죽은 채권이 정부 통계에 포함되지 않았다는 건 자연 정부의 관심 밖에 있는 존재에 불과하다. 다시 말해 정부는 '살아 있는 채권'만을 근거로 정책을 수립·집행한다. 이에 따라 좀비채권 및 소멸시효 완성채권과 관련된 채무자는 정부 정책에 따른 그 어떤 혜택도 입을 수 없다. 특히 문제가 되는 것은 이 같은 사실을 당사자인 채무자는 물론 많은 사람이 잘 알지 못해 관심의 대상조차 되지 않는다는 것이다. 지금 이 순간도 죽은 채권의 채무자들은 경제적 자유를 박탈당한 채 여전히 고통 받는 삶을 살고 있다. 좀비채권과 소멸시효 완성채권은 명백히 '실존'함에도 불구하고 '숨은 빚'으로 취급돼, 채무자는 정부 정책에서 제외된 채 탈·불법적인 채권추심에 시달리고 있는 것이다.

그럼 이처럼 정부조차 관리하지 않는 '숨은 빚'은 얼마나 될까? 이와 관련, 앞서 Ⅲ부 제1장에서 민간 금융사가 갖고 있는 좀비채권을, 그리고 Ⅲ부 제3장에서는 금융공기업이 갖고 있는 좀비채권을 부분적으로 살펴봤다. 여기서는 이 밖에 다른 기관에서 갖고 있는 숨은 채권도 모두 합해보자. 결론부터 말하면 2017년 1분기를 기준[116]으로 숨은 빚, 즉 '그림자 채권'은 총 200조 원에 달했다. 금융감독원에 따르면, 우선 대부업체를 제외한 전 금융권의 특수채권 20조1542억 원을 비롯해 공기업 특수채권 60조8157억 원,[117] 매입채권 추심업체가 금융사로부터 사들여 보유하고 있는 채권 36조1211억 원, 신용정보회사들이 위임받아 추심한 채권 약 51조9891억 원(2016년 1년 동안 기준)이 그것이다. 만약 여기에 집계조차 되지 않고 있

---

116 2017년 1분기를 기준으로 하는 이유는, 2016년 말에서 2017년 초부터 본격적인 소각이 진행되기 시작해 '숨은 빚'이 가장 대규모로 형성됐던 시기이기 때문이다. 하지만 이후에도 부실채권은 계속 누적되고 있으며, 이때 이후 다시 이들 채권에 대한 관심도가 줄어든 점, 2021년 들어 가계부채가 급증하고 2022년에는 금리까지 오른 상황이라는 점에서, 2017년 판 '숨은 빚' 통계는 계속해서 갱신해 추적하고 관리해야 할 필요가 있다. 2017년 수치는 당시 살아있는 채권(한국은행 발표 공식 가계신용)과 죽은 채권의 비교를 통해 둘 간의 상대적 규모를 파악하는 정도로만 참고하면 될 것이다.

117 2017년 3월 말 기준, 8대 공기업 특수채권, 「파이낸셜뉴스」, 2017. 7. 25.

는 불법사금융(사채)까지 포함한다면, 그 규모는 200조 원을 훌쩍 넘을 것이다. 바로 이런 점에서 이 책의 범위상 조사된 그림자 채권을 모두 포함할 경우, 2017년 당시 가계부채는 1700조 원이 아니라 이미 2000조 원에 달했다고 봐야 할 것이다. 아울러 이 같은 계산방식을 2022년 현재에 적용해보면, 실질적인 가계부채는 1800조 원이 아니라 2200~2300조 원이라고 추정해볼 수 있다.

앞서 설명했듯, 그림자 채권일수록 살아있는 채권보다 부채의 질은 더 안 좋다. 다시 말해 상환될 가능성은 거의 없는데도 몇 십 년씩 묵혀온 게 바로 숨은 빚이다. 반면 정부가 집계하고 관리하는 1800조 원의 가계부채는 제대로 상환되고 있는 '우량한 채권'뿐이다. 가계부채와 관련해 정부가 늘 "우리 경제를 위협하는 리스크로 확산될 가능성은 적다"고 말하는 근거도 바로 여기에 있다. 그런데 이런 상황은 마치 의사가 이미 곪을 대로 곪아 터지기 직전인 환자의 썩은 내장을 들여다보지 않은 채, 단지 겉으로 드러난 약간의 긁힌 자국을 보고 큰 문제없다고 하는 것과 뭐가 다른가?

근본적 해결은
책임대출과 상시 채무조정

| 정부판 주빌리은행, '장기소액연체지원재단'

정치권의 노력으로 45조 원 규모의 좀비채권과 소멸시효 완성채권이 소각됐지만, 여전히 200조 원이 넘는 부실채권이 각 기관의 창고에 쌓여 있다는 사실을 확인했다. 이는 이벤트성의 단발적인 소각만으로는 부실채권 시장 전체를 개선하기에 역부족이라는 걸 의미한다. 이에 따라 민간과 금융공기업 일부에서 하던 소각을 확대하기 위해 정부는 아예 이를 전담하는 기구를 만들었다. 금융위원회는 2017년 11월 29일 발표한 '장기소액연체자 지원대책'에 따른 후속 조치로, 국민행복기금에서 나온 수익을 민간의 부실채권을 사들이는 데 이용하기 위해 '장기소액연체자 지원재단'을 설립했다.

장기소액연체자 지원재단의 운영방식은 다음과 같다. 우선 채무자가 서민금융통합지원센터를 통해 신청·접수하면 신청 즉시 추심이 중단되고 관련한 심사가 진행된다. 만약 심사를 통해 상환능력이 없다고 판명된 장기소액연체 채권에 대해서는, 재단이 매입하고 소각해주는 체계를 갖추고 있다. 이는 시민단체인 주빌리은행이 해오던 모델을 정부가 그대로 차용한 것이다.

표 49. 장기소액연체자 지원재단 업무 프로세스
< 채권 신청 및 매입절차 >

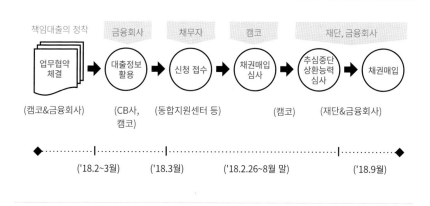

이렇게 볼 때, 장기 연체자를 정상적인 경제생활로 복귀시키려면, 그 형태가 어떤 것이든 부실채권을 심사해 상환능력이 없을 경우 빠르게 소각·정리하는 상시기구를 설치하는 게 필요하다.[118] 일시적

---

118 장기소액연체자 지원재단은 정책 수립 당시 일회성 소각을 목표로 진행된 프로그램으로 2019년 2월에 종료됐으며, 총 62만7000명(약 4.3조 규모)이 혜택을 보았다. 금융위원회는 일회성 행사였던 장기소액채무자 문제를 보다 항구적으로 해결하기 위해 '취약차주 특별감면 제도'를 2022년 6월부터 운영키로 했다. 채무원금이 1500만 원 이하로 연체가 10년 이상인 장기연체채무자의 경우, 채무원금의 70~90%를 일괄감면해 주고 조정된 채무 역시 3년간 성실히 상환하면 잔여채무를 면제해 주는 제도다. 그런데 이 정책은 예상 인원보다 신청이 저조해 애를 먹었는데, 채무자의 신청에 맡길 것이 아니라 일정 기간이 도래한 장기부실채권의 경우 자동적으로 소각하는 것이 바람직하다. 「머니S」, 2019. 3. 11. 참조.

으로 부실채권을 소각했다고 해서 정확한 규모조차 알 수 없는 숨은 빚 문제가 모두 해결되는 건 아니다. 특히 부실채권을 없애더라도 끝없이 새로운 부실채권이 생겨날 것이며, 이런 점에서 소각과 정리를 반복하는 것 말고는 달리 더 좋은 방법은 없다. 채무자가 고통 받은 후에 정리하기보다는 애초에 장기 연체채권이 생성되지 않도록 조기에 정리하는 것이 보다 근본적인 해결책이기 때문이다.

물론 소멸시효 완성채권에 대한 소각과 관련한 시중의 비판이 비등한 게 현실이다. 채권 소각은 그 대상자인 채무자만 환영할 뿐 돈을 상환 받을 권리를 포기해야 하는 금융사도, 심지어 금융권 대출이 없어 채권–채무와는 직접적 관련이 없는 일반인조차 반대하는 인기 없는 정책이다. 특히 "나는 성실히 빚을 갚고 있는데, 왜 저 사람은 빚을 갚지 않아도 되도록 내버려두느냐?"는 또 다른 채무자의 '묵시적 항의'는, 정부로 하여금 선뜻 과감하고 상시적인 대책을 내놓지 못하게 하는 중요한 원인으로 작용한다. 뿐만 아니라 우리사회에는 아직도 "남의 돈을 빌렸으면 무조건 갚아야 하는 것"이자 "빚 못 갚은 사람은 죄인" 혹은 "채무자는 게으르고 비도덕적인 사람"이라는 인식이 강하게 남아있다.[119]

그러나 비판을 꺼려 정부가 계속해서 일시적이거나 단발적인 정책만을 지속한다면, 그건 결국 미봉책에 불과할 뿐 문제를 해결하는 것이 아니다. 그렇게 되면 결코 빚 때문에 목숨을 잃는 사람을 구제

---

119 이 같은 인식은 채권자인 각종 기관이 앞서서 조장하는 것이자 추심에 활용하는 건 물론 탈·불법적인 추심조차 합리화시키는 논리로 이용되기도 한다는 점에서 우리의 반성을 요구하고 있다.

하는 구조적 방안이 나올 수 없으며, 자살률 1위라는 오명을 씻기에도 부족하다. 따라서 이제는 보다 근본적인 대책이 필요하다. 그나마 정부(금융감독원)의 '채권추심 가이드라인'이라도 마련된 건 큰 위안이다.[120] 하지만 그렇다고 고금리 대출로 고통 받는 채무자가 완전히 사라진 건 아니다.

| 정부는 언제까지 단발성의 정책만 시행할 것인가?

많은 해결책이 있을 수 있겠지만, 근본적으로 크게 두 가지가 시급하다. 첫째, 금융사에 책임대출 의무를 부과하는 것이다. 둘째, 상시 채무조정제도를 활성화하는 것이다. 말 그대로 빌려줄 때 엄격하게 심사하고, 빌려준 뒤 약간의 연체에 대해서는 인내심을 갖고 조금 기다려주는 것이다. 채무자가 상환에 일시적인 어려움을 겪을 때 바로 채권자로서 조치에 들어가 채무자를 더 고통에 빠뜨리는 것이 아니라 금융사가 기다려주면서 채무자가 상환 스케줄을 모두 완주할 수 있도록 도와주자는 게 핵심이다.[121] 채권자도 채무자와 함

---

120 채권추심 및 대출채권 매각 가이드라인 제9조(소멸시효 완성채권) ① 금융회사는 소멸시효가 완성된 대출채권을 직접 추심하거나 그 추심을 채권추심회사에 위임할 수 없다. 그러나 이 가이드라인은 금융감독원 행정지도로, 법적 구속력은 없다.

121 이와 관련, 전문가들은 흔히 '우산론'을 거론한다. 가령 비가 올 것 같아 우산을 빌려줬으면 비가 그칠 때까지 기다렸다 회수하는 게 상식이다. 그런데 우리 금융사들은 비가 그치기도 전에 우산부터 뺏고 본다. 이유는 여러 가지다. 우산이 세찬 비바람에 날아갈 것 같아서라거나 세찬 비바람에 우산이 부러질 수도 있다는 것이다. 하지만 이건 비가 다 그쳐봐야 비로소 알 수 있다. 따라서 비가 오는 와중에 회수하려고 해서는 첫째, 우산을 빌려준 의미가 퇴색되는 건 물론 둘째, 중간에 뺏어간 데 따라 빌린 우산만 믿고 있던 사람이 고스란히 비바람에 노출돼 온몸이 흠뻑 젖는 어려움에 직면해야 한다.

께 채무 불이행에 따른 위험을 일정부분 분담하면서 채무자의 재기를 적극적으로 유도하는 방법으로 위기를 극복해 나가자는 것이다.

두 가지 제안을 좀 더 자세히 살펴보자. 첫째, 책임대출이다. 책임대출이란 돈을 빌려주는 금융사가 보다 책임 있게 대출을 하라는 의미다. 우리나라는 제대로 된 심사 없이 대출을 실행한 후 대출 상환이 지체되면 그 책임을 몽땅 채무자에게 떠넘긴다. 이에 반해 해외에서는 대출에 대한 책임과 의무를 채권자와 채무자가 똑같이 나눠지고 있다. 가령 호주는 책임대출 의무가 법제화돼 있는 대표적인 나라다. 호주의 「소비자신용보호법」 제128조에 따르면, "신용 계약일 전 90일 이내에 제(c)호와 제(d)호를 하지 않았다면, 신용계약을 체결할 수 없다"라고 돼 있다. 여기서 제c호는 '신용계약의 부적합 평가'이고 제d호는 '소비자의 재정상태에 대한 질문'이다. 다시 말해 호주의 금융사는 신용계약에 앞서 대출을 희망하는 사람이 채무자로서 적합한지 여부를 평가해야 한다. 동시에 채무자의 재정상태, 즉 빚을 제대로 상환할 수 있는지에 대해 묻고 답을 듣지 않으면 어떤 대출도 할 수 없다. 한마디로 금융사는 대출하기 전에 대출 희망자가 빚을 제대로 상환할 수 있을지 판단할 의무를 갖고 있는 것이다. 이를 Responsible lending conduct, 즉 '책임대출'이라고 표현한다. 이는 곧 우리처럼 '묻지 마 식 대출'이나 '무조건 대출'을 할 수 없도록 규정한 것이다. 물론 우리나라 금융사도 대출 희망자와 관련해 일정 정도의 신용평가를 하고 있다. 하지만 호주와 달리 가장 큰 차이는 법적인 의무로 부과돼 있지 않다는 것이다. 몇 가지 도식화된 신용조사를 이용해 심사하고 대출한 뒤 갚지 못하면 채무자만을 일방적으로 비난하는 것과 함께 모든 책임을 떠넘기는 구조다. '빌릴 수 있는 만큼만 빌리고, 빌렸으면 잘 갚아야 한다'는 명제는 채무자에게만 적용될 뿐 채권자는 이에 구속되지 않는 게 한국의 현실이다.

책임대출이 대출계약 체결 시점에서 채권자에게 의무를 부과한 것이라고 한다면, 상시 채무조정제도는 대출이 시행된 뒤 채권자에게 부여된 또 다른 의무라고 할 수 있다. 상시 채무조정제도는 대출한 이후에도 언제든지 채무자의 상황에 따라 유연하게 빚을 조정해 주는 걸 핵심으로 하고 있다. 이 역시 호주에서는 'Credit hardship variation'(채무조정)이라는 제도를 통해 구현되고 있다. 호주에서는 빚이 지나치게 많아 갚을 수 없는 경우 채무자가 금융사에 Hard-ship variation이라는 문서를 제출할 수 있다. 그러면 채권자는 반드시 채무자의 상태를 살펴 상환기간을 유예하거나 상환금액을 조정해 주는 등의 조치를 취해야 한다. 조정이 실패하면 외부 분쟁조정기관인 금융 옴부즈맨 서비스로 이관된다. 채무자는 이 과정에서 빚을 경감 받을 권리가 있고 채권자는 달라진 상황에 대해 함께 위험을 분담해야 한다. 만약 금융회사가 의무를 이행하지 않으면, 감독기관인 호주증권투자위원회(ASIC)는 「금융소비자보호법」에 따라 면허취소, 벌금 등의 처분을 할 수 있다.[122]

---

122 「이코노미 조선」, 2016. 6. 27.

| 채무자대리인제도 도입

앞서 연체 상태인 채무자를 더 고통에 빠뜨리는 것이 아니라 금융사가 기다려주면서 채무자가 상환 스케줄을 모두 완주할 수 있도록 도와주자는 것이 가계부채 문제 해결의 핵심임을 설명했다. 이 과정을 법적 지식을 가진 대리인의 조력을 받을 수 있도록 한 것이 바로 '채무자대리인제도'다.

채무자대리인제도란, 돈을 빌린 채무자가 변호사 등 채무 대리인을 선임하는 경우에는 채권자가 대리인을 통해서만 변제에 대한 사항을 논의할 수 있도록 하는 제도다. 다시 말해 채무자가 대리인을 선임했을 경우 채무자는 직접 추심을 받을 필요가 없다. 이는 과도한 채권 추심으로부터 채무자를 보호하고, 대리인의 조력하에 합리적이고 계획적인 상환을 유도하기 위한 조치다.

현재 우리나라는 「채권의 공정한 추심에 관한 법률」을 통해 채무자 대리인 제도를 규정하고 있다.[123] 문제는 이 제도가 현재 대부업체와 관련한 채권에만 적용되고 있다는 것이다. 즉, 대부업체를 이용한 채무자는 대리인을 선임할 시 직접 추심을 받지 않을 수 있으나 기타 다른 금융사의 채무자는 이 제도를 이용할 수 없다. 채무자대리인제도의 확대와 관련해서는 국회에서도 수차례 법률안이 발의

---

123 「채권의 공정한 추심에 관한 법률」 제8조의2에 따르면, 채권추심자는 채무자가 변호사법에 따른 변호사·법무법인·법무법인(유한) 또는 법무조합을 채권추심에 응하기 위한 대리인으로 선임하고 이를 채권추심자에게 서면으로 통지한 경우 채무와 관련하여 채무자를 방문하거나 채무자에게 말·글·음향·영상 또는 물건을 도달하게 하여서는 아니 된다.

됐으나 금융위원회는 지금껏 강력히 반대하고 있다. 금융위원회의 논리는 "채무자 대리인제도가 확대 도입되는 순간 금융사는 이를 추심하지 말라는 뜻으로 받아들여 그냥 채권을 포기하게 된다"는 것이다. 다시 말해 채무자가 변호사 등 대리인을 앞세운다면, 그건 곧 도덕적 해이를 일삼는 방패막이가 될 것이고, 이는 결국 금융사로 하여금 채권을 포기하게 만들어 재산권을 침해하는 결과를 초래한다는 것이다.

하지만 이는 채무자대리인제도에 대한 (금융사들의 자발적인) 몰이해에 지나지 않는다. 채무자대리인제도가 활성화돼 있는 해외에서는, 이것이 채무자의 도덕적 해이를 조장하지도 않으며, 더 중요한 건 애초 제도 도입 취지가 그것에 있지 않다는 것이다. 직접적인 추심이 채무자의 인권을 침해하고 일상생활을 파괴해 도리어 계획적인 상환을 막기 때문에 대리인과 함께 "제대로 상환해 나가게 하는 것"이 제도의 목적이다.

우리가 송사와 관련해 변호사를 선임하는 것은 형벌을 피하기 위해서이기보다는 법적 지식이 부족한 일반인이 불이익을 받지 않고 또 이 과정에서 최소한의 인권을 보호받기 위한 성격이 강하다. 설혹 피의자가 많은 사람으로부터 비판받는 살인자라고 해도 국선변호인을 선임해 법률적 조력을 받을 권리를 갖고 있다. 이를 두고 누구도 법의 처벌을 피하기 위한 조치라며 변호인 선임을 막지 않는다. 그런데 정부는 유독 채무자 대리인제도와 관련해서만은 이의 도입을 막고 있다.

채무자대리인제도 확대에 대한 논의는 정치권과 정부 간에 끊임

없이 이어졌다. 그 결과 더불어민주당 을지로위원회의 가계부채 분과는 2019년 3월 26일 금융위원회와 함께 관련 대책을 발표했는데, 다소 황당한 대책이 나왔다. 채무자대리인 제도를 "불법사금융 영역에 도입하겠다"는 것이 그것이다. 불법사금융 신고가 접수되면 금융당국 또는 법률구조공단이 직접 채무자대리인이 돼 채무자를 긴급보호하겠다는 것이다. 정부가 이런 대책을 발표한 데는, 현재 채무자대리인제도를 확대 도입 한다고 해도 "당장 채무자들이 채무자대리인을 선임하기에 비용이 너무 많이 수반돼 활성화되기 어려울 것 같다"[124]는 것이다. 따라서 먼저 법률구조공단이 채무자대리인 선임비용을 지원하되, 그 범위는 불법사금융에만 적용한다는 것이다.

금융위원회의 이런 대책은 정말 어처구니없는 발상이다. 말 그대로 '불법'인 사채를 처벌하지 않고 그냥 놔둔 채, 채무자가 불법추심에 따른 폭력에 대응할 수 있게 단순 '도움'을 주겠다는 것이기 때문이다. '불법'에 대한 국가의 대처는 개인이 그것에 대응할 수 있도록 조력하는 것이 아니라 공권력을 통해 불법을 소탕하고 없애는 것이어야 한다. 채무자대리인제도는 불법의 영역에서 이들을 막는 경찰

---

124 그런데 아니나 다를까, 불법사금융 채무자대리인제도 도입 사업은 역대 금융위원회 사업 중 최다 불용률을 기록했다. 2020년 금융위원회의 '채무자대리인선임지원 사업' 예산 11.5억 원 가운데 1.6억 원만이 사용됨으로써, 불용률은 86%를 기록했다. 이와 관련, 금융위원회는 ①사업초기 제도·사업에 대한 이해·홍보 부족 ② 코로나19 여파로 인한 불법사금융 피해신고센터 방문수요 급감 두 가지를 들었다. 하지만 앞서도 설명한 것처럼, 장기연체자들을 보호하기 위한 대책은 채무자를 찾아 나서지 않아서 채무자들이 찾아오기를 기대해서는 100% 실패할 수밖에 없다. 금융위원회는 이런 사실을 잘 알면서도 매번 똑같은 실수를 반복한다. 이 정도 되면 가끔은 정부가 애초부터 가계부채 정책이 실패하기를 바라고 시작하는 건 아닌가 하는 의심이 들기도 한다.

의 역할이 아니다. 제도권 금융에서 채무 상환을 조력하고, 합법적인 틀 안에서 채무자가 자신의 인권을 보호할 수 있도록 하면서 상환을 함께 상의하는 제도다. 그런데 금융위원회는 이 제도를 마치 채무자에게 복지를 베푸는 것처럼 활용하는 것과 함께, 더 황당한 것은 그것을 불법의 영역에 도입하겠다는 것이다. 채무자대리인제도에 대한 완전한 몰이해에 기반한 정책이 아닐 수 없다. 채무자대리인제도가 하루빨리 전 금융권에 도입돼 빚을 갚지 못했다고 삶까지 포기하는 게 아니라, 법적 조력자의 도움으로 어려움에서 벗어나 정상적인 경제생활로 복귀할 수 있도록 해야 한다.

| '존엄'을 지키면서 갚을 수 있도록 하는 게 채무자 보호대책의 핵심

채무를 연체한 사람에게 빚을 갚게 하는 가장 좋은 방법은 무엇일까? 우선 소득과 자산이 있어 경제적 여유가 있는 사람에게는 갚으라고 촉구하는 게 의미를 가질 수 있다. 반대로 자산은 고사하고 당장 소득이 발생하지 않는 사람이라면, 갚으라고 촉구한들 무슨 소용 있겠는가? 시쳇말로 드라마나 영화에 나오는 표현처럼 "먹고 죽을 돈도 없다"와 같은 상황이면, 추심에 앞서 소득이 생기는 게 더 중요한 일이자 당장 선행돼야 할 대책일 것이다. 옛말에 "곳간에서 인심난다"고 소득이 있어야 빚을 갚든 말든 할 것이다. 당장 오늘 저녁 끼니를 걱정해야 하는 사람에게 아무리 빚 상환을 독촉한들 그건 소용없는 짓에 지나지 않는다.[125] 그건 도둑질을 하든 아니면 다른 사람에게 빌려오라고 압력을 넣은 것과 크게 다르지 않다.

그런데 이처럼 단순한 논리가 우리나라 채권자 추심에는 절대 적용되지 않는다. 자산이 있든 없든, 또 소득이 발생하든 말든 빚을 갚지 않은 사람을 찾아가 없는 돈도 만들어 내라는 식으로 접근한다. 빚 때문에 채무자가 잘 다니던 직장에서 망신을 당하고, 최소한의 생활을 위한 가계 집기마저 처분돼 기본생계가 위태로워지더라도, 채권자는 상관하지 않는다. 한마디로 빚만 받으면 된다는 논리다. 그러니 다른 곳에서 빌리든 그도 안 되면 정말 장기를 팔아서라도 무조건 갚으라는 식이다. 채무자들이 시간이 지날수록 더 깊은 빚의 수렁에 빠져 헤어나지 못하는 건 바로 이 같은 채권추심 때문이다. 막무가내식 채권 추심으로, 채무자는 생계를 유지하기 위한 소득조차 만들 수 없어 점점 더 빚의 악순환에 빠지고 만다. 이렇게 되면 채무자는 말할 것도 없고, 채권자 또한 단 한 푼도 돌려받을 수 없다.

지금까지 글쓴이가 만나 본 채무자들은 너나 할 것 없이 어떻게든 자기 힘으로 빚을 청산해 하루라도 빨리 지옥 같은 추심에서 벗어나길 희망하고 있었다. 상환하지 않은 빚이 있다는 이유로 직장까지 찾아와 마치 죄인처럼 취급하며 비도덕인 인간으로 '망신'만 주지 않는다면, 무슨 일을 해서든 또 얼마의 시간이 걸리든 모두 다 갚겠다는 생각을 갖고 있었다. 사실 특이한 한두 사람을 제외하고는 정

---

125 이 경우 혹자는 간이나 심장과 같은 '장기(臟器) 매매'를 떠올릴 수도 있겠으나, 이건 어디까지나 영화에나 나올 법한 불법사채업자가 하는 수법으로, 현행법에서는 불법으로 금지하고 있는 내용이다.

상적인 사람이라면 누구나 다 이렇게 생각할 것이다. 추심에서 벗어나고픈 건 '인간 존엄의 문제'이기 때문이다. 그래서 채무자가 스스로 자괴감에 빠지지 않고 존엄을 지키면서 빚을 갚을 수 있도록 하는 것, 이것이 채무자 보호대책의 가장 중요한 핵심이다.

2장

인간다운
채무자를 위한 노력

채무자 보호를 위한
작은 진전들

| 8년 만에 통과된 금융소비자 보호에 관한 법률

앞서 이 책에서 다룬 여러 가지 문제들이 해결되려면 수많은 법을 제·개정해야 한다. 그럼에도 금융소비자 관점에서 채무자를 보호할 수 있는 종합적인 법률을 하나만 꼽는다면, 바로 2020년 3월 국회 본회의를 통과한 「금융소비자 보호에 관한 법률」^(이하 금소법)을 들 수 있다. 이 법은 2012년 정부와 의원을 통해 처음 제안돼 발의와 제출[126] 그리고 임기 말 자동폐기[127]를 반복한 끝에 마침내 8년 만에 국

---

126 우리 「헌법」은 법률안 제안권자를 '국회의원'과 '정부'로 규정하고 있다. 동시에 「국회법」 제51조는 "국회의 위원회도 그 소관에 속하는 사항에 대하여 법률안을 입안하여 위원장 명의로 제출할 수 있다"라고 규정하고 있다. 한편 「국회법」에 따르면, 국회의원이 의안(議案)을 내는 것을 발의(發議)라고 하고, 정부가 의안을 내는 것을 제출(提出), 상임위원회가 의안을 내는 것을 제안(提案)으로 구분하고 있다. 일반적으로 발의, 제출, 제의를 통칭해 제안이라고도 한다. 이밖에도 「국회법」은 제안과 제의(提議)도 구분하는데, 국회의장이 의안을 내는 걸 제의라고 한다. 법률안을 제안한 주체에 따라 의원이 발의한 것을 '의원입법'으로, 정부가 제출한 것을 '정부입법'으로 구분한다.

127 국회에 제안된 법률안은 그 주체가 누구든 해당 국회의 4년 임기 동안 본회의를 통과하지 못하면, 임기 종료와 함께 모두 일괄 자동 폐기된다. 따라서 폐기된 내용과 같은 법률안을 제·개정하려면, 다음 대수(代數) 국회에서 새롭게 법률안을 제안해야 한다.

회를 통과해 2021년 3월부터 시행[128]됐다.

「금소법」은 2012년 박선숙 의원에 의해 최초로 발의돼 통과되기까지 총 14회에 걸쳐 발의와 제출과정을 반복했다. 관련한 국회 심사만도 8년이 소요됐다. 2012년 「금소법」이 최초로 발의된 것은 '저축은행 사태'와 밀접한 관련을 맺고 있다. 저축은행 사태란, 2011년 2월 국내에서 가장 큰 상호저축은행이던 부산저축은행을 필두로 여러 개의 저축은행이 금융위원회에 의해 영업정지 명령을 받은 뒤 마침내 파산선고 된 것을 말한다. 이는 부동산 파이낸싱(PF)[129]처럼 리스크가 큰 사업과 관련해 제대로 된 심사 없이 무분별하게 대출해주고, 이에 따라 부실채권을 떠안은 저축은행이 더 이상 사업을 할 수 없게 된 것에서 비롯됐다. 이와 관련, 가장 큰 문제는 저축은행이 부실화되면서 이용자들이 저축한 예금을 돌려받지 못해 커다란 피해를 입었다는 것이다.

반복된 자동폐기에도 불구하고 「금소법」은 새롭게 4년간의 국회의원 임기가 시작되면 또다시 의원이나 정부에 의해 제안됐다. 하지만 매번 시급한 현안에 치여 소관 상임위원회인 정무위원회에서는 제대로 된 심사조차 이뤄지지 않았다. 특히 법률안이 방대하고 어렵다는 이유로 깊이 있는 토론과 심사가 뒤따르지 않아, 매번 국회의원 임기 말까지 어떤 결론도 도출되지 못했다. 물론 금융사의 반대

---

128 법률안이 국회 본회의를 통과했다고 해서 곧바로 시행되는 건 아니다. 특히 「금소법」처럼 처음 만들어진 제정안의 경우, 관련한 시행령을 만드는 데 시간이 필요해 법률안 부칙을 통해 시행 시기를 '법률안 통과 후 1년'으로 명기한다.

129 신용이나 물적 담보를 보지 않고, 프로젝트 자체의 경제성만을 고려하여 대출하는 금융기법을 말한다.

와 로비로 인해 의원들이 법률안 통과를 주저했던 측면도 일부 있다.

표 50. 금융소비자 보호에 관한 법률 제안 연혁

국회대수	제출날짜	주체	법안명
18대	2011.07.13	박선숙	금융소비자보호기본법안
	2012.02.02	정부	금융소비자 보호에 관한 법률안
19대	2012.07.06	정부	금융소비자 보호에 관한 법률안
	2012.11.09	김기준	금융소비자위원회 설치 및 운영에 관한 법률안
	2013.03.11	정호준	금융소비자 보호법안
	2013.06.12	민병두	금융상품 판매 및 금융소비자 보호에 관한 법률안
	2013.10.28	강석훈	금융소비자 보호 기본법안
	2013.11.28	이종걸	금융소비자 보호 및 금융상품 판매에 관한 법률안
	2014.09.25	이재영	금융소비자 보호 기본법안
20대	2016.10.25	박선숙	금융소비자보호기본법안
	2016.12.27	박용진	금융소비자보호 및 금융상품 판매에 관한 법률안
	2017.03.09	최운열	금융소비자보호법안
	2017.04.07	이종걸	금융소비자 보호 및 금융상품 판매에 관한 법률안
	2017.05.23	정부	금융소비자 보호에 관한 법률안

그런데 이런 와중에 2019년 들어 DLF[130]와 라임 사모펀드 사태

---

130 DLF란, 은행에서 사모펀드 형태로 판매한 것으로 주요 해외금리에 연계된 파생상품을 뜻한다. 금리가 만기까지 일정 구간에 있으면 연 3.5~4%의 수익률을 보장하지만, 일정 구간 아래로 내려가면 손실 구간에 진입하며 최악의 경우 원금을 모두 잃을 수 있다. 당시 금융감독원에 따르면, DLF 판매 잔액은 8224억 원으로 우리은행(4012억 원)과 하나은행(3876억 원)에서 주로 판매했다. 개인투자자 3654명이 7326억 원을, 법인 188개사가 898억 원을 투자했다. 개인투자자 1명당 2억 원이 조금 넘는 금액을 투자한 셈이다. 그런데 상품의 판매 시기와 만기에 따라 다르지만, 개중에는 쿠폰금리를 포함해 98.1%의 손실률을 기록한 상품도 있었다. '불완전 판매'도 문제였다. 가령 1분간 전화통화 하면서 고위험 상품인 DLF를 판매한 사례, 노후자금을 정기예금에 예치하려던 75세 고령자를 DLF로 유치한 사례가 그것이다. 이처럼 충격적인 불완전판매 사실이 드러나자 금융감독원 금융분쟁조정위원회는 은행에 '역대 최고' 수준의 배상비율을 결정했다.

[131]가 연이어 터지면서 금융소비자를 보호할 필요성이 재차 현안으로 떠올랐다. 다시 말해 국회는 수많은 시민들의 투자금이 공중분해된 이후에야 부랴부랴 제20대 국회 임기가 끝나기 직전에 「금소법」을 통과시킨 것이다.

| 채무자도 금융소비자로 인정

이처럼 사모펀드와 관련한 불완전 판매로 투자자가 큰 손실을 입은 게 「금소법」 추진을 위한 중요한 계기로 작용했다. 하지만 「금소법」의 가장 큰 특징 가운데 또 하나는 채무자를 '죄인'이 아닌 당당한 금융소비자로 인정한 것이다.

「금소법」에 따르면, 금융상품은 예금성·대출성·투자성 3가지로 구분된다. 이에 따라 어떤 대출상품이든 「금소법」 적용대상에 포함되며, 금융권에서 대출 받은 채무자는 금융소비자로서 보호받을 권리를 획득했다. 동시에 금융상품판매업자에게는 대출상품의 금리 및 중도상환수수료 부과 여부 등 금융상품의 중요사항에 대해 설명할 의무가 부여됐다. 반대로 금융소비자는 대출상품의 계약서류를

---

131 라임 사모펀드 사태란, 국내 최대 헤지펀드인 라임자산운용이 모펀드 4개, 자펀드 173개에 대해 환매중단을 선언한 데 이어 폰지 사기, 수익률 조작, 불완전판매 등의 불법행위에 연루됐다는 의혹이 나오면서 일파만파 확산된 사건을 말한다. 라임사태는 미국 사모펀드 IIG(International Investment Group LLC)에 투자한 2400억 원이 공중에 날아간 게 결정타로 작용했는데, 언론에서는 이를 '단군 이래 최대의 금융사기'로 보도했다. 관련 피해규모는 1조6000억 원으로 추산됐다.

제공받은 날로부터 14일 이내에 언제든지 계약을 철회할 수 있다. 이밖에도 금융상품판매업자가 위법한 행위를 했을 때는 5년 범위 내에서 서면으로 계약을 해지할 수 있다.

한편 「금소법」이 시행됐다고 해서 앞서 언급한 부실채권 문제가 모두 해결되는 것은 아니다. 하지만 8년 만에 통과된 「금소법」이 갖는 의미는 결코 작지 않다. 당장 금융소비자 보호를 가장 중요한 성과로 거론할 수 있다.

기존 금융산업에 대한 규제는 「자본시장과 금융투자에 관한 법률」 (이하 「자본시장법」)을 비롯해 각종 업역(業域)에 대한 개별법, 예컨대 「은행법」이나 「보험업법」 그리고 「여신전문금융업법」 등에서 각각 다뤄졌다. 그런데 이는 법명(法名)에서도 알 수 있듯, 주로 각 업역의 영업 사항이나 산업 진흥 및 감독 체계 등의 내용을 담고 있다. 철저하게 금융사를 중심으로 놓고 관련 법률이 만들어진 것이다. 그러다보니 금융사를 이용하는 금융소비자 보호와 관련한 내용은 대부분 간과 (看過)되거나 미미한 수준에 그쳤다. 특히 문제가 되는 건 개별 업역 법을 위반한 소지가 있어도 금융 또는 사법당국은 최대한 소극적으로 해석·적용했다는 것이다. 한마디로 많은 피해자가 양산되는 금융사고와 관련, 정부나 사법당국 할 것 없이 금융소비자가 아닌 금융사 입장에서 관련 법률을 적용해왔다.

하지만 「금소법」은 법률 이름부터 「금융소비자 보호에 관한 법」이라고 하고, 제1조 목적에 '금융소비자의 권익 증진' 및 '금융소비자 권익 보호'를 명시함으로써, 이전의 각종 업역에 대한 개별법과는 입법 취지부터 큰 차이를 보였다. 각 개별법에서 한계로 지적됐던 금융사 제재가 더 강력해지고 소비자 보호가 한층 두터워질 수 있는 계기가 마련됐다는 점에서, 「금소법」 통과가 갖는 역사적 의미는 결코 가볍지 않다.

진정한 채무조정
프로그램의 시작

| '추심 없는 채무조정' 프로그램 탄생

2019년 들어 빚 문제로 일가족이 자살하는 사건이 연이어 발생하면서, 정치권은 가계부채 문제 해결이 곧 '민생'이라는 공감대를 형성했다. 여당을 중심으로 행정부와 치열한 논의를 거쳐 2019년 5월 24일 금융위원회는 「개인 및 자영업 연체 채무자의 재기지원 강화 방안」[132]을 내놓았다. 여기에는 △금융복지상담센터를 통한 채무 조정 프로세스 신설 및 추심 중단 △신용보증재단의 재창업 교육인원 3만 명 지원 △소멸시효 완성 채권 재매각 금지 법률안 마련 등의 내용이 담겼다.

정부 대책에서 특히 주목해야 할 것은 '추심 없는 채무조정 프로

---

132 보도자료 참고.

금융위원회가 「개인 및 자영업 연체 채무자의 재기지원 강화 방안」을 수립하자 2019년 5월 24일 여당은 최고위
원회의를 서울금융복지상담센터에서 열고 관련 대책을 직접 발표했다.

세스'다. 애초 캠코의 국민행복기금 같은 신용회복 프로그램은, 민
간 신용정보회사와 연계되면서 채무조정이 아니라 채권추심으로 변
질되는 문제를 안고 있었다. 그래서 정부는 채무자가 금융복지상담
센터[133]를 통해 채무 상담을 신청할 경우 추심 없이 채무조정을 받
을 수 있도록 했다. 우선 채무자가 금융복지상담센터에 채무상담을
신청하면, 국민행복기금은 추심위탁 및 자체추심활동을 잠정 중단
한다. 그러면 금융복지상담센터는 채무자와 상담을 거쳐 국민행복
기금의 채무감면 기준에 따라 채무조정안을 작성, 국민행복기금에
제출한다. 만약 심사를 통해 재산이 없는 경우 채무자는 소득 등에

....

133 금융복지상담센터는 상환곤란 채무자에 대한 재무상담 및 채무조정 방법 등을 안내하기 위해 전국 14개 지
   방자치단체(광역 및 기초 각 7개)에 설치됐다. 채무자는 누구나 무료 상담을 받을 수 있다.

따라 30~90%까지 채무 원금을 탕감 받을 수 있다.

이상과 같은 절차에 따라 채무자가 금융복지상담센터와 상담을 시작하면, 일단 과도한 채권추심에서 벗어나 심적으로 안정된 상태에서 자신의 재무상황에 맞는 채무조정 심사를 받을 수 있다. 한편 국민행복기금은 금융복지상담센터에 상담을 신청한 채무자에 대한 일시적 추심중단 조치로 신용정보회사에 나눠주던 추심수수료를 절감할 수 있다. 동시에 국민행복기금은 절감되는 수수료만큼 채무자에 대한 채무감면을 추가로 적용, 이를 통해 더 많은 채무자의 재기 지원을 돕기로 했다.

2019년 8월 8일 캠코와 금융복지상담센터는
'추심 없는 채무조정 실행을 위한 업무협약 체결'을 맺고 본격 시행에 들어갔다.

정부 정책에는 추심 없는 채무조정 외에도 채무자를 위한 몇 가지 방안이 더 있었다. 눈에 띄는 건 채무조정 중도탈락자에 대한 추심부담 경감이다. 기존에는 채무자가 신용회복위원회를 통해 워크아웃을 시작했다가 중도탈락하면, 당초 받았던 채무조정안이 무산되고 채무가 처음부터 다시 부활하는 문제가 있었다. 여기서 중도탈락이란, 신용회복위원회를 통해 받은 채무조정안을 최소 4개월에서 최대 10개월간 이행하지 못해 채무조정 이전 상태로 채무가 부활하는 것을 의미한다. 이에 금융위원회가 개선 대책을 내놓았다. 신용회복위원회의 채무조정안에 따라 성실하게 상환하다가 상환능력 변동 등 불가피한 사유로 중도탈락한 채무자에 대해 중도탈락 이후 6개월간은 채권추심을 하지 않고 상환을 유예해주기로 한 것이다. 또 6개월 이후부터는 채무자가 달라진 상황에 맞게 채무조정안을 다시 마련할 수 있도록 했다. 이밖에도 자영업자에게는 현재 신용회복위원회의 최대 채무조정율에서 5%를 더 감면해주기로 했다.

물론 아쉬운 점도 있다. 계속해서 이견이 있었던 채무자 대리인제도의 확대안에 대해 금융위원회는 끝까지 진전된 대책을 내놓지 않았다. 당초 대부업체에만 적용되는 채무자 대리인을 다른 업역까지 확대하자는 국회 요구가 있었다. 이와 관련, 금융위원회는 "채무자 대리인제도를 정착시키기 위해 제도개선 및 활성화방안을 마련하겠다"며 원론적인 답변만 내놓았다. 이후 금융위원회는 채무자 대리인 제도를 불법사금융에 시달리는 채무자에게 허용하겠다는 다소 방향이 잘못된 방안을 발표했다. 대리인 선임 비용을 국고에서 지원하겠다며, 예산에 반영했다.

금융감독원,
불시점검을 시작하다

| 신용정보회사에 대한 불시점검

신용정보회사의 불법·편법 추심 문제도 해결의 실마리를 찾았다. 금융감독원이 과거와 달리 2017년 들어 처음으로 신용정보회사에 대한 불시점검을 실시한 것이다. 금융감독원이 2017년부터 2020년까지 3년간 신용정보회사에 대한 검사를 통해 제재조치를 취한 건 총 21건이다. 이 가운데 불시점검을 통해 적발된 게 14건이다. 적발 내용은 △채권추심 착수 전 수임사실 통지 의무 위반 △부당한 방법에 의한 채권추심 △신용정보 관리업무 부당처리 △개인신용정보 부당조회 등이다. 제재 조치도 기관 주의부터 임직원 징계, 과태료까지 다양했다. 이로써 그동안 눈 가리고 아웅 식이었던 검사가 제 모습을 찾기 시작했다.[134] 앞으로도 금감원의 실효성 있고 단호한 검사와 사후 조치를 기대해본다.

....

[134] 우리는 III부 2장을 통해 과거 신용정보회사에 대한 금융감독원 현장조사가 사전에 미리 고지되는 데 따라 이뤄졌다는 걸 알 수 있었다.

표51. 2017~2020년 금융감독원의 신용정보회사 제재 현황

연번	구분	회사명	조치 요구일	주요 지적사항	조치내용				불시 검사
					기관 주1)	임원 주2)	직원 주2)	과태료 주3)	
1	채권추심	에프앤유 신용정보	'17.3.24.	채권추심 착수 전 수임사실 통지 의무 위반			1	기관 (0.7)	O
				한국기업 데이터				채권 추심인 1명 (0.7)	
2	신용정보	한국기업 데이터	'17.9.11.	기업 신용정보 관리업무 부당 처리	기관 주의	4	4	기관(30)	O
3	채권추심	새한 신용 정보	'17.9.11.	채권추심 착수 전 수임사실 통지 의무 위반			1	기관(0.7)	O
3	채권추심	새한 신용정보	'17.9.11.	부당한 방법에 의한 채권추심				채권 추심인 1명 (1.1)	O
4	채권추심	세일 신용정보	'17.9.11.	부당한 방법에 의한 채권추심			1	채권 추심인 4명 (3.8)	O
5	채권추심	케이에스 신용정보	'17.9.11.	채권추심 착수 전 수임사실 통지 의무 위반			7	기관 (12.7)	O
6	채권추심	SM 신용정보	'18.9.14.	채권추심 착수 전 수임사실 통지 의무 위반			1	기관 (1.5)	O
7	나이스 신용정보	나이스 디앤비	'18.9.14.	기업 신용정보 관리업무 부당 처리	기관 주의		4	기관 (24)	X
8	나이스 신용정보	나이스 신용정보	'18.9.14.	신용정보전산시스템에 대한 보안대책 수립·시행 위반			2	기관 (24)	O
				SCI 평가정보				채권 추심인 1명 (1.6)	O
9	채권 추심& 신용정보	SCI 평가 정보	'18.9.16.	개인신용정보 부당 조회			10		X
				채권추심&신용정보			2		
				신용정보전산시스템의 기술적· 물리적·관리적 보안대책 소홀	기관 주의		5	기관 (24)	
				IT보안관리 소홀	기관 주의	1	6	기관 (30)	

연번	구분	회사명	조치요구일	주요 지적사항	조치내용				불시검사
					기관 주1)	임원 주2)	직원 주2)	과태료 주3)	
10	채권추심	SCI 평가정보	'18.12.24.	채권추심 착수 전 수임사실 통지 의무 위반	기관경고		5	기관 (100)	O
11	신용정보	코리아크레딧뷰로	'18.12.24.	개인신용정보 부당 조회 등			8	기관 (24)	X
12	채권추심	BNK 신용정보	'19.6.17.	채권추심 착수 전 수임사실 통지 의무 위반			3	기관 (100)	X
				채권추심				채권 추심인 1명 (1.1)	
13	채권추심	에프앤유신용정보	'19.6.17	채권추심에 관한 금지 행위 위반				기관 (1.2)	O
14	채권추심	KB 신용정보	'19.8.7	채권추심에 관한 금지 행위 위반 등				기관 (14.4) / 채권 추심인 3명 (2.6)	O
15	채권추심	고려신용정보	'19.8.7	채권추심 착수 전 수임사실 통지 의무 위반 등		1	3	기관 (100)	O
			'19.8.7	채권추심에 관한 금지행위 위반				채권 추심인 2명 (1.7)	
16	채권추심	미래신용정보	'19.8.7	채권추심에 관한 금지행위 위반				채권 추심인 1명 (1.2)	O
17	신용정보	나이스디앤비	'19.8.30	신용정보 관리기준 위반	기관주의	1	3	기관 (12)	X
18	채권추심	신한신용정보	'19.9.17	위임직채권추심인 등록 전 채권추심업무 수행			4		O
19	채권추심	농협자산관리회사	'20.1.31	위임직채권추심인 등록 전 채권추심업무 수행			4		X
				채권관리시스템에 대한 기술적·물리적·관리적 보안대책의 수립·시행 의무 위반			8	기관 (24)	
20	채권추심	SM 신용정보	'20.1.31	채권추심 착수 전 수임사실 통지 의무 위반			1	기관 (1)	O
21	채권추심	중앙신용정보	'20.9.3	채권추심 착수 전 수임사실 통지 의무 위반			1	기관 (3.6)	O

주1) 「금융기관 검사 및 제재에 관한 규정」제17조에 따른 기관 제재

주2) 「금융기관 검사 및 제재에 관한 규정」제18조 및 제19조에 따른 임직원 제재 대상자 및 퇴직자 상당 통보 및 퇴직자 위법사실 통지 대상자 수

주3) 「금융기관 검사 및 제재에 관한 규정」제20조에 따른 과태료 부과 금액(백만 원)

연체이자율,
인하되다

| 20%가 넘던 연체이자율, 3%로 일괄 인하

우리는 Ⅱ부 1장에서 은행 대출을 연체하면 기한이익 상실로 연체이자가 급증해 집을 넘기고도 빚이 남는 상황에 처할 수 있다는 걸 확인했다. 그런데 2018년 이런 현실을 바꿀 수 있는 고무적인 정책이 발표됐다. 바로 정부가 금융사의 연체이자율을 3%로 일괄 인하하기로 한 것이다. 2018년 1월 18일 당시 최종구 금융위원장은 신용회복위원회 주최 취약·연체차주 지원을 위한 간담회에서 "연체차주의 평균연체이자 부담이 연체 1년 만에 원금의 25% 수준에 육박하고 연체 3년이면 원금의 절반을 넘어선다"며 "연체금리 부담을 합리적 수준으로 경감하고 가혹한 추심행위를 일정기간 유예하겠다"고 밝혔다.

2017년 국정감사에서 의원들은 금융사의 조달금리에 비해 대출이자가 지나치게 높다는 점을 지적했다. 조달금리란, 금융사가 고객에게 대출 해주기 위해 다른 곳에서 돈을 빌려올 때 적용되는 금리다. 은행은 고객에게 예금을 받은 것으로 대출해주지만, 예금을 받지 않는 카드사나 대부업체 등 여신금융기관은 다른 곳에서 돈을 조달해야 고객에게 돈을 빌려줄 수 있다. 제조업으로 말하자면 물건을 만들기 위한 원재료를 공급받는 것이라고 할 수 있다. 그래서 조달금리는 대출금리의 '원가'와 같은 역할을 한다.

당시 금융사들은 법정최고금리인 27.9%를 준용해 연체이자율을 무차별적으로 부과하고 있었다. 특히 고객으로부터 예금을 받지 않는 여신금융회사의 연체이자가 높았다. 신용카드사의 경우 연체 이자율은 20% 중후반에 달했다. 2017년 당시 우리카드는 현금서비스에 27.7%, 카드론에 27.3% 연체이자를 부과했다. 신한카드는 리볼빙에 27.2%, 롯데카드는 27.1%를 적용했다.[135]

그런데 이처럼 높은 연체이자의 산정 근거는 명확하지 않았다. 상식적으로나 경제학적으로나 연체이자는 마땅히 '원가'를 기반으로 적정 수준의 이자를 감안해 책정돼야 한다. 그런데 금융사는 무작정 법정 최고금리를 준용함으로써 가히 '징벌'(?)에 가까운 연체이자를 부과했다. 카드사들은 연 1%대의 최저 금리로 자금을 조달해 고객에게는 최저 10% 중반에서 최고 20% 이상 금리로 대출하고, 연체이자는 법정 최고금리 수준인 27%대를 받았다.[136]

과도한 연체이자율에 대한 대책 마련을 위해 정부는 2017년 2월

---

135 「미디어펜」, 2017. 12. 6.
136 「매일경제」, 2017. 10. 7.

연체이자에 대한 원가분석을 실시했다.[137] 당시 은행들은 연체이자가 '원가' 개념이라기보다는 대출 원리금을 약속한 기간에 갚지 않아 부과하는 '패널티'(벌칙)로 봐야 한다고 주장했다. 스스로 고율의 연체이자가 원가 분석을 통해 산출된 것이 아니라는 걸 자인한 셈이다. 정부의 원가 분석이 의미가 없도록 만들려는 의도도 다분했다. 금융위원회는 곧장 주택담보대출 연체이자율 개선 태스크포스를 가동하고 한국개발연구원에 연체이자율 원가분석 연구 용역을 맡겼다.

원가분석 결과, 정부는 연체이자율 원가가 크지 않다는 결론을 내렸다. 이에 연체자의 금리 부담 완화를 위해 연체금리를 '약정금리에 3%를 더한 수준'으로 일괄 낮추기로 했다. 현재 연체이자에서 3%를 낮춰주는 게 아니라 연체이자를 3%까지만 받도록 하겠다는 파격적인 조치였다. 예를 들어 금리가 5%인 주택담보대출을 연체했을 경우 연체이자율은 약정금리(5%)+3%로 계산해서 최대 8%가 되는 것이다. 이처럼 연체이자를 3%까지만 받도록 변경되기 전 은행권의 연체이자율은 약정금리 + 6~9%였다. 보험권은 약정금리 + 7~11%, 카드사 및 여신전문업은 신용등급에 따라 20% 내외를 적용했다. 금융위원회에 따르면, 연체 가산금리 인하는 가계·기업 대출에 모두 적용되며 이로 인해 대출자의 연체 부담이 연간 5.3조 원가량 줄어들 것으로 추산됐다.

뿐만 아니라 상환액 차감 순서도 바꾸기로 했다. 앞서 살펴봤듯,

137 「머니투데이」, 2017. 2. 15.

과거에는 대출상환 시 채무자가 상환한 금액을 비용→이자→원금 순으로 차감했다. 그 결과 일시에 원금까지 차감할 수 있을 정도로 큰 금액을 상환하지 않는 한, 겨우 비용 혹은 이자를 차감할 수 있는 작은 금액을 여러 번에 걸쳐 아무리 많이 갚더라도 원금은 고스란히 남아 이자의 이자를 낳는 악순환이 반복됐다. 그런데 이와 관련, 정부는 상환 시 채무자가 원금부터 갚을지 아니면 이자부터 상환할지, 즉 상환방식을 선택할 수 있도록 했다.

금융사들은 업역별로 '연체금리체계 모범규준'을 마련해 채무자가 상환방식을 선택할 수 있는 내부 규칙을 마련하기로 했다. 은행에서 시작된 이 같은 대책은 2019년 6월 대부업체에도 적용되면서 결국 금융사의 모든 연체이자는 최대 '약정금리+3%' 수준으로 대폭 낮아졌다. 채무자가 비용과 이자를 상환하느라 원금을 갚지 못한 채 이자만 불어나는 현실, 연체기간이 길어질수록 연체이자가 기하급수적으로 늘어나 경제적 재기가 더 어려운 악순환에 빠지던 현실은, 이로써 조금씩 해결점을 찾아갔다.

당신은 '죄인'이 아니다, **남은 과제들**

| 「소비자신용보호법」 제안

앞서 언급한 대출시장과 부실채권시장의 다양한 불합리함을 한 번에 고칠 수 있는 법률을 만들 수 없을까? 개인 신용대출이 본격화된 2000년대 이후 신용회복위원회로 대변되는 사적 채무조정, 법원 개인회생 및 파산으로 대변되는 공적 채무조정 제도가 확립됐다. 추심자의 추심행위를 규율하는 「채권의 공정한 추심에 관한 법률」, 대부업체와 신용정보회사를 각각 규율하는 「대부업법」과 「신용정보법」도 마련됐다. 하지만 대출과 부실시장 전체의 불합리함을 한꺼번에 고치기엔 역부족이었다. 특히 이런 법률도 20~30년씩 장기간 힘든 추심을 견디고 경제생활을 거의 할 수 없는 투명인간으로 사는 것을 감내해야만, 비로소 약간의 법적 보호를 제공하는 한계를 갖고 있었다. 그러다보니 현실은 언제나 채무자에게는 불리하고 금융사에는 유리한 '기울어진 운동장'이었다.

이에 따라 채무자를 '단순히 돈을 빌린 사람'으로만 규정하는 게 아니라 대출의 근간이 되는 '신용'을 통해 대출을 일으킨다는 점에서 '신용소비자'로 규정하고, 이들을 보호하기 위한 법률 제정의 필요성이 높아졌다. 해외로 눈을 돌려보면, 이미 여러 국가가 소비자 신용을 다루는 법률을 마련했다는 것을 알 수 있다. 미국의 「소비자신용보호법」(Consumer Credit Protection Act 1968), 영국의 「소비자신용법」(Consumer Credit Act 1974), 호주의 「소비자신용법」(National Consumer Credit Act 2009), 뉴질랜드의 「소비자신용법」(Credit Contract and Consumer Finance Act 2003)이 대표적이다.

미국과 영국은 1960년대와 1970년대에 소비자신용 관련 법률을 만들었고, 이는 호주와 뉴질랜드 법률의 모태가 됐다. 영미법계는 채무자를 금융사의 소비자로, 계약을 맺은 사람으로, 또 계약관계에서 보호받아야 할 주체로 상정하고 있다. 반면 독일이나 프랑스, 한국, 일본 등은 이를 「민법」에서 주로 다루고 있다. 다시 말해 우리와 같은 대륙법계 나라들은 채권·채무를 사법영역의 대상으로 취급하는 것이다. 그 결과 채권과 채무를 채권자의 재산권 보호 측면에서만 다룰 뿐 채권자의 인격이나 소비자 보호는 관심 대상이 아니었다.

우리나라에서도 과거 소비자 신용에 대해 규율한 법률안이 발의된 적이 있다. 2016년 당시 한 여당 의원이 대표발의 한 「소비자신용 보호에 관한 법률안」 제정안[138]이 그것이다. 제정안에 따르면,

---

138 법률안은 이미 존재하는 기존 법률을 손보는 개정안과 새롭게 만드는 제정안으로 구분된다. 또 개정안은 다시 약간 수정하는 일부 개정안과 내용을 전면적으로 바꾸는 전부 개정안으로 나뉜다.

"신용사업자와 신용소비자의 새로운 권리와 의무 관계를 확립하여 가계부채 문제 개선뿐 아니라 금융회사의 건전성 강화에도 도움을 주고자 한다"고 법률안 제안이유를 밝히고 있다.

제정안의 주요 내용은 다음과 같다. 먼저 소비자신용거래, 신용소비자의 정의를 규정했고, 소비자신용거래와 관련해서는 이 법을 우선시하도록 했다. 신용사업자에게 신용소비자의 변제능력을 평가하고 대출토록 하는 책임신용의 의무를 부과했으며, 신용소비자가 부담하는 금융 총 부담액(이자, 비용 모두 포함)은 원금을 넘지 못하도록 했다. 만약 신용사업자가 이를 위반했을 때 신용소비자는 이 사실은 안 날로부터 14일 이내에 대출계약을 철회할 수 있고, 기한 전에 변제하더라도 중도상환수수료를 포함한 배상책임을 지지 않도록 규정해 신용소비자가 보다 원활하게 채무를 상환할 수 있도록 했다. 신용사업자는 자체 분쟁조정기구를 만들어 신용소비자와의 분쟁을 내부적으로 해결토록 했고, 신용소비자는 실업과 질병 또는 사고와 경제위기 등으로 신용계약을 이행하기 어려울 때 채무조정을 요청할 수 있도록 했다. 기한이익이 상실되기 전 신용사업자는 신용소비자에게 이를 고지해야 하고, 채무조정 절차가 개시되면 채권을 다른 사업자에게 양도할 수 없도록 했다. 채무자 대리인제도는 모든 신용사업자에게 확대적용토록 했고, 신용소비자의 상환 순서는 원금→이자→비용 순으로 갚도록 규정했다. 이 법을 어겼을 때는 5년 이하의 징역 또는 5천만 원 이하 벌금에 처해진다.

당시 제정안과 관련해 국회 정무위원회 전문위원이 작성한 검토보고서는 시종일관 부정적인 내용으로 채워졌다. 이해 당사자인 금융사는 물론이고 금융 당국인 금융위원회 또한 같은 입장을 견지했다. 주요 반대 이유는 '과잉 입법'이라는 것이다. 우선 민간회사와 채무자의 사적 계약에 대해 형사처벌까지 규정한 처벌 조항이 과잉 소지가 있다는 것이다. △변제능력 초과 △금융부담액 △대통령령으로 정하는 소비자신용계약 △감염병 등 재난 상황 시 △현저한 손해와 급박한 위험 등의 문구가 모호하여 과잉 해석될 소지가 있다는 지적도 뒤따랐다. 전반적으로 금융사 부담이 과중될 것이고, 신용사회가 무너질 것이라는 의견도 있었다. 무엇보다 금융사에 부담이 될 이같은 조치가 결국 비용을 금융소비자에게 전가하는 것으로 귀결될 것이라고 평가했다.

| 정부에 의해 새롭게 부활

제20대 국회에서 제대로 논의되지 못하고 임기만료 폐기됐던 「소비자신용보호법」은 21대 국회 들어 정부입법으로 부활했다. 금융위원회는 2020년 9월 '소비자신용법안 주요내용'이라는 보도자료를 내고, 제21대 국회에서 「소비자신용법」 제정안을 제출할 계획이라고 밝혔다. 금융위원회는 법률안 추진 배경에 대해 그동안 "추심질서 개선 등 상당한 성과가 있었으나, 개인 연체 채무자 입장에서는 여전히 연체, 추심부담이 과도한 현실"이라며, "대출 전 과정에서 채권금융기관, 추심자, 개인채무자 간 권리와 의무가 균형을 이룰 수 있도록 규율을 마련하는 것이 필요하다"고 설명했다. 아울러 "대부계약을 규율하는 현행 「대부업법」에 연체발생 이후 추심, 채무조정 등 관련 규율을 추가하겠다"고 언급했다. 사실상 「대부업법」 전부개정안이자 법률의 이름까지 바꾸겠다는 것이다.

정부가 밝힌 법률안의 주요내용은 다음과 같다. 채무상환을 연체한 개인채무자가 자력으로 채무상환이 어렵다고 판단했을 때, 채권금융기관에 채무조정을 요청할 수 있는 '사적 채무조정 활성화'가 추진된다. 채무조정 협상과정에서 개인채무자의 부족한 전문성과 협상력을 보완하기 위해 '채무조정교섭업'을 도입해 채무조정 요청서 작성 등을 대행하며 개인채무자를 조력하는 제도를 만들기로 했다. 기한이익이 상실되더라도 상환기일이 도래하지 않은 채무원금에 대해서는 연체이자를 부과하지 않도록 하고, 채권금융기관이 소멸시효 관리와 관련한 내부기준을 마련토록 했다. 소멸시효가 완성된 경우에는 5영업일 이내에 채무자에게 통지해야 하며, 공적 사적 채무조정이 완료되기 전까지는 채권의 추심·양도가 전면 금지된다. 또한 채권자변동정보를 종합신용정보집중기관에 제공하지 않은 채권에 대해서는 추심을 금지하고, 소멸시효 완성채권이나 채무자가 사망한 채권도 추심이 금지된다.

물론 이 법률에는 한계점도 있다. 채권금액이 '대통령령으로 정하는 일정수준 이상'인 경우에는 법 적용에서 제외된다는 점과 함께 금융위원회가 '과잉추심 가능성이 낮다'고 주장하고 있는 담보채권에 대해서도 적용되지 않는 점이다. 그럼에도 불구하고 개인 신용채권에 대해 사적 채무조정을 활성화하여 채무조정 요청권을 신설하고, 부실채권에 대한 전반적인 이력관리 및 채무자에 대한 통지 의무화, 소멸시효 완성채권에 대한 추심 금지 등을 주요 내용으로 하고 있다는 점에서 진일보한 법률안이라 할 수 있다.

정부입법 뿐 아니라 의원입법도 이어졌다. 민형배 의원은 2021년 3월 「소비자신용 보호에 관한 법률」(이하 「소비자신용보호법」)을 발의했다. 주요 내용은 신용소비자의 변제능력을 고려한 책임신용 의무를 규정하고, 정부안과 마찬가지로 실업, 질병, 사고, 경제위기 등 상환이 어려울 때 신용소비자가 금융기관에 채무조정을 요청할 수 있는 권한을 규정했다. 또한 분쟁조정이나 채무조정 절차가 끝나지 않은 채권을 양도할 수 없도록 하고, 채무자 대리인 제도를 전체 신용대출 전체로 확대 적용하도록 했으며, 신용소비자의 채무조정 등을 조력하기 위해 지방자치단체의 금융복지상담센터를 지원하는 내용을 법제화했다.

이밖에도 코로나19 사태로 「소비자신용보호법」의 통과 이전에 대출금 상환에 어려움을 겪는 채무자들에 대한 조치가 필요하다는 판단에 따라 「소비자신용보호법」상 '채무조정 요청권'만 별도로 뽑아 「은행법」 개정안도 발의됐다. 영업 제한 또는 영업장 폐쇄 명령을 받거나 경제상황의 급격한 변동으로 인한 경제 여건 악화로 소득이 현저히 감소한 사업자 등이 은행에 이자상환 유예, 대출원금 감면 및 상환기간 연장 등의 조치를 신청할 수 있도록 하는 것이 주요내용이다.

이 법률안은 발의 후 '관치금융' '은행판 이익공유제' 등의 해괴한

꼬리표가 붙어 보수경제지로부터 엄청난 공격을 받았다.[139] 마치 은행이 자영업자의 대출 원금을 모두 포기하고 자영업자에게는 '배 째라' 식의 법이 될 수 있다고 비판받았다. 은행권과 보수언론의 오인과 과장으로 여론으로부터도 수많은 공격이 이어졌다. 금융위원회가 제출한 「소비자신용법」에도 동일한 내용이 들어있고 해외에서도 이미 채무자의 마땅한 권리로 보호받는 채무조정 요청권이, 우리나라에 도입되기 위해서는 이처럼 수많은 금융사의 반대와 보수 언론의 왜곡된 보도를 이겨내야만 한다. 이런 가운데 자영업자들은 정부의 강제적인 영업제한 조치로 소득을 잃고, 매월 갚아야 하는 대출금 또한 해결된 게 없는 가운데, 정부의 재난지원금을 기다리며 최대한 버텼다.

오랜 시간이 걸렸지만 제20대 국회는 「금융소비자보호법」을 통과시키는 큰 역사를 만들었다. 제21대 국회가 「소비자신용보호법」 통과로 또 한 번 금융소비자들을 위한 커다란 제도 개선을 이뤄내길 희망한다.

---

139 「서울경제」, 2021. 2. 3.

청년이
'죄인'이 되지 않도록

| 청년에게 희망을 주는 학자금대출법으로 개정

취업 후 청년들에게 과도한 부담을 주는 관련 조항도 하루빨리 개정돼야 한다. 먼저 상환의무 발생시점을 대출시점에서 취업한 시점으로 미뤄 진정한 의미의 취업 후 학자금대출 제도를 정립해야 한다. 또한 현재 채무자가 사망할 시 '할 수 있다'로 돼 있는 원리금 상환 면제를 '하여야 한다'로 개정해 사망한 채무자에 대한 빚 부담을 해소해야 한다. 이밖에도 현재 군 복무 기간에만 적용되는 이자면제를 기초생활수급자 가정의 자녀에게도 폭넓게 적용하는 조치도 필요하다. 이를 통해 기초생활수급자 자녀가 학교를 다니는 동안 이자 상환에 신경 쓰지 않도록 해야 한다. 이것으로 끝이 아니다. 학자금대출 채권의 소멸시효 완성 기간을 현행 10년에서 다른 채권과 동일한 5년으로 단축해야 하며, 채무자 파산에도 불구하고 면책되지 않는 학자금대출 조항도 삭제해야 한다.

문제를 해결하기 위해서는 제대로 된 인식이 필요하고, 이는 데이터와 통계를 기반으로 해야 한다. 당장 청년의 빚 부담을 줄이기 위해 한국장학재단은 관련 정보를 보다 상세히 공개해야 한다. 장학재단은 취업 후 상환 학자금 대출 관련 자료를 국회에 성실히 제출하고 관련 통계를 집적해야 한다. 그러면 정부와 국회는 청년층의 상환 실태에 대해 적극 연구하고 제도개선안이 마련될 수 있도록 관련 법을 개정해야 한다.

학자금대출 제도는, 학생이 공부할 때 대출해주고 그에 대한 상환을 소득이 발생한 이후로 미뤄 경제적 여건에 상관없이 학습할 수 있는 기회를 제공하기 위해 마련됐다. 동시에 그럼으로써 사회 양극화도 완화되고 시민의 학습권도 보장될 수 있다. 그러나 현실적으로 대학 진학이 '필수'(?)나 다름없는 환경에서 지나치게 가혹한 대출 상환 조건은, 학생들이 빚의 굴레에서 벗어나지 못하게 하는 걸림돌로 작용하고 있다. 국민의 인권인 학습권을 제공하고, 경제적 여력이 안 되는 청년들을 빚에서 해방시켜 정상적인 경제생활로 편입될 수 있도록 하며, 나아가 이들이 재기를 통해 올바른 경제 독립을 이룰 수 있도록 지원하는 것이 국가의 바람직한 역할일 것이다.

근본부터
해결하자

| 개인채권법 통과가 필요하다

여기까지 책을 읽은 독자들은 대출에서 파생된 많은 산업들을 알게 됐을 것이다. 연체, 부실채권, 장기연체채권(좀비채권)에 이르기까지의 과정에서 많은 기생 산업들의 경제적 이익 추구, 이로 인해 개선되지 않고 있는 수많은 악법들, 그리고 채무자가 몇십 년간을 경제적 고통에 시달리며 재기하지 못해 국민경제 전체적으로 악영향을 미치는 전반적인 구조에 대해서도 이해했을 것이다. 가계부채가 문제라는 말이 10여 년 전부터 계속됐지만, 단 한 번도 줄지 않고 오히려 늘어나고 있다. 근본적인 해결도 요원하다.

그렇다고 아주 희망이 없는 건 아니다. 미미하지만 채무자 보호 제도는 조금씩 진보하고 있다. 앞서 대출과 관련해 발생하는 모든 문제를 일거에 해결할 법률안은 존재하지 않으며, 다만 「소비자신용보호법」이 통과되면 대안으로 기능할 수 있다는 걸 설명했다. 여기서 우리가 추가로 살펴봐야 할 법률안이 있다. 바로 2022년 3월 8일 금융위원회가 입법예고한 「개인 금융채권의 관리 및 개인 채무자 보호에 관한 법률」(이하 「개인채권법」)이다.

금융위원회는 2021년 10월 「소비자신용법」 제정을 추진하겠다고 밝힌 바 있다.[140] 그런데 이에 앞서 2021년 6월 법제처로 넘어간 이 법률안은, 법제처 심사가 길어지면서 국회에 제출조차 되지 못했다. 이에 금융위원회는 2022년 2월 「소비자신용법」을 철회한 뒤 일부 자구를 수정해 「개인채권법」이라는 새로운 법률안으로 법제처에 재심사를 요청했다. 이후 2022년 3월 금융위원회는 「개인채권법」을 입법예고했다.[141]

금융위원회가 추진 중인 「개인채권법」 제정안은 주목할 만한 내용을 담고 있다. 우선 법률안 제정 취지부터 살펴보자. 금융위원회는 "그동안 개인채무자의 보호와 관련한 내용을 규율하는 별도의 입법이 없어서 채권금융기관에 비해 열위(劣位)에 있는 개인채무자의 권익을 체계적으로 보호하지 못하는 한계가 있었다"고 밝혔다. 제정안은 △개인금융채권의 관리와 추심 △채무조정과 관련한 채권금융기관과 개인채무자 간의 권리·의무 명확화 △채권수탁추심업자, 채권매입추심업자 및 채권조정교섭업자의 허가·등록 및 감독에 관한 사항과 같이 무엇보다 개인채무자의 권익을 보호하는 내용을 담고 있다.

---

140 「뉴시스」, 2021. 10. 6.

141 「쿠키뉴스」, 2022. 3. 19.

이에 따라 금융사는 채무자에게 채무조정 기회를 의무적으로 안내해야 하고, 개인채권의 양도는 일정 횟수 이하로 제한되며, 소멸시효 추심은 금지되고, 추심에 들어가기 전 채무자에게 통지해야 한다. 이밖에도 개인채무자에 대한 채무조정 요청권도 제도화되며, 채권수탁추심업이 별도로 규율됐다. 자세한 법안의 내용은 [표 52]와 같다.

표 52. 개인채권법 주요 내용

가	연체 이후 일정 시점에서 채권금융기관의 채무자에 대한 채무조정 기회 안내 의무화 (안 제6조, 제8조, 제11조)
나	연체이자의 부과 한도 제한(안 제7조)
다	장래 이자채권의 면제 및 개인채권의 양도 제한(안 제9조, 제10조)
라	소멸시효 중단 여부 결정을 위한 내부기준 마련 의무화(안 제15조)
마	채권의 추심제한 및 추심착수 전 통지 의무화(안 제18조, 제19조)
바	개인채무자에 대한 추심횟수 및 추심방법 제한 강화(안 제20조, 제22조)
사	추심 위탁 이후 채권금융기관의 사후책임 강화(안 제29조)
아	개인채무자의 채무조정 요청권 제도화(안 제39조, 제41조)
자	채권수탁추심업의 이관(제45조)
차	채권매입추심업의 신설(제54조)
카	채무조정교섭업의 신설(제67조)
타	업종별 겸영업무 및 부수업무 허용범위 정비(제49조, 제62조, 제70조)
파	이용자 보호기준의 마련 의무화(제50조, 제63조, 제70조)
하	채권매입추심업자의 차입한도 규제(제64조)
거	채무조정교섭업자의 개인채무자에 대한 영업행위 원칙 마련(안 제71조, 제72조, 제77조)
너	채무조정교섭업자의 수수료 부과 제한(안 제74조)
더	법정손해배상 도입(안 제91조)

「개인채권법」이 국회를 통과하면, 무엇보다 부실채권에 대한 관리가 체계화되는 것과 함께 과도하게 장기간 추심하면서 채무자를 괴롭히던 좀비채권이 정리될 것이다. 동시에 소멸시효 완성채권에 대한 추심이 금지되고, 소멸시효 중단 여부를 결정하는 내부 기준을 의무적으로 정립해야 하며, 추심횟수와 방법도 법 규정에 따라 제한된다. 추심위탁사의 과도한 편법·불법 추심에 대한 행동에도 제동이 걸릴 수 있다. 특히 채권매입추심업에 관한 내용이 「개인채권법」으로 규율되면서 이들의 행위가 보다 규제될 것이다.

「개인채권법」에 대해 업계 관계자는 "추심할 수 있는 횟수를 엄격하게 제한하면 업역이 위축될 가능성이 크다"면서 "연체가 발생할 만한 사람을 대상으로 대부업체가 대출을 꺼리면서 저신용자의 대출이 더 어려워질 것이다"라고 말했다. 또한 "추심업체에 대한 과도한 규제가 결과적으로 대부업체 이용고객들로 하여금 불법사금융으로 빠질 수 있는 위험을 높일 수 있다"[142]고 했다. 이는 채무자 보호 대책이 나올 때마다 대부업체 쪽에서 앵무새처럼 반복하는 말이다.

부실채권 시장을 제대로 이해하고 관련된 문제점을 해결할 수 있는 통합된 법률안이, 그것도 정부 차원에서 추진된다는 건 대단히 놀라운 일이다. 부실채권 문제가 공론화되고 일부 소각되기 시작한 2017년 당시와 비교해보면, 정말 시대가 변했다고 할 만큼 과거에는 생각할 수도 없는 내용을 담고 있기 때문이다. 하지만 「개인채권

---

142 「쿠키뉴스」, 2022. 3. 19.

법」이 국회 문턱을 넘지 못하면 채무자의 하루하루는 달라지는 게 전혀 없다. 「개인채권법」이 통과되지 않는 한 소멸시효가 완성된 채권을 추심하더라도 그 누구도 처벌받지 않기 때문이다. 물론 일부 금융당국의 눈치를 보겠지만, 여전히 현장에서는 "나만 안 걸리면 돼" 혹은 "배 째라" 식으로 소멸시효 완성채권에 대한 추심이 계속될 것이다.

정부가 「개인채권법」을 만들었다면, 이제는 국회가 응답해야 한다. 말로는 "채무자를 위한다", "인권이 중요하다", "경제적 재기를 돕겠다"고 하면서도, 금융사는 여전히 소멸시효가 완성된 채권에 대한 추심이 불법이라는 내용이 입법화되는 걸 꺼리고 있다. 따라서 그동안 채무자 보호를 위해 노력하는 척하면서 실제로는 금융사의 로비에 편승했던 것에서 벗어나 국회가 제 역할을 수행해야 한다.

"소멸시효 완성채권을 추심하여선 아니 된다"라고 규정한 「채권의 공정한 추심에 관한 법률」 개정안은 제20대 국회에서 발의된 후 통과되지 않았고, 제21대 국회에서는 아예 발의조차 되지 않았다. 발의 됐을 때는 "채권자의 재산권 보호"를 이유로, 발의되지 않았을 때는 "이미 가이드라인으로 지켜지고 있어 법적 실익이 없다"는 이유로 누군가는 계속해서 반대했다. 이런 점에서 「개인채권법」 앞에는 수많은 난관과 장애물이 놓여 있다. 부디 이 책이 「개인채권법」으로 하여금 난관과 장애물을 넘는 데 조금이나마 도움이 되기를 기대해본다.

부록

"빚 때문에 힘들면
찾아가 상담하세요"

채무자에게 '빛'이 될 수 있는
다양한 제도와 기관

　2020년 기준 다중채무자(금융회사 3곳 이상에서 대출받은 사람)는 423만 6000명이다. 이들이 받은 대출 총액은 517조6000억 원에 달한다. 아마도 채권 추심으로 가장 큰 고통을 받는 사람들은 이들일 것이다. 특히 이 가운데 어쩔 수 없는 상황으로 '불법 사채'에 발을 들였다면, 하루 빨리 벗어나는 게 급선무다. 이를 혼자서 해결하려 해서는 안 된다. 벗어날 수 있게 사채업자가 그냥 두지 않기 때문이다.

　이 경우 우선 금융감독원에 신고부터 해야 한다. 금융감독원 불법사금융피해신고센터(국번 없이 1332를 누른 후 3번)에 전화하거나 전국 각 지역의 금융감독원 민원센터를 방문해 불법 채권 추심, 고금리 피해 등 자신의 상황을 설명하면 된다. 그러면 법률구조공단을 통해 무료로 변호사를 소개받아 채무자 대리인, 소송 대리인 등의 지원을 받을 수 있다. 채무자 대리인으로 변호사가 지정되면, 채권자는 오로지 채무자의 변호사를 통해서만 접촉할 수 있다. 당장 채권자의 추심에서 벗어날 수 있는 것이다. 금융감독원을 거치지 않고 곧바로 법률구조공단(국번 없이 132)에 전화해도 된다. 사전에 통화 녹취나 문자 같은 증빙 자료를 준비해두면 좋다. 소득 요건 없이 누구나 지원받을 수 있다.

빚을 정상적으로 상환하기 어려운 사람이 택할 수 있는 방법은 크게 두 가지다. 신용회복위원회 같은 상담 기관을 통해 채무 조정을 받거나, 법원에서 개인 회생 또는 파산 면책 선고를 받는 것이다. 법원 선고를 위해서는 고액의 법무사 선임 비용을 따로 부담해야 한다. 물론 각종 상담 기관이나 단체 또한 약간의 상담 비용을 받기는 하나 무료인 경우도 많으니, 빚 때문에 고통 받고 있다면 우선 각종 상담센터를 통해 채무조정 상담을 받는 편이 낫다.

당장 생계가 어렵다보니 빚을 또 다른 빚으로 해결하거나 혹은 그렇게 하려는 사람이 많은데, 빚을 내는 대신 상담센터를 통해 기존 채무를 관리할 수 있게 도움을 받는 게 더 좋다. 추가로 빚을 내면 당장엔 숨을 쉴 것 같지만 조금만 시간이 지나면 새로운 빚이 더 큰 무게로 삶을 짓누르기 때문에 시간이 지날수록 고통은 더 커진다. 반면 신용회복위원회의 개인워크아웃 같은 제도를 통하면 원금 일부를 감면 받을 수도 있으며, 각 개인이 처한 환경에 따라 나눠 갚을 수도 있다. 이렇게 되면 무엇보다 빚진 사람이 제일 무서워하는 빚 독촉에서 벗어날 수 있다. 채무 조정에 들어가는 순간 더 이상 추심이 이뤄지지 않아 관련한 문자나 전화를 받지 않을 수 있는 것이다.

채무자 중 다음과 같은 내용을 자세히 아는 사람은 많지 않다. 그러다보니 늘 채권자에 휘둘리고, 또 그들이 불법을 저질러도 불법인지도 몰라 제대로 대응하지 못하는 경우가 많다. 당장 '이자 산정'은 채무자가 돈을 빌린 뒤 실제로 '받은 금액'을 기준으로 해야 한다. 예컨대 100만 원을 빌렸는데, 수수료를 뗀 90만 원을 주면서 100만 원에 대한 이자를 요구하는 건 「대부업법」 위반이다. 많은 불법 사채 업자들이 수수료, 선이자, 자문료 등의 명목으로 돈을 미리 떼고 주면서 이처럼 원금을 기준으로 이자를 산정하는 방식을 사용한다. 따라서 채무자의 주의가 필요하다.

제때 돈을 갚지 못해 '연체 이자'를 낼 때도, 채권자는 법정최고 금리인 20% 이상을 요구할 수 없다. 이미 계약한 대출금리와 연체 이자율을 합해 20%를 넘으면 불법이다. 가령 이미 법정최고금리인 20%로 돈을 빌렸다면, 업체가 추가로 이자를 요구할 수 없다. 또 가족과 지인 등 제3자에게 채무 사실을 알리겠다고 협박하거나 돈을 대신 갚으라고 요구하면 불법채권추심 혐의로 경찰에 신고할 수 있다.

한편 빚 독촉을 받는 경우 '신용정보원'이라는 공공기관을 통하면 누가 자신에게 채권을 추심하고 있는지 알 수 있다. 이 책을 읽은 독자라면 개인의 채무정보가 시중에서 사고 팔리는 사실을 잘 알 것이다. 문제는 이처럼 채무정보가 사고 팔리다 보면 채무자 입장에서 처음 대출해준 금융사가 누구에게 팔았는지 전혀 알 수 없는 문제가 발생한다. 이렇게 되면 빚 독촉 전화를 받아도 그게 사실인지 여부를 확인할 수 없다.

그런데 신용정보원을 통하면 금융회사들이 대출 채권을 사고 판 내역을 모두 확인할 수 있다. 가령 채무자가 A은행에서 대출을 받았지만 연체한 경우 상각을 통해 이를 B캐피털이나 C대부업체에 매각했다면, 채무자는 신용정보원을 통해 이런 사실을 모두 알 수 있는 것이다. 이는 무엇보다 자신에게 빚 독촉을 하는 금융기관이 실제로 대출 채권을 갖고 있는지를 채무자가 확인할 수 있다는 점에서 큰 도움이 된다. 이밖에도 채무자는 신용정보원을 통해 5년의 채권 소멸시효가 만료됐는지도 확인할 수 있다.

통상 10만 원 이상, 5영업일 이상 연체가 발생하면 금융회사에 연체정보가 공유된다. 이 정보는 5년까지 남아 신용등급에 불리하게 작용한다. 만약 연체가 발생했다면, 금액이 큰 것보다는 기간이 오래된 것부터 먼저 갚는 것이 좋다. 또 대출금리가 높은 것부터 상환하는 것이 신용점수 향상에 유리하다. 소액이라도 연체 이력은 신용점수를 쉽게 낮추기 때문에 각종 할부금 등을 연체하지 않아야 한다. 채무자들이 조력을 받을 수 있는 기관들에 대한 더 자세한 내용은 아래와 같다.

| 신용회복위원회

신용회복위원회는 과중채무자 급증에 대한 대책의 일환으로, 이들의 조속한 경제적 재기를 지원하기 위해 2002년 10월 출범한 신용회복기관이다. 2016년 9월 「서민의 금융생활 지원에 관한 법률」로 법제화됐다.

신용회복위원회는 개인채무조정, 즉 과중한 채무로 어려움을 겪는 분들을 대상으로 상환기간 연장, 분할상환, 이자율 조정, 채무감면 등의 방법으로 경제적 재기를 지원하고 있다. 채무조정(개인워크아웃), 이자율채무조정(프리워크아웃), 연체 전 채무조정(신속채무조정) 프로그램을 운영하고 있으며, 일정한 소득이 있는 사람이 채무조정을 받을 수 있다. 신용회복 지원을 받는 사람에게 500만~1000만 원을 연 2~4%의 금리로 빌려주는 '소액금융 지원사업'도 병행한다. 신용회복위원회는 컨설팅을 통해 신용관리방법, 소액대출, 신용(체크)카드 사용 등에 대한 조언과 해법을 제시하기도 한다. 주거(住居)나 고용 등 복지와 연계한 컨설팅도 이뤄진다. 상담 신청비는 5만 원이나 사회취약계층은 무료로 상담할 수 있다.

신용회복위원회

· 신청 방법 : 전화상담 1600-5500 (평일 오전 9시~오후 6시)
· 홈페이지 : https://www.ccrs.or.kr/main.do

| 서민금융진흥원

서민금융진흥원은 서민의 원활한 금융생활을 지원하기 위해 설립된 서민금융정책기관이다. 서민의 금융생활 관련 상담 및 교육, 정보제공, 경제적 자립을 위한 취업 및 금융상품 알선 등을 수행하지만, 주 업무는 저신용계층에 대한 저리 정책자금 공급이다. 이 가운데 '햇살론 15'라는 게 있는데, 이는 대부업·불법사금융 등 고금리

대출을 이용할 수밖에 없는 최저신용자가 최소한의 기준만 충족하면 은행 대출을 편리하게 이용할 수 있도록 지원하는 정책서민금융 상품이다. 개인 신용평점 하위 20% 혹은 연소득 4500만 원 이하가 신청할 수 있다.

서민금융진흥원

· 신청 방법 : 전국 41개 서민금융통합지원센터 방문 (위치는 홈페이지에서 확인가능)
· 전화상담 : 국번 없이 서민금융콜센터 1397
· 홈페이지 : https://www.kinfa.or.kr/index.do

| 금융복지상담센터

금융복지상담센터는 지방자치단체에서 운영하는 채무자 상담기구다. 금융복지상담사가 채무자의 입장에서 종합적인 상담서비스를 제공하여 채무자의 자활과 경제적 회생을 돕는다. 2019년 말 기준 금융복지상담센터는 전국에 총 39개소가 있으며, 설립 이후부터 현재까지 누적 상담건수 23만8018건, 부실채권 소각 67만 명(1.2조 원 규모), 채무조정 1.7조를 진행했다. 악성부채 확대 예방, 가계부채 규모 관리, 복지서비스 연계 등을 지원한다.

금융복지상담센터

· 신청 방법 : 서울금융복지상담센터의 경우 서울시에서 총 15개 센터를 운영하고 있는데,
  본인의 집에서 가장 가까운 곳을 방문하여 이용하면 된다.

· 전화상담 : 평일 오전 10시~오후5시, 1644-0120

· 홈페이지 : http://sfwc.welfare.seoul.kr/sfwc/main.do

지방의 경우, 자신의 자택과 가까운 곳에 소재한 금융복지상담센터를 찾아
홈페이지 방문하여 정보 확인 후 상담 요청 (아래 표 참고)

전국 금융복지상담센터 현황

구 분	상담 신청방법
서울시 금융 복지상담센터	http://sfwc.welfare.seoul.kr/sfwc/main.do
성남시 금융 복지상담센터	https://www.seongnam-fwc.kr/
부산 희망금융 복지지원센터	부산광역자활센터운영 (참고: https://www.busan.go.kr/depart/welpolicy0110)
경기도 서민금융 복지지원센터	https://gcfwc.ggwf.or.kr/
전라남도 금융 복지상담센터	http://www.jnfwc.or.kr/
광산구 금융 복지상담센터	http://gs-fwc.com/
전주시 금융 복지상담소	http://www.jjwf.or.kr/main/main.action
광명시 채무 상담센터	광명시청 종합민원실 內 채무상담센터 (전화예약 후 방문상담 02-2680-2677)
대전 금융 복지상담센터	https://www.gbsinbo.or.kr/
인천소상공인 서민금융복지 지원센터	https://www.insupport.or.kr/
경남 서민금융 복지센터	http://www.gnfwc.kr/
전북 서민금융 복지센터	https://www.jbfwsc.or.kr/

| 주빌리은행

　2012년 미국 시민단체가 시작한 빚 탕감운동인 '롤링 주빌리'에서 아이디어를 빌려 설립된 비영리 시민단체다. 금융기관이 파는 장기 연체채권을 원금의 3~5%에 매입해 연체자에게는 원금의 7%만 갚도록 하거나 이마저도 형편이 안 되면 심사를 통해 원금이 탕감될 수 있도록 돕는다. 금융상담을 통해 채무자들의 조력자로서의 역할도 수행하고 있다.

주빌리은행

· 신청 방법 : 전화상담 1661-9736 (오전 9시~오후 6시)
· 홈페이지 : https://www.jubileebank.kr/

"곧 닥쳐올 가계부채 2000조 시대,
우리는 잘 대비하고 있나"

| 금융소비자인 우리는 '고객'일까 '호갱'일까

금융사라는 거대한 조직에게 우리 개인은 '고객'일까 '호갱'일까? 아니면 약탈(?)을 위한 먹잇감일까? 은행부터 대부업체 그리고 공기업에 이르기까지 대출은 오늘도 수없이 일어나고, 그 과정에서 발생하는 불합리함과 인권 유린으로, 개인은 소비자이자 고객이었다가 채무자로, 결국엔 '죄인'(?)으로 전락한다. 금융소비자는 대출 받기 전에 금융사의 이익구조에 대해 제대로 알아야 한다. 동시에 제대로 알고 난 후에 빌려야 할 '책임'도 있다. 같은 논리로 금융기관 또한 돈을 상환 받을 수 있는지를 엄격하게 따진 뒤 대출에 임해야 할 의무와 책임이 있다.

우리는 살아가는 동안 주변 사람에게 많은 것을 빌린다. 반대로 또 여러 가지를 빌려주기도 한다. 누구는 망치나 사다리를 옆집에서 빌리는가 하면, 누구는 텐트나 버너를 친구에게 빌려주기도 한다. 심지어 돈을 빌리거나 빌려주는 사람도 있다. 헌데 만약 빌려달라는 사람이 나중에 되갚지 않을 것 같으면 어떻게 해야 할까? 당장 급하니까 꼭 갚겠다고 하지만, 어딘가 미심쩍은 구석이 있다면, 당연히 빌려주지 않는 게 상책이다. 빌려가서는 왜 되돌려주지 않느냐고 비난하기 전에, 돌려주지 않을 것이 뻔한 사람에게 빌려준 잘못도 크기 때문이다.

이런 맥락에서 채무자가 대출을 갚지 못하는 상황에 처하면, 돈을 빌려준 금융사도 함께 '위험'과 '비난'을 나눠 져야 한다. 나중에 갚지 않겠다고 하면서 돈을 빌리는 사람은 하나도 없다. 오히려 당장 급하기 때문에 너나 할 것 없이 "무조건 갚겠다"고 말한다. 하지만 살다보면, 그게 말처럼 혹은 내 맘처럼 되지 않을 때가 많다. 분명 다음 달에 월급 나오면 갚겠다고 했지만, 회사가 경제적 어려움을 겪어 월급이 나오지 않는다면 어떻게 해야 하나? 이 경우 개인이라면 몇 달 더 기다려주거나 최악의 경우 돈을 포기하기 마련이다.

그런데 금융기관이라면 얘기는 달라진다. "빌렸으니 무조건 갚아야 한다"는 논리로 무장된 곳이 바로 금융기관이다. 이는 금융공기업이라고 해도 크게 다르지 않다. 개인의 사정을 봐주는 것도, 또 그런 사정을 감안하지 않은 채 마치 돈을 빌려준 스스로의 행동엔 하등 문제될 것이 없는 냥 행동한다.

물론 빚은 응당 갚아야 한다. 채무자 보호 대책이 빚을 갚지 말자는 얘기를 하는 건 아니다. 중요한 건 최소한 빚을 제때 갚지 못했다고 해서 '죄인' 취급하지 말자는 것이다. 대출은 '계약'의 또 다른 말에 지나지 않는다. 채무자와 금융사가 사적계약을 맺을 때 비로소 대출은 이루어진다. 우리는 살면서 다양한 사적계약을 맺는다. 회사 취직이나 결혼 모두 양자 간의 계약에 의해 이뤄진다. 그런데 살다보면 이혼도 할 수 있고, 회사를 그만둘 수도 있다. 그렇다고 이혼하거나 사표 냈다고 누군가를 죄인 취급하지는 않는다.

그런데 같은 사적계약임에도 불구하고 대출만은 완전히 다르게 취급한다. 도덕적 비난은 기본이고, 때론 '남의 돈을 떼먹은 죄인'이 되기도 한다. 혹자는 "타인의 소중한 돈을 떼먹었으니 비난 받아 마땅하다"거나 "그에 따른 죗값을 치러야 한다"고 할지도 모르겠다. 그렇다면 앞서 언급한 것처럼 '빌려준 사람의 잘못'은 전혀 없는 것인가? 왜 대출과 관련해서는 오로지 갚지 못한 사람의 잘못만 거론하는 것일까? 특히 금융사는 대출에 따른 위험을 '이자'라는 수단으로 이미 채무자에게 대부분 전가해 손실을 최소화하고 있다. 개인 신용이 낮다는 이유 하나만으로 더 높은 이자를 매겨 대출에 따른 위험을 온전히 채무자에게 전가하고 있는 것이다.

| 사적 계약을 마치 형법상의 범죄로 취급

그런데도 우리 사회는 빚을 다 갚지 못했다는 이유 하나만으로, 채무자를 마치 범죄자 취급한다. 한마디로 '빚 못 갚으면 죄인'이 된다. 자연 채무자가 자신을 보호할 수 있는 기본적인 법률 행위조차 쉬쉬하며 가르쳐주지 않는다. 무엇보다 채무자의 인권을 지키려는 시도는 자칫 "빚을 갚지 않아도 된다"는 '도덕적 해이'만을 불러올 뿐이라는 논리에 밀려 설 자리를 잃는다. 나아가 개인이 겪는 경제적 어려움을 단지 무능력이나 나태에 따른 것으로 단정 짓는 '인격 살인'도 서슴지 않는다. 남의 돈을 떼어먹은 범인이라는 '사회적 낙인'을 찍는 데도 주저함이 없다. 특히 채무자 보호대책 얘기만 나오면, 도덕적 해이 운운하며 무조건 반대한다. 그런데 이것이 혹 '부실 대출'에 따른 자신들의 잘못을 감추면서 동시에 이를 통해 단 한 푼도 손해 보지 않고 대출금과 이자를 전액 회수해 최대한의 수익을 올리겠다는, 다시 말해 금융기관의 영업전략은 아닐까?

평생 갚지 못할 빚의 굴레를 씌워서 누군가를 신용불량자로 만드는 건 당사자의 인생뿐 아니라 우리 사회 전체에도 이익이 되지 않는다. 이는 현재 자본주의 국가가 운영 중인 채무조정 제도의 기본 정신이다. 일부러 빚을 지고 갚지 않는 악성 채무자는 엄벌해야 하지만, 능력을 넘어서는 빚에 짓눌린 사람을 기계적으로 신용불량자로 만드는 식으로는 우리 사회와 공동체가 유지될 수 없다. 백주선 한국파산변호사회 정책이사는 한 언론과의 인터뷰에서 "결국 빚더미에 오른 신용불량자들을 방치하는 것보다, 경제 시스템의 지속을 위해 이들이 빚을 조금이나마 갚아 나가거나 경제활동을 하도록 돕는 게 사회적으로 더 큰 이익이 있다"고 말했다. 특히 채무자의 사회적 재기를 돕지 않은 채 그대로 두면, 최악의 경우 돈을 대출해준 금융기관의 건전성도 타격을 입을 수 있다. 1997년에 발생한 IMF로 시중 은행이 문을 닫고 통폐합된 사례가 이를 뒷받침해주고 있다. 따라서 가계부채가 전체의 문제로 퍼지기 전에 조금씩 해결하고 바로잡는 건 결국 우리 사회의 안전판을 지키는 일이다.

금융권의 대출자금은 누군가가 맡겨둔 저축액에 기반 한 것이다. 그런데 만약 대출금과 이자가 제대로 상환되지 않는다면, 이는 곧 저축한 사람이 자신의 예금을 되돌려 받지 못한다는 걸 의미한다. 그렇게 되면 신용과 은행을 기반으로 한 자본주의경제가 자칫 큰 위험에 빠질 수 있다. 금융권이 이 같은 상황에 직면하지 않으려면, 대출에 앞서 금융소비자의 신용을 최대한 면밀하게 파악해 이자와 원금이 제때 상환될 수 있는지를 예측해야 한다. 그러고도 부실이 발생하면 하루 빨리 대응책을 마련해야 한다. 채무자 보호 문제는 바로 이 같은 문제의식에서 출발하고 있다.

|사람답게 갚을 권리

살다보면 경제적 어려움에 처해 자기 의지와 무관하게 빚을 갚을 수 없는 상황은, 누구에게나 또 언제든 닥칠 수 있다. 당장 뜻하지 않게 코로나19라는 전 세계적인 재앙으로 인해 영업을 제한하지 않을 수 없었던 자영업자가 대표적 사례다. 코로나19로 장사는 고사하고 가게 문을 닫아야 하는 날이 많아지면서 결국 대출은 생계를 위협하는 커다란 빚으로 남았다. 성실히 그리고 누구보다 더 열심히 직장을 다녔지만 코로나로 회사 사정이 어려워져 몇 달간 월급을 받지 못해 대출로 생활비를 충당하려 했으나, 끝내 회사가 문을 닫아 빚에 내몰리는 사람도 있다. 어느 날 갑자기 회사에서 잘려 재취업이 될 때까지 대출로 연명하려 했으나 실업이 길어지다 영영 재취업에 실패하는 일도 있다.

그럼 이 경우 채무자인 개인의 삶은 어떻게 될까? 너나 할 것 없이 채무자라면 삶이 파탄 나는 일을 경험한다. 우선 채권추심으로 마음의 평정을 잃는다. 이에 따라 삶은 점점 더 피폐해진다. 상환이 늦어질수록 금융기관에 갚아야 할 돈은 기하급수적으로 늘어난다. 3개월 연체만으로도 이자에 이자가 붙어 나중에는 배보다 배꼽이 더 커지는 상황을 맞는다. 그러다 마침내 담보물인 집이 경매에 넘어가 마지막 삶의 터전마저 잃는다. 이게 끝이 아니다. 아직 갚아야 할 빚이 남아 있는 경우도 많다.

빚을 갚지 못한 채무자가 일차적으로 자신의 책임을 다하는 건 응당 해야 할 일이다. 그렇다고 빚 한번 갚지 못했다고 인생 전체가 빚의 구렁텅이로 빠져들어 헤어 나올 수 없는 건 과연 옳은 일일까? 짧게는 수개월에서 길게는 수십 년 동안 채권추심을 당하며 제대로 경제활동도 할 수 없는 건 어떻게 봐야 할까? 비록 빌린 돈을 다 갚지 못했어도 인간으로서 최소한의 삶은 누려야 하지 않을까?

그래서 이 책은 다음과 같은 의문을 제기한다. "대출을 갚지 못한 게 죄인가?" 그럼 "돈을 갚지 못한 사람은 모두 다 죄인인가?", 또 "죄는 돈을 빌리는 금융소비자에게만 있나?"

| 제대로 된 진단에서 올바른 처방이 나온다

그동안 정부는 금융소비자와 채무자를 위한 대책을 꾸준히 발표해왔다. 문제는 정부가 내놓은 처방이 잘못된 진단에 근거하고 있다는 점이다. 복통을 호소하는 환자에게 진통제만 지급하는 것은 제대로 된 처방이 될 수 없다. 복통의 원인을 파악하려면 내장 안을 들여다봐야 한다. 그래야 복통의 원인을 찾아 '치료'할 수 있고, '재발'을 막을 수 있다. 가계부채 대책에서 진통제라 할 만한 것은 크게 두 가지다. 하나는 DSR이나 LTV 등을 이용한 가계부채 총량 규제이며, 다른 하나는 2022년 8월 금융위원회가 내놓은 '새출발기금'과 같은 채무탕감책이다.

먼저 가계부채 총량 규제는 채무자 보호의 본질이 아니라는 점을 강조하고 싶다. 물론 가계부채 총량이 폭증하지 않도록 관리하는 것은 중요하다. 그렇지만 국가 경제의 부가 커지는 만큼 가계부채가 비례해 증가하는 것은 어쩔 수 없는 일이다. 중요한 것은 얼마만큼의 가계부채 증가율이 적정한 속도인지에 대한 판단이다. 더욱이 이보다 더 중요한 것은 가계부채의 질이 어떤지를 정부가 판단하고 있어야 한다는 것이다. 이 밖에도 '살아있는' 채권만 볼 것이 아니라 부실채권이 된 '좀비 채권'에 대해서도 반드시 함께 분석해야 한다. 이 부분에 대한 고려 없이 가계부채 정책을 논하는 것은 아무런 의미가 없다. 만약 가계부채 때문에 우리 경제가 위기에 빠진다면, 그 출발점은 바로 좀비 채권이 될 것이다. 화재를 막는 방법은 소방 시설을 제대로 설비하는 것뿐만 아니라 불을 낼 가능성이 있는 발화점을 통제하는 것이다. 사실 후자가 훨씬 더 근본적인 화재예방책이다. 가계부채 또한 마찬가지다. 가장 부실화된 채권부터 먼저 손대는 것이 진짜 시스템 리스크를 예방하는 근본대책이다.

두 번째로, 무조건적인 채무탕감정책이 가계부채 정책의 전부가 돼선 안 된다. 물론 채무탕감정책은 필요하다. 하지만 그건 소멸시효가 완성됐거나 연체상태가 장기화돼 채권자도 채무자의 재산이 없음을 어느 정도 알고 있어 회수를 포기한 채권에 대해 제한적으로 이뤄져야 한다. 제20대 국회 들어 금융위원회는 채무탕감을 '시작'했다. 이전에는 절대 하지 않았던 정책수단을 사용하기 시작했는데, 이후로 금융위원회는 이전과 달리 채무탕감에 대한 명분을 당당하게 밝히고 도덕적 해이에 대한 비판도 정면 돌파해나가고 있다. 그러나 금융위원회가 채무탕감정책을 만병통치약이라고 생각해선 안 된다. 더욱이 코로나19나 홍수피해 등 특정 상황과 맞물려 이벤트성으로 채무를 탕감해주는 건 정책에 대한 일반인 혹은 성실 상환자의 인식을 더 나쁘게 만든다는 점에서, 동시에 채무탕감이 왜 필요한지에 대한 정책적 함의를 호도하고 왜곡시킬 수 있다는 점에서 지양해야 한다.

일시적 채무탕감책이 아니라 탕감이 필요 없을 정도로 채무조정을 상시화하고 누구나 알 수 있도록 제도화하는 것이 우선돼야 한다. 질이 좋지 않은 오래된 부실채권을 선제적으로 처리하고, 이느 정도 상환이 가능한 개인을 대상으로는 개별적으로 면담을 통해 최적의 상환 스케줄을 제시해야 한다. 사과에서 썩은 부분을 얼른 도려내고 먹을 수 있는 부분을 남겨두자는 것이다. 무엇보다 탕감의 목적은 탕감 그 자체에 있는 것이 아니라 탕감을 통한 채무자의 경제생활 '복귀'라는 점을 잊어선 안 된다. 채무자의 경제적 복귀에 무관심한 탕감은 반쪽 정책에 지나지 않는다. 따라서 무엇을 위한 것인지 모를 탕감책은 '도덕적으로 해이한 연체자들에 대한 면죄부'라는 사회적 비난을 피할 수 없다.

| 가계부채 정책 목표에 '사람'을 넣자

2022년 여름, 폭우로 반지하에 살던 일가족이 사망하는 사건이 발생했다. 서울시는 곧 대책을 내놓았다. 반지하를 단계적으로 없애겠다는 것이다. 여기서 누군가는 의문을 제기할 수 있다. 반지하를 임대로 운영하는 건 임대인의 마음 아닐까? 서울시도 그걸 모르진 않을 것이다. 서울시가 반지하 임대를 제한하는 대책을 내놓은 것은, 임대인의 경제적 자유보다도 안전을 위협받을 수 있는 임차인의 생명이 더 중요하다는 판단에 따른 것이다. 한국의 자살률이 전세계 1위이며, 그 원인 가운데 큰 부분을 차지하는 것이 바로 채권, 즉 채무에 따른 빚 독촉이다. 폭우로 반지하에 살던 일가족이 목숨을 잃으나 빚 독촉에 자살하나 둘 다 똑같이 죽는 것인데 왜 우리사회는 빚 독촉에 따른 죽음을 가져오는, 다시 말해 감당할 수 없는 채무와 그로 인한 채권추심에 대해서는 제대로 된 대책을 내놓지 않는 것일까?

금융정책의 목표는 늘 숫자에 기반한다. 가령 '가계대출 총량 몇 조' 혹은 '가계대출 증가율 몇 %로 관리'와 같은 식이다. 가계부채 정책은 금융정책임에도 불구하고 가끔 부동산정책이나 경기조절정책 등 다른 목적을 위한 수단으로 활용되기도 한다. 이때, 그 속에서 고통받는 개인의 '삶'은 실종된다.

정부 정책은 어떤 국정 목표를 세우느냐에 따라 달라지기 마련이다. 그래서 제안하건대, 가계부채의 정책목표를 '사람'으로 바꿔야 한다. 가계부채 총량이나 연체율 등으로 정책성과를 측정할 게 아니라 '빚 때문에 자살하는 사람의 수를 줄이는 것'으로 목표를 정했으면 하는 것이다. 동시에 스스로 목숨을 포기하게 만든 원인을 제공한 금융사에는 강력한 처벌과 제재를 가해야 한다.

원하는 결과를 만들어내기 위해서는 정확한 목표설정이 필요하다. 금융당국이 정하는 정책에 이 책에 담겨있는 많은 사람들의 목소리가 반영되기를 진심으로 기대해본다.

인생을 바꾸는 기적의 스피치

최현혜 지음 | 값 17,000원

본서는 뜻하지 않게 우연히 스피치에 입문한 작가가 스피치를 통해 어떻게 자신의 인생이 달라졌는지, 그 놀라운 기적의 과정을 생생하게 그려내는 초보를 위한 스피치 입문서이다. 일상생활 속에 스피치의 정수를 녹여내는 에세이 형식 안에서 '상대를 내 편으로 만드는 8가지 스피치 기술'과 같은 알차고 풍요로운 내용을 소개하며 독자 여러분을 스피치의 세계로 안내한다.

리스크 제로 노인장기요양사업

조보필 지음 | 값 17,000원

조보필 저자는 본서를 통해 '노인장기요양사업'의 개요와 매력, 이 사업을 시작할 때 가져야 할 기본적인 마음가짐 등 관심을 갖고 있는 경영자들에게 효과적인 가이드라인을 제시하고 있다. 특히 '전달자 사업'으로서 자유로운 경영과 이득을 기대하는 것은 불가능하지만 사회적으로 큰 가치와 품격을 가진 사업이라는 점이 이 책의 핵심이다.

친구 먹고 가세

이태선 지음, 지훈 동행 | 값 20,000원

『친구 먹고 가세』는 아버지와 아들의 6박 7일 633km 자전거 국토종주를 담은 여행기의 형식을 띠고 있다. 소통과 상호 도움으로 훌륭하게 아들과의 633km 자전거 국토종주를 성공해 낸 저자는 책 전체에 걸쳐 자신이 아들에게 반드시 들려주고 싶던 삶의 지혜, 아버지를 일찍 여의고 직접 몸으로 부딪쳐서 일일이 깨우쳐야만 했던 인생의 팁을 이야기한다.

책 쓰기, 버킷리스트에서 작가 되기

이성일 지음 | 값16,000원

평범한 사람을 작가로 만들어 주는 '독서 비법'을 통해 '평범한 교사'에서 '6권의 책을 쓴 작가'로 변신한 이성일 저자. 저자는 이 책을 통해 자신의 책을 쓰는 것의 중요성, 평범한 사람을 작가로 만들어 주는 독서 비법인 '초서 독서법', 실제로 책을 쓰는 과정과 출판사 계약, 출판 과정, 홍보 과정 등에 대해서 자신이 실제로 경험한 것을 기반으로 꼼꼼하고 섬세하게 들려준다.

행복한 고아의 끝나지 않은 이야기

이성남 지음 | 값 20,000원

보호아동 출신이자 20년간 교사로서 활동했고 현재는 영천교육지원청 장학사로 봉직하고 있는 이성남 저자는 이 책을 통해 고아에 대한 우리 사회의 편견에 도전장을 던지는 한편, 우리 사회의 '고아'들에게 따뜻한 조언과 응원을 던진다. 특히 우리가 잘 모르는 보호아동의 생각과 삶에서부터 그들에 대한 후원과 입양, 그리고 자립과 독립에 대한 시선까지 다양한 부분에 대해 생각할 거리를 던져 주고 있다.

간호사, 행복 더하기…

서울시간호사회 지음 | 값 18,000원

생명을 구하는 직업, 간호사들의 일상이 페이지마다 빛나며 독자들을 사로잡는다. 일견 냉철하게 보이는 간호사들도 우리와 똑같은 사람임을, 환자 앞에서 울고 웃는 이들임을 진하게 느낄 수 있는 감동적인 이야기들이 눈길을 끌고 있다. 본서에 담긴 햇살처럼 따뜻한 일화들과 간호사들의 매일매일의 다짐, 그리고 환자와 함께하며 그들이 떠올리고 느끼었던 모든 깨달음들은 독자들에게 포근한 미소를 품게 할 것이다.

다시 새겨보는 '이봐 해봤어' 도전정신

박정웅 지음 | 값 25,000원

이 책은 대한민국이 세계 최빈국에서 선진국 문턱까지 건너갈 수 있도록 다리를 놓은 현대그룹 정주영 회장의 발자취를 다양한 사진자료와 함께 뒤따라간다. 특히 저자는 전경련 간부로서 직접 보고 들은 정주영 회장의 생생한 언어와 행동을 통해 글로벌 무한 경쟁의 시대 속 우리에게 다시금 필요한 도전정신이 무엇인지 질문하고 그 답을 구한다

아줌마 인문학

김도운 지음 | 값 18,000원

한국안드라고지연구소 소장 김도운 작가의 신간 『(아저씨도 읽는) 아줌마 인문학』은 누구나 쉽고 친근하게 인문학을 접하고, 흥미를 느끼고, 일상 속 사유의 기반으로 삼을 수 있도록 돕는 교양 입문서이다. 어려운 철학적 개념을 논하기보다는 누구에게나 친숙하고 흥미로운 주제들을 활용해 인문학의 기본과 인류 문명의 흐름을 이해할 수 있도록 돕는 것이 특징이다.

골든 커리어

김현성 지음 | 값 15,000원

이 책 『골든 커리어』는 변화하는 현대사회 속에서 전문가로서 커리어를 확고히 쌓고, '일 잘하는 사람'으로 불리기 위해서는 무엇이 필요하고 무엇을 공부해야 하는지 들려주고 있는 사회인의 필수 가이드북이다. 커리어 패스, 퍼스널 브랜드, 일을 잘하는 능력을 위한 과학적이고 논리적인 방법론을 꼼꼼하게 다루고 있는 동시에 각 장 마지막의 질문을 통해 스스로 숙지할 수 있는 기회도 제공하고 있다.

바보야, 결론은 후반전이야
두상달 · 김영숙 지음 | 값 20,000원

두상달 · 김영숙 저자는 성공적인 인생 후반전의 기반이 되는 가장 중요한 장소는 가정
이며 함께 살아갈 반려자와의 유대와 신뢰를 쌓는 것이야말로 가장 중요한 노후 대책임
을 강조하며 부부가 서로의 다름을 인정하고 풀어나가는 방법을 소개한다. 또한 은퇴 이
후에 물질적 부분보다 더 중요한 것은 자아를 완성하는 삶, 사회를 위해 베푸는 삶이라
는 점을 환기하며 인생 후반기 중요한 삶의 지혜를 들려준다

청년 창업자를 위한 알기 쉬운 원가관리
노영래 지음 | 값 20,000원

36년간 금융현장 활동 이후 현재는 동국대학교 경영대학 객원교수로 활동하고 있는
노영래 저자는 이 책을 통해 직관적인 그래프와 그림, 상세하면서도 알기 쉬운 설명
으로 창업전선에 뛰어든 청년들이 사업의 승패에 관련된 중대한 결정들을 명확한 원
가 이론에 따라 결정할 수 있도록 돕는다

심경
김두전 지음 | 값 20,000원

제주도의 역사와 삶, 살아 숨 쉬는 자연의 지혜를 꾸준히 전달해 온 저자는 신간 『심
경』을 통해 인간으로서 떳떳한 삶, 후회 없는 삶, 생명이 다한 후에도 나라와 민족,
세계를 위해 무언가 남길 수 있는 삶은 살려면 어떤 마음가짐으로 살아야 하는지 치
열하게 탐구한다. 특히 인류의 영원한 스승이라고 할 수 있는 과거 현인과 성인들의
말을 빌려 전통적 가치와 자연의 소중함을 강조하고 있는 것이 특징이다.

길이 나를 돌아본다

김진현 지음 | 값 20,000원

이 책은 소위 '시골 촌놈'으로 태어났으나 한평생을 뚜벅이처럼 올곧게 열정과 포기하지 않는 자존감으로 색칠해 나간 김진현 저자의 인생 에세이이다. 어려운 환경 속에서도 끊임없는 도전으로 아가월드 대표이사직에까지 오르고, 퇴임 이후 망막박리의 고통 속에서도 학위를 취득하는 의지는 우리에게 오롯이 자기 인생을 책임지겠다는 굳건한 마음가짐을 가르쳐 준다.

노인이 살아야 나라가 산다

전병태, 류동순 지음 | 값 20,000원

책은 고령화사회 대한민국의 현실을 직시하고, 그에 대한 장기적이면서도 현실적인 대책 시행을 촉구하는 한편 노년층 개인들 역시 생산적이며 존경받는 계층이 될 수 있도록 노력해야 한다는 점을 강조한다. 또한 젊은이들의 존경을 받을 수 있는 마음가짐과 실천방안, 노년층에게 최적화된 걷기 운동 팁, 생활살림이 익숙하지 않은 남성 노인들의 홀로서기를 위한 생활 '꿀팁' 등을 공유한다.

영어 참견러's 연애&중매 십계명

정영숙 지음 | 값 18,000원

정영숙 저자는 40여 년간 영어를 배우고 또 가르치며 동행한 경험을 '영어와의 연애 십계명', '영어 중매 십계명'의 두 가지 키워드로 생생하게 풀어낸다. 저자의 지식과 관점, 일상의 경험을 통해 풀어내는 영어 학습과 교수에 대한 조언은 곧바로 적용할 수 있는 실질적 가이드라인인 동시에 기존의 '영어 공부'에 대한 우리의 인식을 바꾸는 파격적인 개념을 보여주고 있는 것이 특징이다.

망루에서 세상을 보다

남궁 랑 지음 | 값 20,000원

이 책 『망루에서 세상을 보다』는 경복대학교 세무회계학과 교수이자 한북신문 논설위원인 남궁 랑 교수가 한북신문을 통해 연재한 바 있는 시사칼럼을 포함하여 격동하는 대한민국의 현재와 미래를 바라보는 시선을 담은 칼럼집이다. 특히 저자는 급속도로 인류를 변화시키는 4차 산업혁명과 미래 기술 발전을 주요 소재로 삼아 격동하는 세계사 속 대한민국의 미래에 대한 예리한 관점을 제시한다.

나의 좌선일기

최명숙 지음 | 값 20,000원

이 책 『나의 좌선일기』는 서울 청담중학교 교장으로 은퇴할 때까지 학생들의 교육을 위해 평생을 노력해 온 교육인 최명숙 저자가 은퇴 후 정신건강을 위해 시작한 좌선 수련과 사색의 과정을 기록한 일기이자 수필이다. 좌선 수행을 시작하면서 느끼는 고통, 극복을 통한 희열, 고민과 회의 속 다짐 등의 복잡다단한 감정을 가감이나 꾸밈없이 세심하게, 동시에 담담하게 글로 풀어내어 깊은 울림을 보여준다.

슈클리아! 파키스탄&금빛미래

유희종, 황재민, 권용순 옮김 | 값 20,000원

본서는 오랜 문화적 전통을 가진 동시에 젊고 폭발적인 잠재력을 가진 개발국가로서의 파키스탄에 주목하며, 궁극적으로 뛰어난 기술을 가진 한국 기업과 폭발적인 잠재력을 가진 파키스탄의 상생을 통한 발전의 비전을 이야기하고 있다. 또한 이 책을 읽게 될 한국의 경제 리더들을 대상으로 '금빛 미래'를 창출하는 리더십이 무엇인지, 속 시원한 가이드가 되어 주고 있다.

'행복에너지'의 해피 대한민국 프로젝트!

〈모교 책 보내기 운동〉〈군부대 책 보내기 운동〉

한 권의 책은 한 사람의 인생을 바꾸는 힘을 가지고 있습니다. 한 사람의 인생이 바뀌면 한 나라의 국운이 바뀝니다. 그럼에도 불구하고 많은 학교의 도서관이 가난하며 나라를 지키는 군인들은 사회와 단절되어 자기계발을 하기 어렵습니다. 저희 행복에너지에서는 베스트셀러와 각종 기관에서 우수도서로 선정된 도서를 중심으로 〈모교 책 보내기 운동〉과 〈군부대 책 보내기 운동〉을 펼치고 있습니다. 책을 제공해 주시면 수요기관에서 감사장과 함께 기부금 영수증을 받을 수 있어 좋은 일에 따르는 적절한 세액 공제의 혜택도 뒤따르게 됩니다. 대한민국의 미래, 젊은이들에게 좋은 책을 보내주십시오. 독자 여러분의 자랑스러운 모교와 군부대에 보내진 한 권의 책은 더 크게 성장할 대한민국의 발판이 될 것입니다.

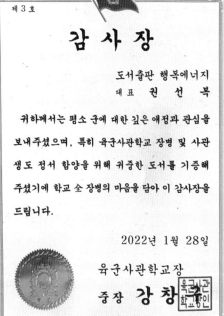